以教师学习者为中心的名师工作室研修课程

邓泰初——著

南方日报出版社
NANFANG DAILY PRESS
中国·广州

图书在版编目（CIP）数据

以教师学习者为中心的名师工作室研修课程 / 邓泰初著. —广州：南方日报出版社，2023.10

ISBN 978-7-5491-2741-2

Ⅰ. ①以… Ⅱ. ①邓… Ⅲ. ①学前教育—教学参考资料 Ⅳ. ①G613

中国国家版本馆 CIP 数据核字（2023）第 190710 号

YI JIAOSHI XUEXIZHE WEI ZHONGXIN DE MINGSHI GONGZUOSHI YANXIU KECHENG

以教师学习者为中心的名师工作室研修课程

著　　者：邓泰初
出版发行：南方日报出版社
出 版 人：周山丹
责任编辑：方　明　李嘉荟
责任校对：朱晓娟
责任技编：王　兰
封面设计：南风生
经　　销：全国新华书店
印　　刷：广州市尚铭印刷股份有限公司
开　　本：787 mm×1092 mm　1/16
印　　张：16
字　　数：328 千字
版　　次：2023 年 10 月第 1 版
印　　次：2023 年 10 月第 1 次印刷
定　　价：49.00 元

投稿热线：（020）87360640　　读者热线：（020）87363865

前　言

这是一本供中小学、幼儿园名师工作室团队或者学校幼儿园教研组织者开展研修活动参考的工具书。

2023 年教师节前夕，习近平总书记致信全国优秀教师代表时强调，“大力弘扬教育家精神”“为强国建设、民族复兴伟业作出新的更大贡献”，这是新时代对教师提出的更高要求，是建设教育强国的要求。近年来，各地各级教育行政部门高度重视中小学、幼儿园名教师队伍的建设，依托各学段、各学科的名师工作室培养出一批批具有教育家精神的名师良师，充分发挥着名师工作室担当培养名师的孵化器、引领教师成长的专业平台的作用。然而，有些名师工作室并未能领悟、落实名师工作室作为专业研究团队的定位，乐于搞各类活动，忙于应付考核指标，导致教师参加完繁多的活动后个人专业能力却得不到实质性发展的现象时有发生。

广东省邓泰初名教师工作室主持人邓泰初自 2012 年起先后主持省、市教育科研课题《幼儿园协作教研的实践探索》和《名师工作室协作教研的实践探索》的研究，并在 2021—2023 年期间承担广东省名教师工作室主持人工作，组织研究团队针对教师的学习特点和成长规律，致力名师工作室研修课程的实践研究，探索出分享式协作教研、解疑式协作教研、诊断式协作教研、引领式协作教研、易园同岗体验式协作教研等校（园）际间协作教研形式，构建了名师工作室“三阶段两因素”协作教研模型，形成了以教师学习者为中心的名师工作室研修课程，设置有基础必修研修课程、个性必选研修课程、专题任选研修课程等三大模块，体现出研修课程的渐进式、螺旋式和定制式，得到工作室学员的广泛好评，让每一位工作室学员专业能力在最近发展区里得到有效的提升。

本书既是笔者近十年来名师工作室研修课程的研究成果，也是笔者工作室和基地园研究团队共同的研究成果，共有九章。第一章讨论教师与名师工作室的关系，提出名师工作室的教师研修课程。第二章阐述课程编制的目标模式和过程模式，提出名师工作室编制研修课程实施方案的具体方法。第三章厘清名师工作室研修教育目的、培养目标、课程目标以及活动目标的区别与关系，阐述名师工作室研修课程目标的设计策略。第四章从课程知识形态说起，阐述名师工作室研修课程内容的选择和设计原则。第五章论述以学习者为中心的研修课程的组织与实施，分析工作室项目式研修的操作实践。第六章阐述名师工作室协作教研的四种形式。第七章阐述名师工作室研修课程评价的模式以及实践。第八章基于研修课程从理论到案例阐述名师工作室的文化管理和制度管理。第九章基于工作室基础必修课程、个性必选课程、专题任选课程的研修课程模式形成以幼儿园项目式学习为内容的研修案例分析。本书得以成功出版，感谢广东省邓泰初名教师工作室研修团队孜孜不倦的研究探索，感谢笔者家人提供强大的后勤保障，感谢笔者专业成长道路上遇到的良师与益友，为名师工作室的研修课程理论与实践提供帮助与指导。最后，由于笔者水平有限，恳请各位读者对本书中的疏漏与不足之处提出宝贵的意见和建议，共同促进名师工作室高质量的建设。

邓泰初

2023 年 10 月

CONTENTS | 目录

第一章 教师与名师工作室

第二章 名师工作室研修课程设计

第三章 名师工作室研修课程目标

第四章 名师工作室研修课程内容

第五章 名师工作室研修课程组织与实施

第六章　名师工作室的协作教研

第七章　名师工作室研修课程评价

第八章　名师工作室研修课程管理

第九章 名师工作室研修课程实践案例

第一章

教师与名师工作室

第一节　名师工作室

近年来，随着基础教育改革的深度推进，各级教育行政部门意识到师资队伍的素质直接影响着教育改革的质量，纷纷出台举措实施“强师工程”，而“名师工作室”则是“强师工程”的领头项目。如何利用“名师工作室”推进中小学幼儿园师资队伍建设成了备受关注的话题。

笔者从事幼儿园一线教育教学工作十年后，在地级市教育行政部门协助启动并管理幼儿园名师工作室五年，后来调到地级市教育科研单位工作，开展历时五年的名师工作室协作教研机制研究，近三年有幸担任省级名师工作室主持人，并致力于名师工作室研修课程的研究。

本书从“你参加名师工作室研修想获得什么?”这一话题开始。

一、你参加名师工作室研修想获得什么?

由于工作原因，笔者经常会与名师工作室学员进行交流研讨。与学员们初次见面时，笔者都会与大家讨论“你参加名师工作室研修想获得什么?”这一话题，部分学员是这样说的：

①我怀着对幼教梦的向往和追求加入工作室研修，希望能通过工作室主持人和专家的专业指导，助力我实现幼教梦。

②我希望通过参加工作室研修，跟着专业的人做专业的事，不断提升自身的专业素养，努力成为“名师”。

③我的研究方向是幼儿园户外自主游戏活动，希望加入工作室后有更多相关的学习机

会，使自己对户外自主游戏有更专业的理解。

“专业”是以上回答中出现频率最高的词。可以看出，学员们对工作室的研修充满着憧憬，希望工作室能给自身的专业成长提供能量与平台，助力自己向更高的专业能力水平发展。目前，他们所在工作室能否满足他们专业成长的需求呢?

笔者有时会问名师工作室的学员：“你觉得目前名师工作室的研修活动存在哪些需要改进的地方?”部分学员是这样说的：

①流于形式，没有落实到教育教学实践中。

②培训内容太多了，没学到对一线教学有用的东西。

③授课内容没有针对性，过于分散，听的时候热血沸腾，回到幼儿园无动于衷。

④培训任务繁重，有点走过场，教育新理念进不到我们头脑里，消化不了。

⑤网络研修次数过多，大部分教师都是应付式完成，严重影响研修的效果。

⑥研修课程系统性有待加强，课程之间关联性不大，出现部分内容重复的现象，难以形成系统的知识体系。

⑦培训的形式过于单一，以专家讲授为主的研修形式，忽略教师实际教育教学过程实践问题的解决。

⑧研修过程学到的内容很多，也很有用，但不适合幼儿园实际的教育教学。

面对着学员们如此多的意见，我们要思考一个问题：工作室只是挂个牌，带着老师们开展几次活动，写几篇论文，出几本专著，获几个荣誉而已吗?答案是否定的。教师是名师工作室的服务对象，就像是学校里的学生一样。学校的教学质量如何主要看学生的成长，而名师工作室的研修效果如何主要看教师学习者的成长。

二、名师工作室到底是什么样的组织?

名师工作室作为专业学习共同体，最早兴起于20世纪90年代的英美等国，受到广大中小学教师的广泛好评，成为一种新的教师专业成长模式，有效地促进骨干教师的专业成长。进入21世纪，我国上海最早建立名师工作室制度，随后北京、江苏、重庆、浙江、广东等地相继出现名师工作室。而近十年来，各地教育行政部门意识到名师工作室这种新型的专业学习共同体对区域名师培养的重要性，名师工作室在全国各地如火如荼地发展起来，带动一批批优秀教师的专业成长，在为我国基础教育课程改革提供人才保障方面起到至关重要的作用。对于名师工作室的性质和定义，各地以及各学者的看法各有不同。

（一）教育行政部门视角下的名师工作室

名师工作室相较于一般工作坊的最大区别就是由教育行政部门牵头遴选认定、管理实施、考核评价。在教育行政部门眼里，名师工作室是什么样的组织呢？例如，2021 年广东省教育厅在《广东省中小学名教师、名校（园）长、名班主任工作室的管理办法》的政策解读中提及名教师工作室的内涵，“名教师工作室是在名教师的主导下，以凝练现代教育思想、提升教学质量和办学品质为主旨，以同一学科领域优秀中青年骨干教师为入室学员，以师带徒为主要培养形式，共同开展基于线上和线下的学科研究、教改探索和教学反思、学校管理实践与研究、班主任工作改革与创新的实体与网络相结合的新型工作室”。2022 年上海市黄浦区教育局印发《关于组建新一轮名师、名校长工作室的实施意见》，指出名师工作室的性质与类型，“围绕黄浦教育‘高、先、精’的发展定位，遵循‘出经验，出成效，出人才’的思想，积极探索导师主导下的团队主持人负责制工作模式，充分发挥专家的引领作用，使工作室成为尖端人才（导师）和高端人才（学员）成长的摇篮，教育综合改革成果的孵化器”。该《意见》将名师工作室根据职责分成三类。人才培养名师工作室：建设一个学科拔尖创新人才早期培养的基地，实施学科拔尖创新人才培养工程；项目培植名师工作室：孵化一批育人方式改革项目的范式、案例和经验，催生一批实验校、示范校；特色培育名师工作室：聚焦课堂打造一支践行新理念、探索新方式、提升教学质量的有突出教学特色的骨干教师队伍，孵化一批新的教学实践成果。

名师工作室是属于名师的工作空间。我们首先考虑到的是“名师”，何为名师呢？什么样的名师才能引领工作室呢？教育行政部门对名师的特征作了规定，“认真贯彻落实党的教育方针，热爱教育事业，师德高尚，有扎实的理论基础和较成熟的教育主张，教育科研和指导示范能力较强”。名师必须是师德高尚，理论水平高，科研和指导能力强，并形成自己独特的教育主张和思想，在当地有一定威望的学科带头人或骨干教师。

教育行政部门对于名师工作室的价值取向倾向于教师成长方向，更加关注名师工作室对区域教师队伍以及区域教育所带来的影响。广东省通过名师工作室的建设和培养，提高全省名教师的专业水平和综合素养，打造一批“师德好、业务精、能力强、善创新”的领军教师，带动一批骨干教师群体研修，形成整体推进、共同提升的专业成长良性发展机制。而上海黄浦则通过名师工作室促进师徒教学相长，导师要努力成为市级乃至全国有声望的高级专家，学员要努力成为在本市、区内有一定影响的高端人才。

（二）学者视角下的名师工作室

早在 2010 年，南京师范大学刘穿石便对名师工作室进行了深入的解读与理性反思。他提出，名师工作室是一个以课题研究、学术研讨、理论学习、名师论坛、现场指导等形式对内凝聚、带动，向外辐射、示范，引领教学改革，促进教师专业化成长的团队组织①。名师工作室具有目标性、团队性、实践性和学术性等特点。

东北师范大学韩爽认为，名师工作室是在教育行政部门指导下，以名师为引领，以学科为纽带，以研究为核心，集教学、科研、培训等职能于一体的教师合作共同体，旨在搭建促进教师专业发展以及名师自我提升的发展平台②。名师工作室具有实践性，根植于教育教学中的实践情境；具有专业性，工作室的活动目的、活动内容、活动形式和活动结构都紧紧围绕名师的专业发展；具有开放性，是一种非正式性组织，是一种区别于政府机构的相对宽松和相对自由的存在；具有合作性，来自不同学校的成员围绕着对于自身专业发展的渴求来名师工作室实现动态发展。

相较于教育行政部门的结果导向，学者眼里的名师工作室注重工作室研修过程，即工作室如何促进教师专业成长，使其成为名师。学者们普遍认为，教学研究是名师工作室的核心工作，要想培养名师则要针对教师的实际问题扎实开展形式多样的教学研究研修活动。成长共同体是名师工作室研修活动的载体。名师工作室的研修并不是一个人的学习，而是一群来自不同学校幼儿园优秀教师的合作性学习。

从以上教育行政部门和学者对名师工作室内涵和价值特点的认识，我们不难发现，不同的主体对名师工作室的理解和期待都有所不同，但统一的共识是名师工作室作为实现教师专业发展的学习共同体，是教师专业学习范式转变的平台，更具有激发教师成长的内生驱动力，让教师专业成长从“我”变成“我们”，符合现代社会团队学习的趋势。

由此，名师工作室到底是什么样的组织？

第一，名师工作室是培养名师的孵化器。名师工作室主持人应该是师德高尚，教育学经验丰富，教学科研能力强，有扎实的理论基础和较成熟的教育主张，在当地具有一定威望的专家级教师。在工作室培养周期内，主持人带领着学员们丰富实践、研讨验证、修正完善其教育思想，示范辐射到周边同行，丰富学科理论体系，引领本学科、本区域学校深刻理解课程改革方向，最终被主持人培养成行业认可、教师爱戴、学校肯定的名副其实的“名师”。

第二，名师工作室是引领教师成长的专业平台。不管是教育行政部门，还是专家学者都特别注重名师工作室培养教师的功能，促进教师专业成长是名师工作室的重要特征。工作室主持人结合学员的现有水平、发展愿景以及共同目标，制定个性化的学员专业成长发展方案。主持人采取师徒帮带的形式，为教师学员提供专家指导、课题研究、培训学习、

①刘穿石．“名师工作室”的解读与理性反思[J]．江苏教育研究，2010（30）：4.

②韩爽．以教师专业发展为指向的名师工作室运行研究［D］．长春：东北师范大学，2015.

交流研讨、外出参观等机会，提升教师的教育教学组织能力，帮助其成为学科的优秀教师，促使更多的教师成为新的“名师”，带动整个教师队伍素质不断提高，为学校、为地区奠定优质师资基础。

第三，名师工作室是注重教学实践的研究团队。名师工作室是以提高教学质量为目的的学习共同体，决定了工作室的本质是教学实践的研究团队。教学实践研究是名师工作室发展的原动力和生长点，也是教师追求成长的内驱力。然而，名师工作室有别于学校教研组的教研团队，是“上接仙气，下接地气”的实践研究团队。名师工作室在名师主持人的引领下，践行主持人的教育主张，吸取专家前沿教育理论，以课题研究为抓手，扎根教育教学实践场域，发现教师在教学过程中存在的普遍性问题，经过专家引领、团队研究、实践验证，寻找问题的解决方案与策略，促进教学改革深度发展。

第四，名师工作室是强调团队协作的学习共同体。名师工作室的学员经过公开招募遴选产生，这些教师学员来自不同地区、不同学校，有着不同经验和背景。这样组成的团队可以突破学校内部近邻带来的利益屏障，有利于创设强烈的团队认同氛围，促使教师们更开放地享受合作与分享带来的专业发展红利，相互支持，相互理解，相互分享各自的专业认知、思维方式与研究成果，克服学习的孤独感，共同研究产生工作室的研究成果，从而形成工作室在学科领域特有的话语体系。

第二节　教师成长与名师工作室

引领教师专业成长是名师工作室的核心任务。要想有效地促进教师的专业成长，我们首先要了解教师如何实现专业成长的，名师工作室如何打造学习共同体、支持教师专业成长、助力教师成为“准专家”。

一、教师的成长

教师是传道授业者，向学生传授科学知识和培养思维品质，是学生发展的促进者。教师的专业成长是在研究和帮助学生健康成长的过程中发生。

（一）教师的成长力

教师成长是内因和外因共同作用的结果，其中源自教师自身的内部因素是影响教师成长的关键。影响教师的成长的内因究竟有哪些呢？浙江省特级教师罗树庚在《教师如何快速成长》一书中以自己独特的认知将教师向上生长的力量归纳为内驱力、学习力、行动力、沟通力、研究力、反思力。(1) 内驱力。罗老师举了一个生动的例子：一辆发动机未曾启动的汽车，即使推的人再多，推的力气再大，也永远赢不了启动了发动机的汽车。教师的成长不能只靠外推力，而是要靠内驱力。(2) 学习力。教师的学习力就是教师在学习与工作中展现出来的学习力量、能力，即教师自觉地、充满激情地吸纳知识、转化知识、创新知识、生产知识、践行知识的能力。教师要养成读书的好习惯，并将从书本获取的知识和资源转化为促进自己成长的动能。(3) 行动力。集中火力烧开一壶水，一次只做一件事。因为专注，所以专业；因为专注，所以卓越。(4) 沟通力。教师的沟通力主要是指教师在教学活动中所体现出来的对话能力、学习指导能力和课堂协调能力。(5) 研究力。研究力主要指教师提出教育问题、思考教育问题和研究教育问题的能力，是骨干教师由经验型教师向专家型教师转化的必备基本能力。(6) 反思力。反思力是指教师在教学活动过程中，把教师自我、教学活动和教学环境作为对象，通过观察、回顾的方式开展检查、反馈和评价的能力。反思是教师成长的“催化剂”，是教师发展的重要基础。

东北师范大学李鑫、解冰在评价此书时，归纳出以上六种成长力有效嵌入教师专业发展经典公式：专业成长 = 专家引领 + 自我反思 + 同伴互助（见表 1－1）。

表 1－1 成长力与教师专业发展路径关系分析

专业发展路径	成长力	作　用
专家引领	研究力	教师成长的“手段”，实现由经验型教师向专家型教师的转化。
	行动力	教师成长的“关键”，帮助教师把教育理论转化为教育实践。
	学习力	教师专业发展的“基础”和“支点”，促进教师自我能力的提升。
自我反思	反思力	教师成长的“催化剂”，帮助教师从感性思考走向理性思维。
	内驱力	教师成长的“源动力”，激发教师内在发展动力，促进教师持续发展、自主发展。
同伴互助	沟通力	教师人脉沟通的“桥梁”，具有保障、引导、调节的功能；利于改进师生关系，帮助教师综合利用社会资源，促进教学反思。

专家、同伴和教师自身共同构成了教师专业成长的生态圈，而名师工作室正好是三者结合体的产物。名师工作室主持人和工作室指导团队正是具有鲜明教育主张或思想的名师以及理论和实践指导专家，引领教师朝着他们的职业规划快速成长，在研究力、行动力、学习力上提供支持。工作室的学员是在一定时期内相对稳定的学习伙伴，能为教师成长提

供实践经验的支持与成长经历的借鉴，促进教师提高沟通力。工作室团队都是来自不同地区、不同学校的优秀教师，自然而然地激发起教师的求知欲和成长欲，促使教师自身成长内驱动力的发生。

（二） 教师成长的手段

事物具备内在的成长力以后需要外部条件共同作用。一颗正常的种子本身具备发芽生长的基因物质，而要想顺利发芽必须有水、阳光和土壤等外部条件。教师的成长也是如此，教师形成向上生长的内驱动力后，需要依靠哪些手段和工具实现专业成长呢？

2014 年，教育科技媒体 EdSurge 在报告《教师是如何学习的：专业发展再思考》中创建了一个“持续学习周期的框架”（见图 1－1），搭建支持教师与同事互动的工具，帮助教师学习或寻求支持，以实施新的策略和方法，从而推进高质量的教师培训，促进教师专业化成长。

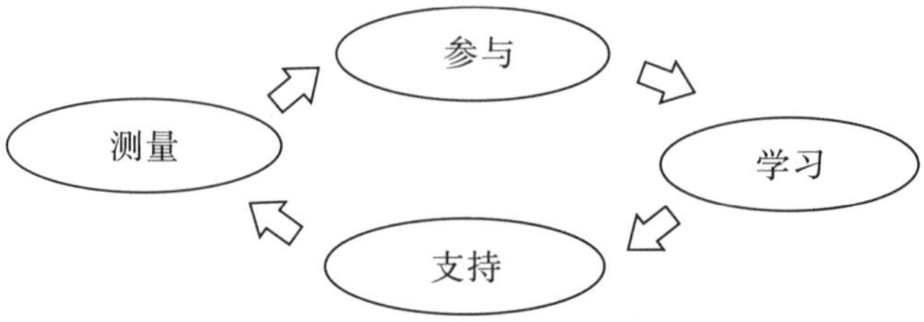

图 1－1　持续学习周期的框架

“持续学习周期的框架”的四个阶段构建是一个连续的循环。

第一阶段：参与（Engage）。教师最重要的生长环境就是学校以及身边的同事老师。教师经常与同事进行对话，研讨教育过程中发现的问题，共同寻找解决问题的新思路、新教学法。Adobe Education Exchange、edWeb、Lesson Cast、Simple K12、Teachers Pay Teaches 等参与类工具，使教师能够加入小组、提出问题和共享资源。

第二阶段：学习（Learn）。与同事研讨和请教后，教师会发现自身专业能力的问题与差距，需要通过自主学习去接触同事圈以外的知识和资源，不断更新、充实自己的专业知识体系，迎接教育实践中随时会出现的教育问题。Annenberg Learner、ASCD Professional Development Tools、CAST，my Pearson Trainer、Next pert、PBS Teacherline、PD in Focus，Teaching Channel 以及 EdMod 应用程序等学习类工具是教师提升自己的好帮手。

第三阶段：支持（Support）。前面“参与”和“学习”两个阶段，仅仅发生在一线教师的圈子里，容易产生“萝卜煮萝卜还是萝卜”的现象，因而需要教研员、名教师等教学观察者的介入与指导。教学观察员将会通过听课评课、观课议课，就教师如何教得更好这个问题，给予教师更多的帮助和反馈。ADVANCEfeedback、Delivering Performance Feedback、e-Mentoring for Student Success、Edthena、teaching-channel-teams、TeachLivE 等支持类工具可在此过程中发挥效用。

第四阶段：测量（Measure）。教师成长到一定的阶段，需要采取评估和观察的形式，帮助教师评估他们的学习如何影响他们在课堂上的实践。它还可以帮助教师确定自己是否已经掌握了新的技能，并准备好接受新事物。教师可以使用 BloomBoard、FineTune、TeachBoost、Teachscape、Truenorthlogic 等测量类的工具。

教师的成长除了自身的努力以外还需要来自外部团队的力量，其中最容易获得且效果明显的就是教师身边的同伴教师，他们之间从事的工作、知识背景、教育对象几乎一样，拥有着许多共同的经验和相似的问题，容易在专业研讨上引起共鸣。“持续学习周期的框架”为教师与同伴互助式成长提供直观形式的操作模型，同样也为名师工作室团队合作提供理论支持。

（三）如何成长为专家

1. 一般教师与专家的认知思维的差别

工作室的教师学员都是来自教育教学一线的骨干教师，是未来名师的候选人、“准专家”，这也是学员们成长的目标与方向。我们首先要知道专家为什么能成为专家，专家与一般教师有什么不同。

布兰思福特在《人是如何学习的》提到，专家就是指在特定领域中具有专业知识的人，他们能够有效地思考该领域的问题。专家与新手的差异不仅仅表现在一般能力（如记忆力或智力）上，也不是一般策略应用的差别，而是体现在以下几条有关专家知识的重要原则及其对学与教的潜在意义①：

①专家能识别新手注意不到的信息特征和有意义的信息模式。

②专家获得大量的内容知识，这些知识的组织方式反映专家对学科的理解深度。

③专家的知识不能简化为一些孤立的事实或命题，而应反映应用的情境，也就是说这些知识受一系列环境的制约。

④专家能够毫不费力地从自己的知识中灵活地提取重要内容。

⑤专家应付新情景的方法灵活多样。

面对着同样的教育场景，专家能识别新手教师没有注意到的、有意义的特征和信息模

①布兰思福特．人是如何学习的：大脑、心理、经验及学校：扩展版［M］．程可拉，等译．上海：华东师范大学出版社，2013．

式。新手教师获取知识只要关注数量多少，注重单一知识的积累；而专家获取知识是“条件化”，关注知识的关联性与情境性，有时候从数量上并不比新手教师多，但遇到类似情境时所提取出来的关联知识就比新手教师多好几倍。在完成任务方面，新手教师会急于寻找办法去解决问题，而专家却将问题置于具体的情境中分析、理解问题的因果，为以后出现类似的问题提供解决方案。

我们分析过一般教师与专家在认知思维层面的异同，那在具体的教育教学实践中他们之间又有哪些不同？专家教师的教育教学有哪些独特之处呢？傅道春在《教师的成长与发展》一书中提到，专家型教师是指具有良好的教学效能感和教学监控能力，教学中富有创见，能够根据教学情境的变化及时而灵活地采取恰当的教学行为来促进教学的顺利进行，能够产生较高教学质量的教师①。新手教师与专家型教师本质的区别在于教师教学的效能感、教学的监控能力、教学行为的情境适应以及教学的独创性。

其中，在教师教学的效能方面，专家型教师比新手教师能更好地通过自己的教学行为体现社会所倡导的教育观点，对自己的专业知识、教学能力更有充足的把握和较高的自信心和成熟感。比如，游戏是幼儿园的基本活动，专家型的幼儿园教师能深刻领悟游戏对幼儿发展的真正价值与精神，并不像新手教师那样花大量时间钻研设计缜密的游戏活动，而是将游戏精神融会贯通到日常的保教活动中，为幼儿营造自主、自由、愉悦的游戏学习环境。在教学的监控能力方面，专家型教师比新手教师更具有教育活动的预见性，更能根据自己正确的判断、教学情境的变化，运用有利的教学资源和恰当的教学方法对具体的教学情境作出灵活的调整和变化；能够根据教学的变化对自己的教学目标、教学内容作出及时的调整，从而增强未来教学的计划性和准备性。

罗树庚基于他近 30 年的教育观察，在《教师如何快速成长》一书中总结出一般教师与专家型教师的区别仅仅相差一个“反思力”。许多老师“两眼一睁忙到熄灯”，每天蚂蚁一般忙得团团转，整个教育循环圈是“实践—实践—实践”。而专家、学者型的教师则不同，他们构筑的职业生命线是“实践—反思—提升”，教师的“反思力”是教师在职业活动中，把自我作为思考的对象，以及在教育教学过程中，将教育教学活动本身作为思考的对象，不断对自我及教学进行积极、主动的评价、反馈、控制和调节的能力。

2. “准专家”成长的阶段

名师工作室的学员基本上都是有一定教学经验的教师，之所以要加入名师工作室参加研修学习，主要是想借助主持人的专业力量以及团队资源吸收先进教育理念，优化教育教学方法，提升自身的教学效能感，努力形成自己的独到见解和教学风格。我们从认知特

①傅道春. 教师的成长与发展［M］. 北京：教育科学出版社，2001.

点、教学方法以及个人修养等方面深入地分析新手教师、一般教师与专家型教师（优秀教师）的差异，可见教师的成长是一个持续学习、长期积累的过程，不可能一蹴而就。一般教师成长为专家型教师的路径虽然各有不同，但我们大致可以将学员三年的工作室研修学习周期划分为学习积累期、优化成熟期、改革独创期等三个成长阶段，为刚加入工作室的学员的成长期望提供参考与借鉴。

（1）学习积累期。学员刚进入工作室时主要在主持人的教育主张和思想的引领下，勤学好问，敢于接受先进的新理念、新思想、新方法，对自身的知识经验体系进行重构，在教育教学知识、教学实践经验等方面得到丰富的积累，使得自身的专业认知更符合新时代教育改革的要求，为成为专家型教师打下坚实的基础。

（2）优化成熟期。学员在前期知识和经验积累时吸收、消化先进的教育思想与方法，不断对自身的知识经验体系进行积极的补充与调整，不管从教学能力还是反思能力都得到改进与优化，已不是只会忙得团团转的“蚂蚁式教师”，教学监控能力和整体反思能力得到较大地提升。此时，学员更加深刻理解儿童、理解教与学的关系，基于主持人的教育主张和思想，结合教学特长，逐渐形成自己独特的教学风格与富有远见的教育主张，走向个人的成熟。

（3）改革独创期。一旦形成自己的教育主张，学员习以为常的教育工作就会被打破，不再满足常规的、程序的、熟练的工作方式，这个时期对于真正成长为专家型教师尤为关键。学员在教育实践工作中不断地发现问题、提出问题，对自己的教育主张和实践经验进行科学批判性思考和验证，探索新思想、新方法，为提升教师教学效能提供新策略与新模式，为实现幼儿有质量的学习与发展提供新支持与新方法，为新时代教育改革贡献自己应有的智慧。

新手教师与专家型教师的区别显然易见，名师工作室是培养“准专家”的孵化器。作为名师工作室的主持人要把专家的认知思维、教育智慧培养作为工作室的培养方向，并结合积累期、成熟期、独创期等三个成长的阶段，与学员们共同分析、查找其与专家的差距，设置培养周期的阶段性培养目标。基于培养目标细化制订每个活动的研修目标，并将各个研修目标结构化、系统化，最终完成“准专家”的培养任务。

二、教师专业发展

（一）教师专业发展的需要

每一个教师自投身教育事业开始，为了实现职业理想或者获得认同都会产生专业发展的需要。每个职业发展的阶段对应不同的专业发展需要和目标，对于整个职业生涯来说，专业发展需要驱动着教师不断提升专业能力，呈现为一个螺旋上升发展的模型。

梁萍云在《论教师需要与教师专业发展》一文中用一个需要的模式图形象地展示出教师专业发展需要的心理机制（见图1－2）①。当教师在其所处的工作外部条件感受到某种刺激引起自身专业发展的缺乏感时，成长需要就自然产生。需要的产生意味着人的生理或者心里失去平衡，从而产生心理上的紧张，形成行为内驱力，即动机。动机的产生使人自觉寻求目标，并付诸行为以实现目标，目标的实现伴随着需要得到满足，紧张情绪也随之消除，新的需要便又产生。需要是主体实现行为目标的内在动力，需要感越强烈，行为动力就越强，行为效果就越好。由此可见，需要是教师专业发展的内在动力。

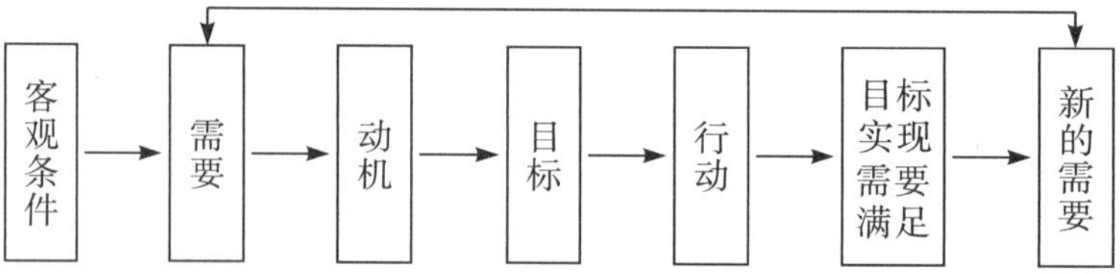

图1－2　教师专业发展的需要

（二）教师专业发展的方式

教师专业发展的需要产生后，内驱动力促使教师形成具体的发展目标，这是教师专业发展的良好起步。目标的确定到产生真正专业发展的道路漫长而曲折，充满艰辛与挫折，需要自身努力与外力推动的共同作用。上海市教委原副主任、上海师范大学原校长张民选教授提出教师专业发展“三位一体”范式，即“接受习得性学习”“研究发现性学习”“交流分享性学习”（见图1－3）②。“接受习得性学习”是指通常采用的听专家讲课，按专家的指挥学习操作或者运用某些新技术、新工具的学习方式，是我们接受信息，获得新理念和新工具的重要途径。教育“内效应”低的特性决定教师需要“研究发现性学习”，鼓励所有教师在自己的工作情境中研究自己的学生、课程、教学、环境和自己，在不断地发现问题、研究问题、寻找问题的解决办法中发现和积累教育和管理的知识。教师同伴具有相近的性格特点，面对着同样的教育对象、同样的教育场景，有许多相通的感受、类似的经历、相近的教育方法与策略，通过听课评课、考察参观、沙龙研讨等形式开展“交流分享性学习”，教师可以在仿效中获得启发。

①梁萍云．论教师需要与教师专业发展［J］．中国成人教育，2008（7）：74－75．

②张民选．认识教师发展需要，建构终身教育体系［J］．教育发展研究，2004（12）：4－8．

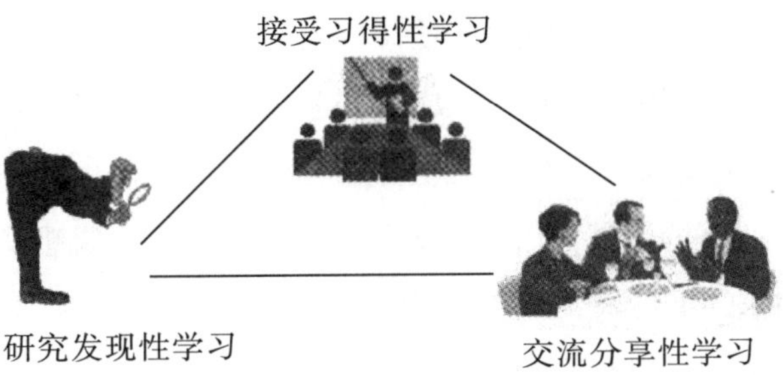

图 1－3　教师专业发展“三位一体”范式

“接受习得性学习”“研究发现性学习”“交流分享性学习”三位一体的教师专业范式是当前名师工作室研修活动的主要形式。主持人可以根据学员专业发展现状和成长需求，在三年研修学习的积累期、成熟期、独创期等三个成长阶段有所侧重地运用，促进学员需要目标的快速实现。

三、教师成长与学习共同体

（一）学习共同体

名师工作室是强调团队协作的学习共同体。学习共同体是名师工作室研修区别于个人自主研修的最大优势，而这个学习共同体是有组织、有规章的稳定性共同体，在工作室研修过程中起到举足轻重的作用。因此，我们研究工作室的研修课程时不能不探讨一下学习共同体的话题。

美国学者彼得·圣吉的《第五项修炼——学习型组织的艺术和实务》使得人们关注各领域存在的学习型组织，如“学习型企业”“学习型学校”“学习型机关”等。彼得·圣吉认为，学习是一种心灵根本性转变或提升转化。学习型组织的建构必须掌握五项学习型组织的基本技能，即“五项修炼”①。

①自我超越

②改善心智模式

③建立共同愿景

④团体学习

⑤系统思考

①圣吉．第五项修炼［M］．郭进隆，译．上海：上海三联书店，1994：199．

彼得·圣吉的学习型组织理论借助五项修炼（技能）凝聚组织成员的智慧与能力，鼓励成员积极参与组织学习，最终提升组织成员的学习能力与效果。自我超越要求成员不是出自某种利益目的或者被迫加入组织，而是要发自内心地积极参与到组织里，期待在组织学习中实现自我专业成长的超越，实现职业生涯的自身价值。要想实现自我超越，必须不断更新个体内心深处的心智模式，最终凝聚起组织成员共同追求，形成组织共同愿景梦想。在共同愿景的驱动下，团队创新研讨交流模式，开展深度学习，注重系统性思考，整体把握专业发展方向，透过现象看本质，以系统全面的观点研究解决问题。

名师工作室是一个学习型的微组织，同样也是教师专业学习共同体。不管是教育行政部门，还是工作室主持人或者工作室成员都希望能通过名师工作室凝聚成员的教育合力，达成共同愿景，在整体的观念下系统开展教学交流、深度研讨，持续促进成员，进行有意义的学习，改善成员的心智模式，帮助每个成员实现专业成长道路上的自我超越。

教师专业学习共同体的形成并不是一蹴而就，人到齐就能顺理成章地组建而成的，而是依据其阶段性逐渐发展起来的。朱广清认为，教师专业学习共同体是一个自组织系统，是在逐渐脱离外界帮助的基础上，完成自我组织、自我适应和自我完善的动态过程，犹如生命的变化过程历经组建期、振荡期、成长期、成熟期和衰退期①。每一个共同体的生命期都具有明显的阶段性特征。组建阶段，共同体成员由于对团队的好奇，热情高涨，但因为缺乏共同体愿景，个体学习目标与共同体发展目标未能达成共识，成员间缺乏信任感，共同体仅仅是“工作组”状态，完全是依赖权威的指导与支持以及规章制度的约束。振荡阶段，成员初始的好奇心逐渐消退，相互之间的学习目标矛盾突显，但团队的职责分工以及角色定位初步显现，相互间形成基本的信任感。成长阶段，在经历振荡期的冲突和融合后，成员对共同体的愿景有了使命感，逐渐明确共同体发展方向，彼此间的信任感和凝聚力增强。成熟阶段，共同体愿景渗入到每一个成员的思想和行为中，产生强大的凝聚力和约束力。成员间在充分信任的基础上一起分享、研讨观点与成果，真正成为学习的合作者。衰退阶段，成熟的共同体成员间的观点逐渐同质化，内部趋于保守，一直沿用之前的思想认识和互动模式，这时就需要团队适当增减成员，进一步开拓创新，与时俱进，从制度与措施上进行变革，让共同体焕发新的活力。

教师专业学习共同体的阶段性特征体现在名师工作室共同体建设之路。工作室主持人要清醒地认识到建立名师工作室学习共同体是自我组织、自我适应和自我完善的动态过程。要遴选好学员，组建工作室学习共同体，共同商讨制订，形成共同体的愿景。遇到振荡期，以自身扎实的专业理论知识和独特的人格魅力去凝聚学员的向心力，形成相互间的

①朱广清. 生命周期视域下教师专业共同体的阶段性特征［J］. 当代教育科学，2012（13）：22－24.

信任感，营造开放、民主的学习氛围。主持人要怀着仁爱之心对待每一位学员，鼓励学员积极研讨、分享合作，引领共同体走向成长期，并结出丰硕的学习成果，帮助每一位学员实现在原有水平的提升，促进自身专业成长。

（二）名师工作室的师徒制

名师工作室的概念已确定了名师工作室须采取师徒制教师培养模式。古人云："名师出高徒。"师徒制的育人模式自古以来已存在，随着时代的发展不断完善，更多地以"传、帮、带"的形式存在于学校的教师培养方式中，对促进青年教师专业水平快速地成长起到举足轻重的作用。名师工作室的产生，使得师徒制的教师培养走向规范化、专业化，既让主持人师父的角色得到官方的认可和肯定，有利于激发师父的培养内驱力，又能为有成长需求的教师提供交流、学习、成长的平台与机会。

在讨论名师工作室的师徒制之前，我们要了解到底什么是教师师徒制？教师师徒制是新手教师与资深教师合作学习、相互促进的一种形式，是新手教师在资深教师的指导下通过观察、交流、模仿、反思，不断掌握专业技能和教学智慧的培养方式。由于新手教师并不是"白纸"教师，师徒制的培养过程同样也是资深教师再学习、再思考、再提升的专业发展过程。简单来说，可以将教师师徒制培养看作为"看中学""做中学""模仿中学"。

赵昌木在其博士论文《教师成长研究》中探讨教师师徒制的资深教师与新手教师的知识传递机制时提到，最直接的办法是将如何设计教育活动、有意义地呈现教学内容、有效地指导课堂作业等教学技能与策略的知识复制传授给新手教师。然而，资深教师在教育教学实践中表现出实践知识和智慧，在很大程度上是缄默的知识或者隐性的经验，难以以外显看得见的文字或者口头语言表达进行传授①。例如之前提到的教学监控能力，资深教师在活动设计时对教育活动的预见性，在师生互动时适时适当地运用教学方法，并根据突发的教学情境灵活调整教学进度和教育策略等教育智慧很难进行言传，只能靠新手教师对资深教师的教学行为进行观察、理解、借鉴、模仿，慢慢领会并将感悟运用到自己的教育教学实践中，形成自身的教学知识与智慧。

由此可见，名师工作室的师徒制并不是简单的"看中学""做中学""模仿中学"，不是师父示范徒弟跟着学，而是一个潜移默化的学习与成长过程。师徒制下的名师工作室应建立在师父与徒弟充分交流、平等互动和深度研讨的基础上，学员徒弟观察师父的现场教学实践并进行模仿学习，师父向学员徒弟分享教育教学经验，学员徒弟与师父展开学术的质疑互动以深度理解师父的教育智慧，最后学员将所学所思迁移应用到教学实践，逐渐形

---

① 赵昌木. 教师成长研究［D］. 兰州：西北师范大学，2015.

成自己的教学风格。

1．师徒制存在的问题

目前，名师工作室师徒制培养模式不仅有利于学员教师的快速成长，还能进一步丰富师父的教育主张和思想，有效地促进地区教师专业发展形成良好生态，具有普适性意义。然而，名师工作室师徒制培养模式在实施过程中仍存在一些较为突出的问题，值得教育行政部门以及工作室主持人深思。

（1）学员徒弟主动学习意愿不足。有些学员当初非自愿或者出于某些功利因素加入工作室，只是为了可以冠以省或市名师工作室学员称呼。自工作室启动以来，他们参与工作室研修学习的内驱动力不足，不乐意或者不够积极主动向主持人师父请教和学习，甚至经常以工作忙碌为理由缺席工作室集中研修活动，严重影响其他学员学习热情，不利于工作室团队凝聚力的形成，无形中也浪费了政府对名师工作室的投入成本，却让真正想追求进步、渴望成长的教师止步于工作室之外。

（2）主持人师父指导责任心不够。有些主持人师父身居领导职务，平时忙于工作事务，较少有精力投入到工作室的统筹规划和学员徒弟成长的指导工作，常常会把事务全权交给助手，让其进行管理组织与业务指导，学员徒弟甚至长时间都见不到主持人师父现身。有些主持人师父尽管经常参与工作室的研修活动，却只是负责接待专家讲座，少与学员徒弟进行面对面的教学研讨，对自己的教学特长与智慧有所保留。

（3）学校幼儿园对师徒帮带重视不够。工作室组织是虚拟的学习组织，必须依附在学校幼儿园实体组织里。个别学校幼儿园并没有意识到工作室师徒帮带对促进学校幼儿园教师专业化成长的作用和意义，觉得教师外出参加工作室研修或者完成工作室研修任务影响教师的教学工作，有时会出现故意阻止学员参加工作室研修或完成工作室任务的现象。

2．如何解决师徒制的问题

杨瑞勋对徒弟参与意愿、师父带教能力、师徒关系和学校教师专业发展意愿等四个对师徒制成效影响最大的因素进行多元虚拟线性回归分析发现，师徒制教师成长模式下徒弟的参与意愿是师徒制取得实效的重要前提，师父指导能力是师徒制取得实效的关键，师徒关系是师徒制取得实效的“润滑剂”，学校教师专业发展意愿是师徒制取得实效的最佳“土壤”①。用以上的研究结果来解答名师工作室师徒制培养模式的突出问题，具有深远的借鉴价值。

（1）名师工作室要激发徒弟参与学习的意愿。师徒制模式下的指导与学习是教学的双

①杨瑞勋．中小学教师专业发展的师徒制研究［D］．天津：天津师范大学，2021．

向活动，好比课堂上的教师与学生，如果学生不认真听讲，再好的教师讲解也只是徒劳。作为师父的主持人在挑选工作室学员时必须阐明自己的教育主张与思想，让学员认同并形成较强烈追随主持人教育理想的求知欲望。同时，还要多方面地考察学员日常学习的态度，观察其能否应付工作室研修期间繁重的学习任务。只有从思想认识和学习态度上深入考察学员，才能激发徒弟主动积极地参与工作室研修学习的意愿，才有可能取得实效。

（2）名师工作室要遴选德才兼备的师父。名师工作室的管理部门要把好工作室主持人即师父的遴选关，遴选出德才兼备的主持人是工作室师徒制培养取得实效的关键。假如主持人师父的教育主张和思想违背国家教育方针或者墨守成规不符合新时代教育改革的要求，又如何能引领工作室可持续发展呢？因此，遴选工作室主持人时必须对其教育主张和指导责任心进行综合考察。其教育主张必须符合国家教育方针且与时俱进，符合新时代教育改革的要求，满足教育对未来人才的培养需求。指导责任心方面，首先，主持人师父须有足够的时间和精力投入到工作室的统筹与指导；其次，主持人师父要有仁爱之心，为人师者则传道授业，要不遗余力地指导培养学员；最后，主持人师父要有无私之心，不能抱有任何功利心，一视同仁地对待每一个学员，为他们的成长负责任。

（3）名师工作室要建立平等互助的团队关系。有了精良的机器和强劲的动力后，要想机器运转顺畅，高效产出，还需要有高品质的润滑剂。平等互助的团队关系无疑是名师工作室高品质的润滑剂。平等互助的团队关系来源于师父与徒弟双方的相互认同与尊重。主持人师父想方设法地为工作室寻找教育资源，培养和成就学员的成长，徒弟自然而然地尊重师父。徒弟学员积极主动承担工作室的组织管理任务，分担师父的培养压力，乐于思考研讨问题，为工作室研修增添色彩和成果，师父都会看在眼里，自然也会加倍付出精力主持工作室的研修活动，毫无保留地分享自己的教育智慧。

（4）名师工作室要获得学校组织的认同与支持。不管是主持人师父还是学员徒弟，参与工作室的研修活动必定占用学校、幼儿园的人力、物力、财力资源以及时间成本，学校、幼儿园领导肯定会考虑到投入与产出的关系，即教师外出学习的效果与学校幼儿园教学质量的关系，通俗来说就是教师外出学习后能否提升学校、幼儿园的教育教学质量。例如，主持人师父规划工作室培养方向时，将学员徒弟定位为种子教师进行培养，并要求学员徒弟在学校幼儿园里召集志同道合的教师形成工作室外的校内学习共同体，每次工作室研修后都在校内学习共同体进行分享交流研讨，实实在在地将工作室的研修心得与成果落实在学校幼儿园的其他教师身上，为学校幼儿园的教研活动增添新的内容与元素。

第三节　名师工作室与教师研修

各地教育行政部门都会规定名师工作室在培养周期内，每年以听课磨课、跟岗实践、交流研讨、课题指导、举办读书分享会等形式，完成一定的研修时长与学习任务。组织教师研修学习是名师工作室最主要的培养教师的途径与方式，研修活动是否有效决定了名师工作室培养教师的质量。那怎样的研修活动能激发学员的学习内驱动力呢？我们要了解研修活动主体学员的学习特性以及工作室研修的本质。

一、工作室研修是成人的在职研修

名师工作室研修的学习者是在职的中小学、幼儿园教师，相对于未成年人甚至高校的成年人的学校教育，工作室在职研修活动具有以下特点。

（一）工作室教师的研修内驱动力源自问题和需求

名师工作室学习者的职业身份是教师。工作室研修的重要目的是提升教师的教育教学专业能力，为他们今后的职业发展提供动力支持。教师之所以积极主动地参与工作室的研修活动，更多的是希望能通过工作室研修活动解决教育教学过程中出现的问题，或者是满足其职业发展需求。每一个追求卓越的教师都注重教育反思，在教育情境中发现问题、分析问题、寻找办法、解决问题，进而寻求自身专业的蜕变。教学问题的发生是教师专业发展的转折点。当教学问题产生后，教师就会陷入迷惑、混沌的思想状态，这是因为教师在复盘反思自己以往教学工作的不足。这时候，工作室研修中形成的专家、成员等团队就能为教师提供异质性的教学建议，帮助教师及时解决教学问题，实现专业能力质的飞跃。

学校教育是在国家教育方针政策下根据教学大纲和教材安排，循序渐进地塑造人的过程。工作室研修则没有统一的教学大纲与教材，研修的目标和内容源于教师教育教学过程的问题以及专业发展的需求，这一点需要工作室研修课程设计者特别关注。

（二）工作室教师的研修基于不同认知经验和教学实践

学校教育的对象是青少年儿童以及高校的成人学生，他们的知识经验主要来自课堂与社会实践，具有连续性与同质性。而教师具有较长时间的学习经历、生活阅历以及教学实践，积累了丰富的经验和实践知识，具有多样性与异质性。工作室每个学员教师的学习经历、生活阅历和教学工龄都不同，形成不尽相同的知识经验，对于研修课程实施而言既是机遇，又是挑战。有学者说成人教育就是经验的学习，教师在研修活动中具有学生与教师的双重身份，工作室多样性与异质性的知识经验汇合，形成海量的教育资源库，为研修活动提供强大的智力支持。教师在研修活动中吸取专家先进的教育理念的同时，本身也在交流研讨时不断地输出自己有意义的教学经验，改变着团队的每一个人。

教师并不是被动地接受信息刺激，而是通过原有的知识经验与外界环境进行交互活动，新旧知识发生碰撞与对话，教师根据自身专业发展需求甄别选择，主动积极建构有利于专业发展的新知识结构。工作室研修学习可以理解为经验的学习，因此，工作室研修应基于教师原有的知识经验，遵循新旧知识融会贯通的原则，通过分享、指导、启发、迁移等手段，引导教师把新知识、新经验应用到教学实践中，促进其在学习中建构自我知识经验体系。

（三）工作室教师的研修离不开教育教学实践

工作室研修与学校教育同样都注重“做中学”，鼓励学生在具体的实践中获得知识经验。工作室研修尤为关注教育教学实践，这与工作室学员教师参加研修的动机与目的密不可分。教师研修的动机在于解决教育教学的实际问题。教师只有将学习场和实践场扎根自己熟悉的教育教学现场，才能发现到真正限制自身专业发展的“真问题”，才能客观而全面地分析问题背后的“真原因”，才能理解领悟专家传授的“真知识”，才能结合自身实际迁移应用形成“真经验”，最后才能找到解决问题的“真办法”。

当下很多名师工作室的研修活动仍是以专家讲座为主，远离学员教师的教育教学现场。工作室研修课程实施一定要充分考虑到课程内容的情景性和现场感。研修地点最好选择在学校、幼儿园内，让教师在研修时能全过程沉浸在教学的具体情景中，脑海里不时浮现出学生的身影。在不扰乱正常教学秩序的情况下，研修课程应更多地安排教学现场观摩研讨，直观形象地剖析教师的教学行为，才能真正帮助教师发现“真问题”。

（四）工作室教师的研修强调共享、对话与反思

每个教师都具有独特的学习方式和思维模式，都具有属于自己的教学资源库。工作室是紧密型学习共同体，并不是只有主持人才是导师，每个教师都可能成为大家的导师。

开放共享是工作室研修的前提。工作室的教师虽然都身怀丰富的专业知识和实践经验，但能否毫无保留地分享交流，就取决于工作室是否能建立起开放共享的机制。来自不同学校、幼儿园的教师个体基于陌生人际关系或者利益冲突等原因，往往会存在分享研

讨、发表意见时有所保留、有用的教学经验点到为止的现象，导致工作室的研讨交流成了闲聊家常会，未能形成百家争鸣的场面。因此，主持人首先要做好带头榜样，凡事要倾尽全力帮每个教师解答疑惑，以科学的教育主张和独特的人格魅力感染每一个人。其次，主持人要牵头带领团队建立起工作室研修的共享规章制度，形成开放共享的团队文化。最后，主持人要及时对实施开放共享的教师进行肯定与鼓励，树立起工作室的开放大旗。

对话研讨是工作室研修的核心。工作室研修过程并不是简单地听听讲座、做做笔记，而是要帮助教师们将新知识与现有知识进行碰撞与对话，如此，教师原有的认知结构才能发生变化，形成有意义的新认知结构。开放共享的机制建立后，教师们有了畅所欲言的环境，但仍有些教师怕说错，伤害到别人，或者迫于某些权威而不敢发表意见。为了打消教师的顾虑，主持人要向教师们明确工作室是学术研究团队，不管你是行政领导，还是一线普通教师，对话研讨只代表个人的学术观点，没有对错或者权威之分，鼓励教师们敞开心扉分享自己的经验，发表个人的意见，共同营造平等的对话研讨氛围。

反思改进是工作室研修的关键。工作室研修的最终目的不是召集教师一起吵吵闹闹，而是要将对话研讨的收获转化成为改进工作的良策。教师通过反思研修活动，可以巩固研修成果，将反思心得有目的地迁移应用于教学实践，改进、优化教学方式，提高教学效能，从而完成新的认知结构的重建。

二、工作室研修是以教师学习者为中心的研修

工作室研修相对于其他形式的教师培训的最大区别在于，工作室研修是在工作室主持人教育主张和思想的引领下，采取师徒制培养形式设计规划与组织实施的。教师学员们平常也习惯称呼主持人为“师傅”。而在中国传统教育范式里，“师傅”有至高无上的地位，是学术的权威。正因为如此，有些工作室仍采取着“家长式”的研修模式，主持人和专家一言堂地宣讲主持人的教育主张和思想，学习者只能被动地接受知识的灌输，没有考虑到学习者的实际需求与学习感受。这是典型的以授课者为中心的学习模式。出现这样的情况，主要是主持人没有认识并处理好工作室研修过程所出现的一些关系，例如师傅与徒弟的关系、培训者与参训者的关系、教学者与学习者的关系等。主持人的教育主张和思想，是研修活动的核心内容。而将这些学习内容置于怎样的教与学的关系中，才能实现工作室培养教师的使命呢？

这种教与学关系的本质就是以教学者为中心还是学习者为中心的问题。

工作室研修是基于教师作为学习者的专门性学习活动。这个“教师”并不是教与学关系的教师，而是指中小学、幼儿园的教师，也就是工作室的学员。教师在工作室研修实现

角色的转换，由学生的教师转换成为工作室里的学生，转变为学习者的角色。工作室是培养教师专业成长的孵化器，是引领教师成长的专业平台。工作室研修活动理应都要围绕着作为学习者的教师来创设情境、选择内容、组织实施以及评价改进，最终实现教师专业的成长，为区域教育培养名师、良师。由此可见，工作室研修是以教师学习者为中心的研修。

以教师学习者为中心的教学范式，关注教师作为学习主体，将以往传统被动接受为主的研修模式转向以教师主体性参与的主动学习模式，促进教师行为的改进。这种转变随之给我们带来工作室研修主导角色转换与学习范式变革的两大思考。

一是工作室研修主导角色的转换，推进工作室研修模式的变革。工作室虽然采取师徒制的教师培养模式，但师傅的角色并不是传统意义上高高在上、宣讲传授的“老先生”，而学员徒弟也不是唯命是从、被动接受的学生。基于学习者为中心的工作室师徒的师生关系也不是一成不变的，时常会出现相互转换的现象。对于主持人来说，作为师傅，其会根据教师学习者的学习特点和发展需求制订工作室研修计划和个性化成长方案，在研修过程中将自身的教育智慧传授给教师学习者；而教师学习者基于主持人教育主张和思想进行对话研讨与实践验证，进一步丰富和完善主持人的教育主张与思想。教师学习者是成人学习者，有较丰富的实践经验。就知识而言，教师学习者既是知识的接受者，也是知识的创生者，生成课程内容。就课程而言，教师学习者既是课程的学生，也是课程的组织和实施者，生成课程。

二是从“主持人教学者为中心”向“教师学习者为中心”转变，实现工作室研修教师学习者学习范式的变革。在建构主义理论框架下，教育应从以教学者为中心转向以学习者为中心。建构主义者认为，学习者的知识经验基础尤为重要，教育要尊重学习者的个体学习特点和学习需求，采用互动的学习方式。教师为学习者创造开放、民主的学习环境，激发学习者主动积极地建构自己的知识经验，在学习过程中实现学习者新旧知识的有机结合，从而产生有意义的建构行为。以学习者为中心的教育最为核心的特征是学习者通过个体或团队主动探索而建构知识，而不是通过教师说教讲授灌输习得知识。对于工作室而言，以教师学习者为中心的研修活动是指研修活动目标、内容、实施以及评价都应由学习者来决定。以学习者为中心的研修活动设计与实施，要关注每一个学习者不同的特质，这些特质有时候看上去趋向一致，但如果我们真正对学习者的学习经历、社会阅历和教学能力等进行全方位了解分析，就会发现他们呈现出多维度的显著差异。在研修方式上目前流行的参与式研修、探究式研修、项目式研修等都体现出以学习者为中心的特征，让教师的学习看得见，鼓励教师大胆地表达内心真正的学习需求与成长困惑。

三、工作室研修应该彰显结构化和体系化

基于笔者多年对名师工作室研修的观察研究发现，当前许多名师工作室研修活动普遍存在着以下三方面亟待解决的突出问题。

（一）任务式工作室研修

名师工作室每年都要接受教育行政部门的考核，有些容易量化的数据容易形成可看得见的考核指标，比如集中研修不少于15天，开设公开课或研究课或专题报告不少于5次，对外交流教学成果不少于2次，指导学员开展课题研究不少3项，并形成5项以上成果等等。有些主持人功利心较重、考核目标导向意识较强，重视对照考核指标数据来规划设计工作室研修活动，使得年度考核的数据非常出彩，让人感觉研修效果明显。但在喜人的数据面前，教育行政部门容易忽略工作室研修活动的目标达成、内容适宜、实施有效和自我评价等核心内容的价值性判断。这导致有些名师工作室考核优秀，工作室学员和同行评价却只是一般甚至较差的尴尬局面出现。这样的任务式研修的初衷已违背设置工作室的目的与意义，其并非以培养教师专业成长、提升教师专业能力为目的，而是为一己之利追求考核的成绩。

（二）游击式工作室研修

有些工作室研修活动如火如荼全面开展，每月一个大专题，每周一个小专题，该培训的热点话题都研讨完了。可是，到了工作室培养周期结束后，学员们却觉得没有哪方面的教育教学能力得到显著提升。多主题散发游击式工作室研修看似热闹非凡，学员们研修兴趣高涨，实际上没能考虑到学员的成长需求的满足和教学问题的解决，没能做到研修活动重点突破。如此，就会造成研修看似热闹但学员却得不到专业发展的局面。

（三）平民式工作室研修

有些名师工作室的研修活动虽然贯穿同一个主题开展且形式多样，但研修主题缺乏时代性与专业性，难以引领着学员专业往更高的层次发展，研修活动与常规校本教研活动同质性严重。更有些名师工作室主持人为了省时省事，乐于将工作室研修活动与社会机构举办的培训班合办，直接组织学员参与菜单式培训活动。名师工作室的主持人和学员都来自学校的骨干教师，有较丰富的实践经验和较强的自主学习能力。工作室学员在这样的平民式工作研修中并未能体验到工作室研修的优势，感受不到来自精英团队的资源共享、对话研讨和互帮互

助，缺乏工作室研修的特色与灵魂。工作室研修活动应由主持人和学员共同分析团队的学习需求和教学问题，商讨研修的内容和方式，量身定制属于工作室团队的研修方案。

以上工作室研修活动存在的问题，集中反映出当前名师工作室研修的碎片化、随意性现象比较严重，难以在研修过程中帮助学员构建有意义的知识结构，从而失去名师工作室存在的价值。由此，我们需要回归到设置工作室的目的以及加入工作室的初衷，对研修活动进行清晰化、结构化、体系化的理性思考。

对于不同的名师工作室研修活动，工作室主持人必须要有清晰的研修目标、明确的研修内容、灵活的研修形式、精准的研修评价，进而形成具有结构化和体系化的工作室研修课程，帮助工作室学员进行深度学习，形成有意义的知识体系构建，真正促进学员的专业化成长。

接下来，我们就从工作室研修课程概况、课程设计、课程目标、课程内容、课程组织与实施、协作教研、课程评价以及课程管理等方面深入探讨研修课程的结构化和体系化问题。

第二章

名师工作室研修课程设计

从这一章开始，我们将开启名师工作室研修课程之旅，描绘名师工作室研修课程的蓝图，为工作室研修学习者提供结构化和体系化的研修活动。

第一节　课程编制模式

一、泰勒目标课程模式

我们要探讨课程，必须要提到被誉为“现代课程理论之父”的泰勒。20 世纪 30 年代，美国经济大萧条给学校教育带来严峻的挑战，社会纷纷反思学校教育的课程设置是否能服务于社会经济发展。因此，美国进步教育协会（PEA）发起了课程发展史上著名的“八年研究”，旨在改进美国学校的课程与教学，编制出能引起大多数学生兴趣、满足学生入读高校或者满足社会需求的教育计划。这项研究的主要负责人就是泰勒，他在 1949 年公开出版《课程与教学的基本原理》一书，总结了他在“八年研究”期间的研究与实践经验，形成了对美国甚至世界课程改革都具有深远影响的“泰勒原理”。

“泰勒原理”是目标课程模式的经典代表。泰勒早期深受实用主义哲学理念的影响，以经验为中心的实用主义强调主体和对象、有机体与环境之间的相互作用，因此学生的经验在泰勒的目标课程编制模式中占据着重要的地位。后来，行为主义心理学兴起，泰勒否定传统课程组织管理的官能心理学，认同“刺激—反应”的行为训练机制。因此，泰勒指出，教育是一种改变人们行为模式的过程，并把一定情境中行为发生与否作为教育目标是否实现的评价标准。

泰勒在《课程与教学的基本原理》一书中提出了课程编制的四个基本问题：

①学校应该达到哪些教育目标？

②提供哪些教育经验才能实现这些目标？

③怎样才能有效地组织这些教育经验？

④我们怎样才能确定这些目标正在得到实现？

泰勒认为面对以上四个基本问题，不同层次的教育、不同的学校有着不同的实际情况，很难有统一的答案。他在书中并不想试图解答以上四个基本问题，只想阐明回答这些问题的基本程序、步骤与方法。因而，这四个基本问题后来被大家看作课程编制的四个阶段：确定目标、选择经验、组织经验和评价结果。

（一）确定目标

在分析“学校应该达到哪些教育目标”时，泰勒认为，影响学校选择教育目标的因素有很多，而学校管理者要对教育目标作出理智判断，离不开对以下三方面的信息来源进行研究：一是对学习者的研究；二是对当代社会生活的研究；三是对学科专家建议的研究。任何单一的信息来源都不足以让学校拟定全面且理智的教育目标，面对着如此众多的教育目标，我们需要像过滤沙子一样使用教育哲学和学习心理学理论两个筛子对已选择出来的目标进行筛选与修正，以确定精确的具体的教育目标。

信息来源 1：对学习者的研究。“对学习者本身的研究将试图指出教育机构想要学生完成的行为模式的变化。”泰勒认为，对学习者的研究要特别关注学习者的需要和兴趣。“需要”是“实然”和“应然”间的差距，也就是学生当前的现状与学生应该要达到的理想常模之间的差距。因而，学校和教师在选择目标时要全面调查了解学生的发展现状和生活状态，将学生的现状与差距作为目标制定的依据。另外，教育是主动的过程，要想学生自己积极主动地学习必须先激发学生的兴趣。如何激发学生的兴趣？教师要积极参与并全心处理学生感兴趣且关系密切的事情。

信息来源 2：对当代社会生活的研究。工业革命带来科学技术的迅猛发展，也带来知识体系的突飞猛进。学生的学习时间有限，精力有限，在学校课程中完成所有知识的学习是基本不可能的。而对知识迁移的研究表明，当学生学习的情境与其现实生活情境相类似的话，学生的学习就容易发生迁移，效果就会事半功倍。

信息来源 3：对学科专家建议的研究。泰勒认为，由于学科专家对本专业领域造诣较高，提出的教育目标过于专业化，往往会脱离学校学生的认知接受能力。他指出，学科专家应发挥其对本专业领域熟悉的优势，凭借他们的专业判断指出本专业领域的基本内容和学习方法，即学科的一般教育功能，并会考虑到为将来不会成为这个领域专家的年轻人的教育作出贡献。

筛子1：教育哲学。泰勒这里提到的教育哲学更多是指学校作为教育机构所遵循的教育理念，他没有明确回答学校应该要奉行怎么样的教育理念，且不同的学校根据自身的发展需要有不同的教育理念。学校可根据学校的教育理念来筛选教育目标，剔除与学校的教育理念相违背的教育目标。

筛子2：学习心理学理论。学习心理学分析哪些行为可以通过学习而获得，例如卫生习惯的养成可以通过学习学得，而身高则无法通过学习来增加。此外，学习心理学能帮助学生在特定年龄阶段完成对应的可行性目标，避免出现选择与年龄发展阶段不相应的教育目标的情况，浪费学生的学习时间。

（二）选择经验

“学习是通过学习者自身的经历而发生”，“教育的方式就是提供学习者教育经验”。教育目标确定后，我们就要考虑为学生提供哪些学习经验，因为只有通过经验才能发生学习行为。学习经验不是教师直接给予的，而是学习者与所处的环境之间相互作用而产生的。为此，泰勒提出了五条选择学习经验的一般性原则：

①为了达到既定的目标，学生必须有这种经验，让学生去实践该目标所隐含的行为。

②这些学习经验必须使学生在从事目标所隐含的相关行为时获得满足感。

③学习经验所期望的反应，是在学生力所能及的范围之内的。

④有许多特定的经验都能用来实现同样的教育目标。

⑤同样的学习经验往往会产生多种结果。

泰勒还指出判断有效学习经验的四个重要特征：是否能培养思维技能？是否有助于获取信息？是否有助于形成社会态度？是否能培养学生的学习兴趣？

（三）组织经验

泰勒认为，教育是持续发生作用的过程，要加强学习经验的有效组织，使之起到相互强化的作用，从而产生累积效应。针对如何有效地组织学习经验这个问题，泰勒提出课程编制的三个准则：连续性、顺序性和整合性。连续性是指课程要素的直线重复，让学生有机会不断重复训练技能知识。顺序性是对连续性的超越，指不能只在同一水平上重复，而是强调学习经验的前后连接，不断促进学习经验的发展。整合性要求课程编制设计的学习经验要有横向联系，与各种学习经验互相关联。

（四）评价结果

泰勒认为，评估是发现事先制订和组织的学习经验能否产生预期结果的过程，为教师指出课程编制过程中哪些是有效的，哪些是有待改进完善的。评估是要发现教育实际对学生行为产生的作用，包括两方面的内容：一是应该评估学生的行为改变，二是评估必须包含一次以上不同时间段内的评估，通过对比来确定行为是否发生改变。

评价过程要从教育目标入手，因此评价的第一步就是要看教育目标是否被实现，或者说目标实际达成的程度。评估的下一步是要确定评价的情境，明确给学生机会表现目标隐含的行为情境，给予学生展示行为的机会。当完成这两个步骤后，我们才考虑使用现有的各种评价工具，来收集相关的数据与证据。至于评估结果的使用方面，要指出课程组织的各种优点和缺点，帮助找出优点和缺点背后产生的原因，为下一次编制课程提供依据。

泰勒以教育目标为核心提出目标课程编制新模式。整个编制方案和流程直观形象，操作性强，其以明确目标为起点，强调科学实证与理性判断，学习内容与学生的生活经验紧密联系，在组织实施阶段强调连续性、顺序性与整合性，最后以教育目标为评价标准，关注教育目标的达成。尽管后来很多课程研究学者对“泰勒原理”进行批判与否定，但“泰勒原理”所提出的课程编制四个基本问题却是无人能超越的，它提供了课程编制的典范，值得课程研究者和教育实践工作室参考借鉴。

不过，“泰勒原理”毕竟是产生于某个特定的社会时代，是为满足社会的教育需求而提出，不可避免地存在着一定的局限性。“泰勒原理”的课程编制过程强调统一性和程序化，忽视不同学校的课程实践存在独特性，导致课程缺乏自主性和创造性，不利于学校的特色发展。目标编制模式把知识、技能本身作为教育目的，而忽略了教育促进人的发展的本质。整个课程实施过程以教育目标为起点，在评价阶段强调目标达成的终结性评价，限制了学生个性化的发展，让教育行为失去应有的活力。

二、斯腾豪斯过程课程模式

英国著名教育家斯腾豪斯基于对目标模式的反思与批判，提出课程开发的过程模式理论。他认为，课程的开发不应是按照事先制定的行为目标而设计出来的一套程序化、固定的方案，更不应该是依据教育目标来评价教育的结果，而应该是一个动态的、持续的过程。

课程开发的过程模式受进步主义教育和现代发展心理学的影响较大。以杜威为主要代表的进步主义教育理论认为，教育过程在它的自身以外无目的，教育的目的就在教育过程之中，反对在教育过程中对学生学习另外施加教育目的。最好的教育就是“从生活中学习”，“从经验中学习”，它是有益经验知识的主动建构过程。学生获取知识并不是由教师强行灌输，而是在生活中通过主动探究而发展形成。杜威强调学生“从做中学”，反对说教灌输式的教育，主张学校要将学生学习的知识与其生活环境和经验相联系起来，激发学生强烈的求知欲，给予学生“做”的机会，促进儿童自主地生长发展。以皮亚杰为主要代表的现代发展心理学认为，儿童知识的获取不是单纯的行为训练，而是主动建构的过程。个体的认知并不是简单重复的堆积，而通过同化和顺应两种方式进行认知结构信息的整理、归纳、改造和创造。进步主义教育和现代发展心理学直接影响到斯腾豪斯的教育观和知识观，对课程过程开发模式理论产生了深远的影响。

（一）课程开发设计方面

过程模式反对预设的、固定的教育目标，而是确立指导整个课程活动的一般性的、宽泛的教育目标，指向教育过程中学习者可能发展的目标，让教师在教育过程中形成内在的教育价值与目标方向，其并指向课程实施的最后结果控制。过程模式虽然不排斥教育目标的设定，但其设定的教育目标是非行为性的，并不指向课程结果的评价标准。

（二）课程内容选择方面

过程模式的逻辑起点是课程内容的选择，而非目标的确定。选择课程内容要强调知识本身反映学科领域内在价值概念、原则和方法，主要的教育目的在于发展学生的智力，促使学生形成正确的价值观。斯腾豪斯认为教育由知识本身的功能决定，任何知识不能以预先设定的形式直接传授给学生，知识的内在价值是学习经验相互发生联系，激发不同层次和水平的理解。

（三）课程组织实施方面

过程模式认为，教育是一种过程。过程模式反对儿童被动地灌输式学习，认为学习应由被动变为主动，支持儿童积极探索、主动发现，自觉参与到学习过程中，认为教育并不是教师单向输出、儿童直接输入的过程。此外，过程模式特别强调教师作为研究者的角色，教师不再是学生获取知识的搬运工，而是学生学习过程中的支持者、引导者和解读者。

（四）课程评价方面

过程模式评价的根本目的不是验证教育目标是否达成，而是发展学生的智力，培养学生的理解能力，帮助学生建构认知体系。斯腾豪斯认为教育是一个开放的而不是闭环的系统。开放性在于教育是教师和学生不断调整与改进的过程，课程实施过程的各个环节都形成小评价或中期评价。过程模式更注重教学过程的形成性评价，教师的评价角色不是传统意义上的“评分者”，而是不同学习阶段的“评论者”，给予学生适宜的学习建议，促进学生对知识内在价值的理解。

过程模式基于对目标模式的批评而形成，是比较符合儿童学习认知特点的课程开发模式。这样的产生背景决定了过程模式不像目标模式那样体系化，其没有提出一个明确且可操作的具体方案。这就好比医生问诊娓娓道来分析病人的病情以及病因，但没有给病人开具能解决病情的处方一样。课程开发的过程模式对教师的要求极高，从课程内容的选择开始，教师必须要对所教学知识的深层内容有深刻理解与思考，才能为学生选择知识真正的内在价值。在课程的实施与评价过程中，开放性的课程特点要求教师有较强的课程整体掌控能力。因此，在具体的教育实践中，过程模式较难全面推广。

第二节　工作室研修课程实施方案编制

一、工作室研修课程实施方案

（一）工作室研修课程实施方案的定义

工作室研修课程实施方案是根据名师工作室的性质和职责，针对教师的专业发展和在职研修的特点，结合工作室学员的发展需求，对工作室研修课程的目标、课程设置与内容、课程的组织与实施、课程的评价与管理等环节进行全面、系统的设计，形成可操作、可实行的实施方案，引导工作室研修课程有序组织开展。工作室研修课程实施方案是工作室研修课程实施的文本依据，是工作室团队学习研修的蓝图。

有些人对工作室研修课程实施方案存在着认识上的误区，将其与工作室的三年建设方案或者工作室的工作计划混为一谈。工作室三年建设方案是指工作室三年培养周期内建设理念、建设目标、人员构成、制度建设、课程建设、实施阶段、资金保障等工作室的全面规划设想。工作室研修课程实施方案与工作室三年建设方案不同，实施方案是工作室三年建设方案课程建设部分的详细版本，向大家呈现工作室如何基于培养目标落实培养任务。工作室研修课程实施方案更不是工作室的工作计划，工作计划只是工作室在一定的时期内预先安排的各项活动的集合，而工作室研修课程实施方案只是指向培养教师的课程部分，全面而系统地阐述工作室研修学习的整体规划。

一个完整的工作室研修课程实施方案的基本要素应包括研修课程产生的背景与现状、课程理念与目标、课程设置与内容、课程组织与实施、课程考核与评价、课程管理与保障等等。这些基本要素并不是固定的内容，只是一般性内容，不同的工作室可以根据自身的建设方向和要求，对工作室研修课程实施方案的要素进行增减与调整，形成具有个性化的研修课程实施方案。

（二）工作室研修课程实施方案的特点

1. 工作室研修课程实施方案具有结构性与系统性

课程实施方案有一定的结构性，前面提及的课程实施方案要素虽然不是固定的内容，但整体的方案框架已基本确定，实施方案不能只详尽地描述课程理念与目标，而忽略了课程的组织与实施。课程实施方案不单只是各个方案要素的简单拼凑，而是基于整体理念，以课程理念与目标为编制起点，围绕着理念与目标依次展开课程设置与内容、课程组织与实施、课程考核与评价、课程管理与保障，最终形成一个各要素相互关联的整体行动指南。

2. 工作室研修课程实施方案具有可行性

可行性是编制课程实施方案的原则。如果编制好的研修课程方案脱离工作室团队组织实施能力，或者工作室根本不具备实施的人力或资金条件，方案就会成为置之高阁的文本资料。研修课程实施方案要结合工作室团队的现状和特点，并在人力、财力和物力等工作室团队可以支配的能力范围内进行编制。例如，工作室的学员基本是一线教育教学岗位的教师，研修课程根本不可能规划脱产一个月的集中研修，这样的话必定会严重影响教师班级的教育教学。再如工作室的研究经费只有三万元，而工作室研修课程则规划多次邀请专家指导，并集中赴市外甚至省外进行长时间的研修活动，完全超出工作室研究经费支付能力范围。

3. 工作室研修课程实施方案具有可操作性

工作室研修课程实施方案是指导工作室培养周期的行为指南。实施方案不仅要编制者看得懂，更要让工作室团队的每一个成员都能知道如何操作实施，不能是抽象、空洞、不具操作性的理念层面的文字。

4. 工作室研修课程实施方案具有工作室的培养特色

工作室团队成员的专业素养水平与成长需求不尽相同，因此，工作室研修课程实施方案要能体现主持人鲜明的教育思想和主张，并满足成员成长需求的发展总方向，突出工作室独有的人才培养特色，不能随意地借用或抄袭改编别人现成的研修课程实施方案。

（三）编制工作室研修课程实施方案的意义

1. 工作室研修课程实施方案是工作室研修学习的行动指南

建筑工人建造一幢房子必须遵照建筑设计师绘制的设计图纸，主持人在培养周期内组织研修活动也要有类似设计图纸的研修蓝图，体现工作室团队的集体研修成长愿望，指引工作室团队有规划、有目标、有序、有效开展教师的培养活动。

一个名师工作室研修团队人数虽然不多，但都来自不同的学校、幼儿园，具有不同的工作环境和成长需求，工作和学习的步调和节奏不尽相同。基于工作室团队共同编制的工研修课程实施方案既体现团队共同的成长需求，又体现团队统一的学习步伐，能将看似一盘散沙的研修团队凝聚起来。研修团队在课程实施方案的研修目标、研修内容、研修组织与实施和研修评价与考核等的指引下有计划、有方法地进行研修学习，共同实现工作室的研究目标和个人成长远景。

2. 工作室研修课程实施方案是研修活动结构化和系统化的载体

研修课程是名师工作室培养教师的核心领域，是名师工作室实现专业发展的重要载体。有些名师工作室组织教师们四处奔波去参加内容丰富、形式多样的研修活动，随意、零散、短时的知识输入难以在教师的认知体系里形成同化与顺应效应，导致教师研修累而专业成长收获甚少。工作室研修课程实施方案是工作室研修活动全方位、结构化的思考与规划，特别是研修课程模块的设置，它是工作室研修课程的主心骨。例如，笔者名师工作室兼顾工作室的研究方向和教师的个性化成长，将研修课程模块分为基础必修课程、个性必选课程和专题任选课程三大课程模块，结合工作室幼儿园项目式学习的研究内容，编制出包括幼儿园项目式学习的理论学习、实践研究和综合素养发展的研修课程，将研修活动结构化和系统化，易于日后的操作实施与评价考核，有利于教师有效研修学习的发生。

3. 工作室研修课程实施方案可以促进研修课程的持续优化改善

研修课程是一个不断验证、持续改善的过程。目前，名师工作室研修课程不管从理论层面，还是实施层面都处在起步阶段，有些名师工作室研修活动逐渐走向课程化，但在研修课程的规划、实施与管理等方面都需要完善与改进。有些工作室主持人缺乏课程意识，研修活动随意性较大，呈现拼盘式，难以帮助学员进行深度学习。有些工作室研修活动目标性不强，或者目标的制订不够具体，造成培养缺乏针对性，严重影响研修活动的有效性。有些工作室实施研修活动时未能以教师学习者为中心，单纯讲授式的培训形式，很难激发教师的学习兴趣与满足其成长需求。出现以上种种问题，原因在于研修活动缺乏规划性，而研修课程实施方案的研制就成了解决问题的理想方式。只有做好工作室研修课程的规划与方案编制，逐渐形成工作室研修课程规划机制，保障研修课程推进过程中的持续优化性改善，才能使工作室的研修活动更受学习者教师欢迎，才能使研修活动促进学习者教师的深度学习，真正促进教师学习者的专业发展。

二、编制工作室研修课程方案的原则与步骤

（一）编制工作室研修课程方案的原则

1. 基于多方参与

一是强调教师学习者的主体参与。工作室研修课程方案用于指导工作室研修课程的有效开展，必须要让课程的主体教师看得懂、能操作。要想达成这一目标，方案编制过程中必须要把学习者教师作为重要的参与人员，不能只由主持人独自编制。因此，工作室要召开研修课程方案编制会议，做好编制工作分工，提供机会与平台让工作室每一位教师学员参与进来，开展平等对话交流，协作完成编制任务。研修课程方案要融入教师学员的声音，把教师学员的所想、所好、所求作为课程编制的主要依据，才能使研修课程为教师所欢迎。二是重视工作室指导专家的指导参与。名师工作室都配备有指导专家和教研员，由于他们的专业理论水平较高和课程顶层规划意识较强，编制工作室研修课程方案时应邀请他们深度参与，保证方案具有方向性和可行性。三是重视学校、幼儿园的合作参与。工作室研修课程的实施主体是工作室教师学员，他们是学校、幼儿园的教师，研修课程的实施必定与学校、幼儿园的工作有着千丝万缕的关系。例如，研修时间的选择应该要与学校、幼儿园工作协调，课程的实践应该与学校、幼儿园当前的热点难点问题相关联。因此，要组织学校、幼儿园相关的教研负责人审议工作室的研修课程，提出评价意见和建议，进一步完善研修课程的可行性。

2. 基于问题解决

实施研修课程的现实目的是解决教师教育教学过程中遇到的问题，从而提升教师的教育教学能力，提高学校、幼儿园的办学质量。教师的日常教育教学面对着发展中的学生，面临着不同的教育场景，进而会遇到各种各样的教育问题。工作室研修课程的规划要善于聚焦教师的真实问题、急需解决的问题，从问题出发，回归解决问题，改进优化当前的教育教学模式。例如，当前幼儿园的教学模式从传统以教师为主导的集体教学走向强调以幼儿为主体的自主游戏活动，大部分幼儿园教师难以驾驭自主游戏的主持与指导，针对幼儿园教与学权衡的矛盾问题，笔者工作室借鉴中小学项目式学习的理念与实践，致力于研究幼儿项目式学习，探索解决当前幼儿园教与学之间的矛盾，为广大幼儿园提供解决教与学矛盾的具体方案和教学实践模式。如果离开了教育教学实际，不能服务于问题的解决，研修课程方案

就成了空中楼阁，教师只能远观而不能从中获得提升，将会严重影响教师的研修积极性。

3. 基于整体规划

研修课程是工作室研修的指南性文本，应该是整体的、全面的，体现工作室培养周期内研修活动的方方面面。在编制研修课程方案时要对研修课程进行系统的思考和整体的谋划。工作室研修课程属于课程的一种类型，基本环节应该包括课程的目标、课程内容与设置、课程形式与实施、课程评价与考核。研修课程实施方案在以上四个基本课程环节基础上应该还要介绍课程的背景、课程的现状分析、课程的理念，让教师能够了解研修课程的前因后果，理解研修课程的内涵与价值，在研修过程中更能以主人翁的主体身份投入到研修学习中。此外，一个整体的课程要真正落实实施必须要有完善的课程管理、明确的课程方案制订、清晰的课程管理人员架构、充足的课程支持保障等。因此，一个完整的工作室课程研修方案包括课程的背景、课程的现状分析、课程的理念、课程的目标、课程内容与设置、课程形式与实施、课程评价与考核、课程管理与保障。

4. 基于动态调整

研修课程是工作室培养教师的重要载体，而教师个体的发展性与差异性决定研修课程实施具有动态性。工作室研修课程实施方案的编制并不能一步到位，而是全过程的编制，也就是说，编制工作室研修课程实施方案贯穿于课程实施的全过程。我们编制课程方案时须建立动态调整机制，每学期每年度定期组织工作室研修课程实施方案审议，邀请工作室的指导专家和教研员以及学校、幼儿园相关教研负责人共同评定课程的实施情况，及时对研修方案进行阶段性的反思与调整，使课程研修方案更能满足每一位教师的成长需求。

（二）编制工作室研修课程方案的步骤

工作室研修课程方案的编制不是工作室主持人一个人单独完成的，而是一项严谨而系统的工作。工作室要成立编制小组，对工作室内部与外部可利用的课程资源进行分析与整合，分工协作，按照课程方案的结构形成初稿，邀请专家与同行以及相关人员审议论证，最终形成研修课程方案定稿。在研修课程实施过程中强化方案的追踪调整，促使方案形成自我完善机制。具体的编制步骤可参照图 2-1。

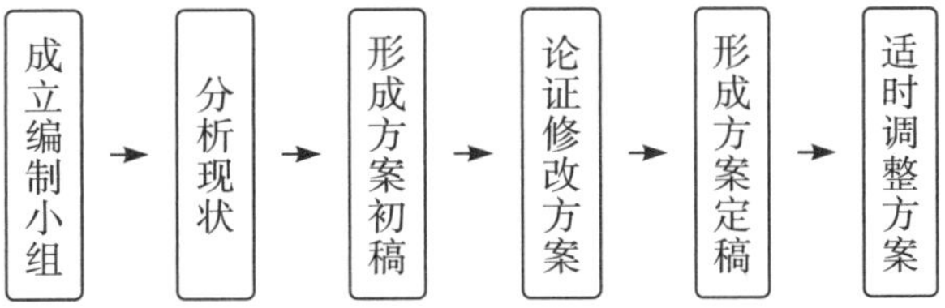

图 2-1　工作室研修课程方案编制步骤图

1. 成立编制小组

工作室研修课程方案编制小组成员的选择要注重广泛性，要包括工作室的入室学员、网络学员、指导专家、教研员以及学员所在学校的领导代表等。编制小组的建立为研修课程编制工作提供了人力保障，搭建了工作室骨干成员对话与交流的平台，不同类型的人员结合不同的成长需求为研修课程的实施贡献各自的智慧，力求提升研修课程的可行性与可操作性。成立编制小组后必须建立相应的编制工作管理制度，根据不同类型人员的岗位特点与专业特长，明确工作职责，拟定编制进度安排，既有分工又有合作，共同推进方案编制的完成。

2. 分析现状

工作室研修课程必须符合国家对教师人才发展的要求，要满足作为学习者的教师个体的专业成长需求，要适应学校、幼儿园课程改革的发展趋势。从现状分析的内容来看，我们要分析国家、省以及市对教师专业素养与培养的政策要求、工作室的课程基础、学员的课程需求以及可利用的课程资源等，并对这些信息进行关联性分析，为研修课程方案的制定提供参考依据。从现状分析的方法来看，SWOT 分析法是方案编制信息分析常用的方法之一。SWOT 分析法，也叫态势分析法，将与工作室研修课程密切相关的内部因素——S 优势（Strengths）、W 弱势（Weaknesses）和外部因素——O 机会（Opportunities）、T 威胁（Threats），通过调查以表格的形式列举出来，并对各因素进行相关分析，为研修课程的编制提供全面、系统、准确的客观信息素材。

3. 形成方案初稿

在收集各方信息进行科学分析的基础上，编制小组按照研修课程方案的基本框架内容要求，根据工作室的研修内容拟定出研修课程初稿，提出工作室研修课程的初步设想。研修课程方案初稿要翔实陈述并分析现阶段的基本情况，明确工作室研修课程的理念与目标，这将是研修课程方案下一阶段论证、定稿以及调整的指引方向与重要依据。

4. 论证修改方案

研修课程方案初稿出来后，编制小组需要向所有涉及工作室研修活动的相关人员，包括工作室入室学员、网络学员、指导专家、教研员以及学员所在学校等进行征求意见，以口头或书面的形式收集意见和建议。编制小组要召开工作室研修课程方案论证研讨会，平等对话，各抒己见，集思广益，深入诊断方案初稿的完整性、可行性、可操作性以及有效性，提出修改的意见和建议。

5. 形成方案定稿

征求意见和方案论证会后，编制小组要汇总、归类、梳理大家的意见和建议，根据当前学校、幼儿园课程改革要求和工作室的实际情况对意见和建议进行价值判断，遴选出有利于研修课程方案实施以及促进教师专业成长的合理意见和建议，对研修课程方案进行修改完善，最终形成工作室研修课程方案定稿。

6. 适时调整方案

工作室研修课程方案的定稿并非终稿，它只代表研修课程蓝图绘制完成，研修课程即将开始启动。在研修课程实施过程中，编制小组仍要建立课程实施追踪以及信息反馈机制，听取、收集各方的研修感受与意见，及时调整，不断促进研修课程的完善。

三、工作室研修课程的现状分析

（一）现状分析常出现的问题

1. 应付式笼统描述，缺乏工作室自身特点

有些名师工作室为了完成上级教育行政部门的任务，对研修课程实施方案的编制重视不够，意识不到方案对未来研修课程推进的意义和价值，简单笼统地将一些理念、概念以及工作室情况进行描述，显得比较空洞，没有在深入分析工作室自身特点的基础上进行现状表述与研究分析，更有甚者会出现描述雷同的情况。

2. 现状信息包罗万象，未能把握研修课程的本质

有些名师工作室将研修课程实施方案与工作室建设实施方案混在一起。工作室建设实施方案是工作室的整体工作规划，包括人员组织、制度建设、研修课程、资金管理等。研修课程实施方案仅仅指向教师专业发展的研修课程部分，聚焦研修课程建设的各个环节以及相互的联系。因此，研修课程实施方案的现状分析要分析与研修课程相关的要素，关注教师教学问题改进和专业发展需求，如各级教育部门课程改革的指南与趋势、教师的课程发展需求、工作室所拥有的课程资源等。

3. 现状信息罗列陈述，缺乏系统分析与深入挖掘

现状分析除了要罗列出与研修课程相关的各方面信息以外，工作室团队也应对这些信息进行原因分析和关联分析。有些名师工作室研修课程实施方案现状分析的内容框架比较齐全，涉及研修课程的各个影响因素，但只是简要的事实表述，并没有结合工作室的自身情况对出现的问题进行深入分析，以找到问题的症结。因此，这样的现状分析看似很全面、很到位，但缺乏系统性，很难对后面的课程设置与实施提供依据与方向。

4. 现状分析与课程实施脱节，出现“两张皮”现象

现状分析主要的作用是为后面的课程设置与实施提供依据。有些名师工作室未能发挥现状分析的价值，出现“牛头不对马嘴”的现象。现状分析里列出的工作室优势教育资源，在后面课程实施环节未能好好利用；急需解决的教学问题未能在课程的目标、内容、实施、评价中给出具体可行的解决方案等。

（二）现状分析的内容

名师工作室的主要职责是促进教师专业成长，提升教学质量。工作室研修课程聚焦培养教师，课程方案的现状分析也应聚焦在教师身上。名师工作室研修课程实施方案的现状分析应该包括课程的政策分析、理论分析、教师分析、学校分析以及工作室的课程资源分析等方面。

1. 政策分析

研修的目的是培养未来创新型教育人才，既要满足国家教育方针政策的育人要求，也要满足当今社会或者未来教育对教师的要求，引领教师专业的可持续发展。这种国家和时代的发展需求，是应然的需求。不同时期国家、省、市对教师的培养都有不同的要求。2018 年中共中央、国务院《关于全面深化新时代教师队伍建设改革的意见》，2012 年教育部《幼儿园教师专业标准（试行）》《小学教师专业标准（试行）》和《中学教师专业标准（试行）》等文件均提及新时代国家对教师的专业新要求、新期待，为名师工作室要将教师培养成怎样的人才提供了明确的方向与要求。名师工作室作为培养高层次教师人才的阵地，应该要时刻跟紧国家、省、市对教师人才培养的最新要求，深刻理解人才要求的课程要素，为研修课程目标提供强有力的政策依据。

2. 理论分析

名师工作室是培养教师的学术性团队，研修课程的各个环节设置要有一定的理论依据。研修课程的现状分析要对研修课程的设置进行理论层面的分析，深刻理解教师作为成人学习者的学习理论以及工作室学习共同体的组织理论等。同时，针对研修课程的内容选择，现状分析要结合学科理论的发展以及课程改革的趋势，深入分析当前教育教学存在的关键问题，理清研修课程内容与问题解决的关系。

3. 教师分析

研修课程的主要目标是促进教师专业成长，而教师现状分析即学情分析，则是研修课程现状分析的核心部分。因此，我们可以借鉴前面提到的 SWOT 分析法，从以下四个方面进行教师现状分析。一是教师个人的专业优势和特长。工作室的学员原则上都是有一定经验的骨干教师，我们要了解教师的知识与经验积累情况，包括学历背景、专业情况、工作经历、课程知识基础、专业特长等。二是教师个人的专业不足或成长需求。教师申请加入工作室必然会对工作室研修有一定的研修期待，而这种研修期待很大程度上对标教师个人的专业不足或成长需求。我们要引导教师对照优秀教师或者专家型教师的要求，查找自己与他们的差距，提取出近三年个人可能会达成的成长目标。三是能促进教师专业成长的外部教育资源。每个教师身边必定会有很多可利用的教育资源。我们要帮助教师梳理能助力个人专业成长的教育资源，比如学校的资源、地区的资源、专家的资源等。四是教师职业发展的机遇与威胁。每个教师所在的岗位面临的机遇与威胁都不一样，有些教师正处于专业发展的上升期，学校领导和同事都对其提供充分的机会与平台；有些教师可能正处于专业发展的瓶颈期或混沌期，专业发展停滞不前；有些教师虽然专业发展良好，但仍存在着一些不足与忧患。知己知彼方能百战百胜。我们要引导教师客观、全面地分析自身专业的内部和外部影响因素，梳理分析制约自身专业成长的关键问题。

4. 学校分析

有些工作室在开展研修课程现状分析时往往会认为研修是工作室的事，与学校关联不大，容易忽略学校分析。教师的专业成长平台主要是在学校、幼儿园，工作室的研修成果必须要在学校、幼儿园里实践验证，才能实现教学行为的改进，达到促进教师专业成长的目的。我们要了解教师所在学校、幼儿园的课程理念、校本教研等情况，要在工作室课程理念与学校、幼儿园课程理念间找到共通点，工作室研修要与校本教研相适应，形成课程合力，共同赋能于教师的专业成长。

5. 课程资源分析

课程资源是实施工作室研修课程的重要推动力。工作室研修课程的资源分为内部课程资源和外部课程资源。内部课程资源主要包括工作室团队成员的工作经历、教学经验、专业研究特长等，这些资源将会影响到研修课程内容的选择以及实施的形式。外部课程资源主要包括工作室所在区域和成员所在学校的教育资源、工作室团队掌握的专家指导团队资源等。例如，工作室所在省、市、县教育行政部门对名师工作室研修活动提供的政策性支持，成员所在学校的办学特色以及课程基础，将会对研修课程的实施提供有力的支持。

（三）现状分析的方法

1. 问卷调查法

问卷调查是收集信息最便捷的方法。教师分析和学校分析的相关信息都可以利用问卷调查来进行收集，让教师自主地剖析、描述自身的情况，用问卷传达教师成长需求的真实声音。

2. 个人访谈法

问卷调查收集信息虽然便捷，但获取信息的全面性与针对性受教师对问卷题目的理解程度影响很大。为了让获取信息更具全面性和针对性，编制小组通过问卷调查获取基本信息后，还应对学员们进行一对一的个人访谈或者小组访谈，针对关键问题进行交流互动，深度了解教师的所思、所想、所求。

3. 实地调研法

走进教师所在的学校、幼儿园实地调研，可以全面了解学校的办学理念、校园文化、课程设置、校本教研等情况。通过实地调研，与学校领导和同事交流互动，既能全面了解教师专业发展现状，又能让教师的发展需求和教学问题场景化，有利于工作室研修课程的有效研发。同时，学校幼儿园作为工作室研修课程的实践场，实地调研收集信息可为工作室课程设置的实施提供实践依据。

4. 文献研究法

文献研究法主要是针对课程的政策分析与理论分析。编制小组要广泛收集近年来国家、省、市等各级教育行政部门对教师特别是本学科教师专业发展和在职研修的要求，同时也要把握当前及未来国家课程改革的大方向和总要求。基于课程改革的趋势，结合工作室主持人的教学主张和教育思想，编制小组要对工作室研修内容进行深入的文献综述，在理论层面论证研修内容的意义和价值，最终确定工作室研修内容的具体方向。

（四）现状分析的注意事项

1. 要注重信息收集的科学性

现状分析是研修课程实施方案的起点，收集回来的信息是否具有说服力，很大程度上取决于信息收集的科学性。首先是收集信息的方法要科学，前文已经向大家介绍了问卷调查、个人访谈、实地调研、文献研究等四种方法。工作室在具体操作过程中可以根据工作室的具体情况进行灵活运用，可以有所侧重地选择性使用，力求客观、真实地了解工作室研修课程的各方面实际情况。现状的描述与分析除了主观文字描述以外，最好能适当采取科学的方法获取实证数据，以数据、图表等形式形象地呈现事物的发展趋势。

2. 要抓住研修课程的核心内容

影响课程实施的因素涉及多方面，我们要根据工作室的具体情况和教师的发展需求，抓住研修课程的核心内容，不需要做到面面俱到，可以针对工作室的课程重点，有所侧重点地对某些方面的内容进行深入分析。现状分析的表述要尽量做到简要清晰，具有层次性，不要长篇大论，避免造成研修课程实施方案的头重脚轻。

3. 要做到信息来源主体和收集渠道的多元性

现状分析的信息收集要做到全面准确，信息来源主体要多元化，包括政府部门、教师、学校、同事等。信息收集的渠道同样要形式多样，比如问卷调查、个人访谈、实地调研等。例如，收集教师发展需求时不能单靠调查问卷收集信息，因为每个教师对于问卷题目的理解有所不同，填写的内容信息可能并不能完全代表教师的真实想法，所以还要增加访谈形式来深入了解教师的想法。

四、工作室研修课程的内容构成

工作室培养周期一般为三年。主持人在三年的研修培养里必须要落实教育行政部门要求的职责任务，完成规定的培训研修学时，组织开展专家讲座、听课磨课、跟岗实践、交流研讨、课题指导、读书分享等学习活动。如此高频率、多形式的研修学习活动很容易流于形式，出现学员忙于奔波学习却收获甚少的尴尬局面。工作室主持人需要以课程的思维来统领工作室的研修学习活动，力求将研修学习活动结构化、系统化，引导学员深度研讨教学问题，找到真正能解决教学问题的策略方法。

工作室研修课程是研修活动结构化、系统化的载体。虽然课程开发的目标模式和过程模式都面向学校教育的课程进行开发编制，实施的对象是在校学习的学生，但针对成人研修课程同样具有重要的指导意义。因此，综合目标模式和过程模式的优点与不足，结合工作室研修的特点，我们在讨论工作室研修课程时借鉴泰勒编制课程的四个基本问题，同样要回答以下四个基本问题：

①怎样分析学员的现状制订研修目标？

②如何基于主持人教育主张确定工作室研修的学习内容？

③怎样才能有效地实施研修活动？

④如何确定研修目标已经达成？

下面，我们就基于这四个问题讨论工作室研修课程的框架。

（一）研修课程目标

研修课程目标的制订是研修课程全过程的起点，对课程内容选择、课程过程实施以及课程评价的开展具有方向性的指导意义。工作室研修课程目标应该是工作室团队在培养周期内共同努力的方向，体现团队所有成员共同的专业远景和成长期盼。工作室研修相比一般的教师研修学习班相对稳定，且人数较少，可以将工作室研修看作为小班化的个性研修学习，因此工作室研修课程目标应该把团队研修目标与个人研修目标相结合，其不仅仅指向研修课程的效果预期，更多的是体现学员发展的多种可能性。

根据泰勒“三来源两筛选”的课程目标选择理论，工作室研修课程目标的确定要综合考虑作为学习者的教师、当前教育课程改革的焦点以及学科专家的建议。

1. 对作为学习者的教师的能力及需求分析

工作室研修最重要目的是培养教师。泰勒认为对学习者的研究要关注学习者的需要和兴趣，因此我们在选择和制订课程目标时，首先要了解教师的学习需要和研究兴趣。教师作为成人学习者，学习需要既有学校工作需要，又有个人发展需要。学校的工作需要更多地体现在解决教育教学中遇到的问题，改进教学行为。个人发展需要则发自教师内心对高品质专业的追求，提升自身的职业素养，努力成为优秀教师或专家型教师。因此，工作室主持人通过调查、访谈等形式多渠道地全面获取教师的学习需要，并将需要转化为课程目标。

2. 聚焦当前教育课程改革的热点问题

泰勒认为，教师要传授的知识必须符合当代社会生活发展需要，而不是将50年前的社会知识传授给学生。同样，工作室要培养的是未来教育的领军人才，我们不可能把传统的教育理念、教学模式作为课程目标培养教师。工作室研修课程的目标要紧跟时代的步伐和要求，培养适应新时代课程教学要求的良师。例如，儿童游戏研究是学前教育永恒的研究课题，近年教育部对幼儿园教育活动“游戏”模式的提倡使得儿童游戏研究受到学前教育工作者前所未有的关注与实践。学前教育名师工作室要围绕着儿童游戏专业素养，着力帮助幼儿园教师理解游戏的本质，将游戏精神迁移应用到日常的教与学实践中，提升游戏的观察与组织指导能力。

3. 理解教师专业标准和学科核心素养

泰勒认为，由于学科专家专业造诣较高，能洞察到本学科专业的一般教育功能与价值，所以制订课程目标要考虑学科专家的建议，以便把握学科专业的本质。工作室研修课程除了要考虑到一般学科教育功能与价值，也就是我们常常说的学科的核心素养以外，还要结合教师的职业特点，考虑国家对教师专业人员的职业要求，即中小学、幼儿园教师专业标准，引领教师专业化发展。

（二）研修课程内容

制定工作室研修目标后，我们面临如何选择和构建研修课程内容体系的问题。研修课程目标指引着课程内容的方向，研修课程内容是实现课程目标的载体，它们之间是相辅相成的关系。名师工作室研修不是单纯的培训班，也不是普通的共同体学习，而是在名教师主导下以凝练现代教育思想和提升教学质量为主旨的研修学习活动。工作室研修最为显著的特点是其由具有一定教育主张和思想的名教师引领而开展。因此，工作室研修课程内容应该根据教师学习者的发展需求，对工作室主持人教育主张和思想进行个性化、具体化的呈现。例如，主持人主张“情境教学”的教育理念，工作室的研修内容将会根据教师学习者的需求分解出语文情境教学、数学情境教学等研修内容，与教师学习者的实践经验相关联，激发不同学科、不同水平的教师对“情境教学”教育主张进行创造性理解，以便解决教学问题，改进教学行为，提升教学效能。

为了实现工作室团队研修目标与个人研修目标相融合，我们在选择研修课程内容结构方面要考虑到整体与个体的需要，为教师选择不同层次和具有不同价值的研修课程内容，使之既符合工作室每一位教师的能力水平，又能满足每一位教师的成长需求。我们可以将研修课程内容根据学习参与的程度分为基础课程（必修课程）内容、个性课程（必选课程）内容、专题课程（任选课程）内容等三个层级模板。下面以广东省邓泰初名教师工作室“幼儿园项目式学习”研修内容为例，讲述三个层级课程内容模板。

1. 基础课程（必修课程）模块

主要面向全体入室学员，兼顾全体网络学员，重点从理念学习更新教学观念、案例研讨赋能教育实践等研修路径，帮助学员理解、掌握“幼儿项目式学习”的基本理念、实施路径与实践策略，加强基于信息技术的跨领域教育教学，提升学员项目式学习的设计与实施能力，形成培养幼儿核心素养的新教学法，促进幼儿富有个性的全面发展。

2. 个性课程（必选课程）模块

根据入室学员和骨干网络学员的研究兴趣和园所课程基础来设置项目式学习类型，主要包括科学探究类项目式学习、社会文化类项目式学习、艺术美育类项目式学习、工程建构类项目式学习、综合活动类项目式学习等专题课程，发展学员项目式学习研究特长，引领园所项目式学习的特色发展，使研修课程更具个性化与园本化。

3. 专题课程（任选课程）模块

根据工作室研修的性质和任务、学员不同的发展需求来设计研修课程，主要包括人文素养的学习、幼儿园科研课题的方法和研究、游戏活动的支持与指导、教育论文撰写的方法与技巧、教育成果的归纳提炼等专题内容，为学员补偿式的可持续发展成长提供平台与支持，促进学员能在不同发展水平上得到最大程度的提升，提高学员人文素养和研究能力。

（三）研修课程实施

研修课程实施是整个研修课程的核心部分。我们制订了明确的课程目标和选择了适宜的课程内容后，如果课程实施组织策略运用不当，就很难达到我们预想的教育结果。在学习经验组织的过程中，泰勒强调经验的累积效应，但经验积累并不是简单、重复的堆积，而是顺应知识的特点遵循连续性、顺序性和整合性，在知识的纵横交错中让学习者与所处学习环境产生关系与作用，从而形成构建知识体系的积极意义。

1. 问题驱动激发学习者的兴趣和动力

兴趣是激发学习动力最好的老师。如果教师面对枯燥乏味的理论、被动无趣的学习方式，学习兴趣就会大减。工作室的教师都是学校的骨干教师，有较丰富的教学实践经验，有一定的实践反思能力，必定有很多有待解决的教学困惑或问题，影响着他们的专业发展。工作室研修课程实施要关注教师问题缠身的困境，基于教师存在的共性问题或者关键问题，创设问题情境引起教师的注意和情感共鸣，从而激发教师内心的学习动力，推动教师积极研讨思考，帮助教师解决燃眉之急。

2. 案例分析关注实践与理论的相结合

教师的学习是“做中学”“用中学”的学习模式。绝大多数教师都不喜欢“满堂灌”的单向输入式学习状态，因为“满堂灌”的理论和经验脱离他们平常所接触的教育教学场景，难以在教师的认知体系中产生认知冲突。案例是教师日常活生生的教学情境的再现。研修课程实施只有充分地利用案例分析才能架起理论与实践的桥梁，实现理论与实践的有效互动。通过有针对性的案例观摩和分析，帮助教师诊断教学过程，发现教学问题，利用理论依据剖析问题症结，再利用理论知识支架寻找解决问题的科学而可行的改进策略。

3. 实践反思促进学习内化与能力提升

专家型教师与一般教师的差异在于实践反思能力。教师在工作室研修周期里经历过学习积累期，如果还是一名只会忙得团团转的“蚂蚁式教师”，不善于对教学实践进行反思、总结、提升，他就很难突破自我，成为具有革新独创精神的优秀教师。工作室研修实施要提供多渠道、多形式的机会与平台，鼓励教师随时随地地反思自己的教学行为。例如，工作室在研修过程中定期组织开展专题经验分享活动，用任务倒逼教师梳理教学实践的点滴经验，再运用一定的理论体系框架整理实践经验，寻找规律，总结提炼，最终形成自己的理论体系。另外，思维导图是教师实践反思的便捷工具，主持人应鼓励教师习惯性地使用思维导图梳理自己一天或一周的教学实践，再筛选提取有意义的经验做法，为下一阶段的教学实践提供有益的参考借鉴。

4. 研究学习助力教师成为专家型教师

斯腾豪斯在过程课程模式里强调，教师作为课程的研究者，是有经验、有思想的成年人。工作室研修中教师学习者既是学生，又是教师；既是学习经验的获取者，同时也是学习经验的贡献者。主持人既是教师，又是学生；既是教育主张和思想的传授者，又是吸取同行经验的学习者。工作室研修要营造“人人都是研究者”的平等、民主的研究氛围，培养教师养成批判性思维、发散性思维和创造性思维。例如，工作室采取轮值制研修管理形式，依次由教师担任研修专题活动的主持组织者，提供机会让教师主动学习思考研修专题，引领团队共同研究专题内容，培养教师的研究思维，提升教师的研究能力。

（四）研修课程评价

泰勒的课程编制目标模式强调课程目标是检验课程实施有效性的唯一参照指标，课程评价的指向就是目标是否实现，课程是否产生了预期的结果。而斯腾豪斯的课程编制过程模式则不以目标的达成作为评价指标，主张教育是一个开放的系统，课程评价的指向是多元的，如学生智力的发展、学生理解能力的培养、学生认知体系的建构等。此外，评价不只是在课程实施后才进行，从目标的制订、内容的选择到实施组织的每个环节都有可能出现评价，更倾向形成过程性评价。根据名师工作室的性质和职责，工作室研修课程评价主要指向教师的教学改进和能力提升，可采取反应层、学习层、行为层和成果层的四层级评价。反应层主要考量工作室团队和学员对培训研修活动的基本态度，从积极参与、按时完成、乐于协作等维度进行评价。学习层主要考量工作室团队和学员对培训知识的掌握。行为层主要考量工作室团队和学员回园实践的教学行为改变。成果层主要考量学员培训后在返岗实践中对幼儿发展的积极影响和研修成果的提炼。

五、工作室研修课程的特点

名师工作室研修课程是培养教师的课程，课程的最终目的是促进教师发展。工作室研修的对象以中小学、幼儿园骨干教师为主。工作室研修课程是在主持人的引领下，在工作室特定的学员团队中系统、持续开展的研修学习活动，相对于教师参加的“国培”“省培”“市培”以及其他专题研修和校本培训而言，具有以下特点：

1. 工作室研修课程的指向是凝练教育思想，促进教师发展

名师工作室的性质决定了工作室研修课程的目标指向，培养周期结束时要进一步丰富主持人的教育主张与思想，增强教育思想的普适性，凝练教育思想的现代性。工作室研修课程内容选择的逻辑起点应该是工作室主持人的教育主张和思想，而其他短期的专题研修课程则是围绕着课程目标发散式地收集、选择相应的教育内容，课程内容没有严谨的思想体系。

2. 工作室研修课程的核心是解决教学问题，改进教学实践

工作室研修课程的核心要素是教育教学，一切的课程活动都围绕着教育教学的方方面面展开。普通的专题研修课程采取自上而下的课程设计路径，一般按照教育行政部门制订的教师研修指南的培训课程模块设计，包含师德师风建设、教学创新、信息素养以及教学反思等，兼顾教师专业发展的基本内容。工作室研修课程是师徒制下自主的学习共同体，采取自下而上的课程设计路径，起点是解决教学问题，终点是改进教学实践。编制工作室研修课程时，我们要调查了解教师的教学问题和发展需求，梳理归纳教师共性的教学问题，将其作为研修课程的出发点。研修课程的目的是寻找解决问题的办法，改进教师原有的教学实践，优化教师的育人方法。

3. 工作室研修课程的过程是研训教一体化，多点持续研修

普通的教师专题研修时长一般是七天，或者一个月，个别为期一年，只有极少数研修项目跨年培养。工作室研修培养周期为三年，在培养时间跨度方面算得上是历时最长的教师研修。在工作室持续三年的研修课程实施时间里，每年有不少于15天的集中研修时间，采取听课磨课、跟岗实践、交流研讨、课题指导、读书分享等形式，沿着理论学习、案例研讨、实践运用、讨论反思、教学改进等学习路径，形成多点持续的研训教一体化研修模式。教师开展专家讲座等形式的理论研修学习，参与工作室内部和学校校本的双团队研讨活动，将研修学习的收获运用迁移在日常教育教学实践中，真正实现从理论学习到实践探索，再从实践验证回归到理论，实现教师的“慢”成长。

4. 工作室研修课程的角色：师徒制下平等、合作与分享

工作室研修采取师带徒的培养形式。工作室研修课程中自然有师傅和徒弟两个主要的角色。传统的师带徒培养形式具有较为严格的师徒等级关系，师傅是经验丰富的学术权威，是知识的传授者，徒弟是资历尚浅的年轻教师，是被动接受知识的学习者。师徒制下的工作室研修课程强调角色的关系是平等、合作、分享。课程的编制设计并非由工作室主持人独自完成，而是实行课程的多主体全程参与，师傅和徒弟共同研讨制订课程目标、选择课程内容、确定课程实施和完成课程评价。在研修课程的实施时，主持人并不是知识的传授者，而是教师的引导者、启发者、合作者，充分发挥教师作为学习者的学习积极性和能动性，实现学习共同体下师徒的共同成长。

5. 工作室研修课程的远景是团队共同成长，个性专业成长

名师工作室的学员一般为10人左右，较之100人左右的普通专题研修培养算得上是小班制的研修培训。工作室研修课程在实现工作室团队同一步调的共同成长的同时，更多地关注学员的个性化培养。工作室研修课程编制之初，主持人要对工作室学员进行一对一摸底调查，深入了解每一个学员的教学能力水平以及个体发展需求，给每一个学员制订独一无二的个人培养方案，这一点普通的专题研修培养很难做到。主持人会根据个人培养方案在培养周期内定期通过听课指导、一对一帮扶等形式对学员进行有针对性的研修培养，敦促每一个学员实现富有个性的专业成长。

6. 工作室研修课程的成果是示范引领区域中小学、幼儿园的教学改革

工作室研修课程是在教育行政部门主导下建立的教师成长共同体，除了培养个体教师成长以外，还要承担起带动区域内中小学、幼儿园教育教学改革，引领中小学、幼儿园教师素质提升的任务。工作室组织学员开展支教和送教、成果公开展示、专著论文发表等示范性课程活动，推动学员开展总结反思与成果提炼，促进工作室研修成果的转化与应用，引导研修课程评价的社会参与，形成工作室“教学研”相互促进的良性发展。

第三章

名师工作室研修课程目标

在讨论工作室研修课程目标之前，我们一起来看看两个名师工作室研修活动方案。

案例 3－1：

××市××××名教师工作室研修活动方案

一、活动时间：××××

二、活动地点：××××

三、活动形式：××××

四、活动主持人：××××

五、邀请嘉宾：××××

六、参加人员：××××

七、活动流程：××××

案例 3－2：

××市××××名教师工作室“共读一本书”活动方案（节选）

一、活动目的

1. 通过阅读教育理论书籍，更新教育观念，丰富教育智慧，提高自身教育能力，促进专业化成长。

2. 创设良好的读书氛围，引导教师形成爱读书的好习惯。

一般来说，研修目标占研修活动方案的篇幅不多，有的甚至只有一两句话。很多工作室的主持人和活动方案的制定者容易忽视研修目标的制订，总觉得研修目标可有可无，即便没有制订目标也不会影响研修活动的具体实施。以上两个案例是当前较为典型的名师工作室研修活动方案。案例 3－1 完全没有出现研修目标，只有实施操作中必须要准备的显性信息和资源。案例 3－2 虽然有研修目标，但目标的描述过于宽泛，形同虚设，无法让教师在目标中找到研修学习的方向与期待的结果。

对于工作室研修活动来说，研修目标可以通俗地理解为“研修学习要把学习者带到哪里去?”因此，研修目标的制订对于研修活动的意义不言而喻，缺乏研修目标的研修活动就像是在进行没有靶子的放箭练习。

第一节　研修课程目标

一、教育目标、培养目标、课程目标、活动目标

前面我们提到，泰勒的目标课程模式以教育目标为基点，强调教育目标与教育结果的相互呼应，即确立培养什么样的人的教育目标就应该要培养出什么样的人。因此，教育目标的确定体现课程设计者对教育的价值判断。《教育大辞典（增订合编本）》认为课程目标，指课程本身要实现的具体目标，是期望一定教育阶段的学生在品德、智力、体质等方面达到的程度①。这一解释更加明确课程目标在整个课程体系中的重要性，也是课程设计者期待教育行为产生的教育效果。

名师工作室的研修目标按不同层次来划分，可以分为教育目标、培养目标、课程目标和活动目标，四者之间呈自上而下的关系，具体如图3-1。教育目标是国家对教师培养的总体要求，层次最高。培养目标是国家对学科教师培养的具体要求，也是教育目标在学科层面的解释，具有一定的针对性与指向性。课程目标和活动目标是具体到某个内容或活动的研修要求，具有较强的操作性，其制订必须要考虑到教育目标和培养目标的要求。

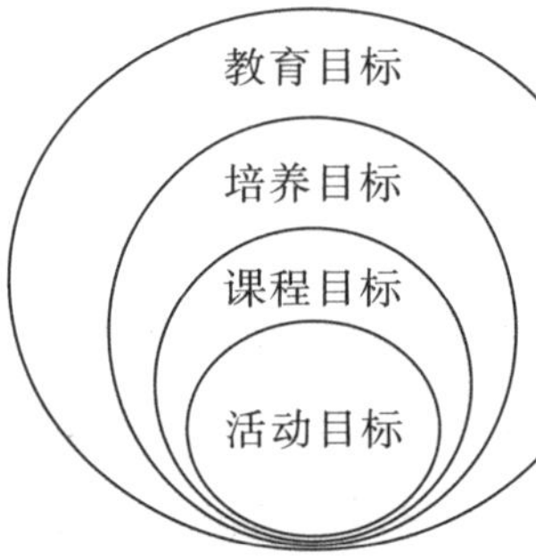

图3-1　教育目标、培养目标、课程目标和活动目标的关系图

①顾明远. 教育大辞典：增订合编本［M］. 上海. 上海教育出版社，1998：898.

（一）教育目标

教育目标体现了国家对教师培养的总体要求，具体表现在国家、地方政府的法律法规、政策文件当中。《中华人民共和国教师法》明确提出要“建设具有良好思想品德修养和业务素质的教师队伍，促进社会主义教育事业的发展”。从国家层面要求教师必须品行兼优，这要求教师研修活动既要对教师的思想政治、师德师风等品德修养方面进行教育培养，又要对教师相应的专业知识、教学能力等业务素质进行教育提升，为我国社会主义建设贡献力量。

国家对教师的要求会随着社会的发展相应作出调整。2014 年第 30 个教师节前夕，习近平总书记在北京师范大学勉励师生的讲话中，围绕新时代对广大人民教师提出要争当“四有好老师”的要求，即做有理想信念、有道德情操、有扎实知识、有仁爱之心的好老师。习近平总书记的勉励体现了新时代背景下党和国家对教师这一职业的新要求、新期盼，即为党育人，为国育才，培养社会主义接班人。2018 年，中共中央、国务院印发《关于全面深化新时代教师队伍建设改革的意见》，里面高频率出现“党的领导”“政治素养”“高素质教师”“高水平教师”等字眼，可以看出面对未来对人才培养的挑战，作为承担教书育人重责的教师也要适应时代的要求，在党的领导下不断加强政治素养和道德修养，以成为高素质高水平的教师为目标提升自身的教育教学能力。2023 年教师节前夕，习近平总书记致信全国优秀教师代表时强调，“大力弘扬教育家精神”“为强国建设、民族复兴伟业作出新的更大贡献”，对教师提出新时代的要求，也是建设教育强国的要求。

名师工作室是教育行政部门组织遴选成立专门培养高素质教师的学术型学习共同体，与其他社会群众性学术团队有所不同，应当跟紧时代的步伐，忠诚国家的意志，将党和国家对教师培养的新要求贯彻落实到研修课程目标中，着力围绕“四有好老师”的要求，培养具有良好思想品德修养和业务素质的高水平教师队伍。

（二）培养目标

教育目标是一个国家提出来的整体教育目标，覆盖面大，包容性强；培养目标则只是某类学校或某个学段的具体教育目标①。从基础教育迁移到工作室研修的成人教育，同样，其研修培养目标应该是研修教育目标的学段学科的具体化，即国家对教师培养总体目标在各个学段学科的具体要求，具有学段性、学科性以及区域性等特点。

①钟启泉. 课程论［M］. 北京：教育科学出版社. 2007.

不同学段的教师面对着不同年龄段的儿童以及不同的教育教学任务，因此，不同学段的教师培养要求会有较大的区别，有其独特性。2012 年，教育部分别印发《幼儿园教师专业标准（试行）》《小学教师专业标准（试行）》和《中学教师专业标准（试行）》，对基础教育阶段三个学段的教师具体提出相应的合格教师专业素质的基本要求，是教师实施教育教学行为的基本规范，是引领教师专业发展的基本准则。

以幼儿园教师为例，《幼儿园教师专业标准（试行）》提到师德为先、幼儿为本、能力为重、终身学习等四个基本理念，是“培养良好思想品德修养和业务素质的高水平教师队伍”这一研修教育目标的学段化和学科化。“师德为先”为幼儿园教师培养良好思想品德修养提出具体的内容和要求，教师要做幼儿健康成长的启蒙者和引路人。“幼儿为本”是幼儿园教师的基本素养，是幼儿园教师专业发展的基础。只有了解幼儿的身心发展特点和保教活动规律，才有可能成为合格的幼儿园教师。“能力为重”是成为专业能力强的高水平教师的保障，教师是反思性实践者，与理论研究者、创新发明者有明显的区别，坚持实践、反思、再实践、再反思，是教师专业能力提升的重要途径，也是名师工作室研修课程设计的重要依据。“终身学习”是教师职业生涯发展的座右铭，是教师应对不同时期教育新要求的重要利器。教师只有保持“活到老，学到老”，才能维持在高水平的教学状态，培养适应未来发展的社会人才。工作室常常开展的读书会活动旨在培养教师良好的阅读习惯，正是落实“终身学习”研修课程目标的具体举措。

名师工作室是教育行政部门直接管理的教师培养团队，相应的教育行政部门会对工作室研修活动提出具体的培养目标。广东省教育厅和广东省财政厅对广东省中小学名教师工作室的培养目标主要体现在以下三个方面：一是教师个人研修培养方面，工作室通过研修活动培养具备“师德好、业务精、能力强、善创新”等四大品质的教师，同时要培养在省内起到示范引领的领军教师。二是教研研修形式方面，要求工作室创新研修形式，带动工作室甚至区域内学科骨干教师的群体研修，形成乐学、善研、共促进的研修氛围。三是区域教师整体发展方面，工作室除了培养教师个体以外，还要承担起提升区域整体教师专业能力的职能，体现协助建设教师队伍的政府职能。

（三）课程目标

研修课程目标是工作室教育目标、培养目标与活动目标的重要桥梁与纽带，起到承前启后的作用。研修培养目标是课程目标的上位依据，课程目标是把培养目标具体化、可操作化，同时体现工作室的个性化、专业化。工作室课程编制小组在制订研修课程目标时要考虑以下四方面问题：第一，必须要落实国家、省、市有关教师培养要求的教育目标和培养目标，牢牢地把握为党育人、为国育才的宗旨，培养德才兼备的领军教师。第二，必须要满足教师专业成长需求，体现新时代对教师的发展要求。培养教师是名师工作室最重要的任务。研修课程目标应该在充分调研的基础上制订，以满足大多数教师发展需求的研修期待。第三，必须体现工作室个性特点。每个工作室主持人的教育思想各有不同，研修课程的价值取向也有所区别，课程目标应该彰显工作室的特色。第四，必须对区域本学科领域起到一定的示范引领作用，推进本学科区域课程改革。因此，每个工作室的课程研修目标应该是有所侧重，不完全相同的，因为其反映着工作室主持人以及团队的成长期待与专业追求。

相对于教育目标和培养目标而言，工作室研修课程目标具有以下几个特征：

一是具体性。教育目标和培养目标起到方向性、指引性的作用，而研修课程目标则是工作室课程实施团队行动的指南，要言之有物，是教育目标和培养目标的具体化、个性化。

二是指向性。工作室研修课程面向固定的研修人群，即工作室的教师学员，有相对稳定的专业成长需求和研修意向，工作室研修课程目标要体现工作室主持人教育思想、课程研修内容以及学员的成长需求等方面，让课程实施者有明确的方向与期待的结果。

三是可行性。可行性通俗来说就是“行得通，能实现”。每个工作室所处的区域不同，师资水平不同，可利用的资源也不同，课程编制小组要根据前期所做的调研情况，综合分析工作室所处地区的教育发展水平，工作室学员的教学、研究能力以及工作室可以利用的人、财、物等各类资源与政策，制订出适合工作室课程研修实施的课程目标。切忌直接照搬上级文件或他人工作室的课程研修目标，所制订的目标必须是工作室未来三年培养周期内可以实施并能实现的具体目标。

四是可操作性。研修课程方案的制订并非用来阅读，或者应付上级教育行政部门的考核检查，而要能真实地指导课程研修活动实实在在地开展。研修课程目标要让工作室的团队看到三年后自己的所期待的模样。

本书第八章第二节将会详细介绍广东省邓泰初名教师工作室研修课程实施方案。工作室研修课程目标主要从教师学员个体发展和幼儿园质量提升两个方面入手，试图通过研修课程培养教师成为专家型名师，从而回园实践项目式学习新教学法，带动幼儿园的骨干教师提升，促进园所教学模式变革。

学员发展目标方面，明确发展目标、探索教学创新、提升研究能力、形成研修成果等四大目标。“明确发展目标”主要体现工作室研修课程的总体方向，期望学员们成为专家型名教师。“探索教学创新”基于工作室研修内容提出教师要掌握的新教学法，突出工作室鲜明的教师成长特色。“提升研究能力”遵照“实践—反思”的成长路径，助力教师成为研究型实践者是工作室个性化的培养期望。“形成研修成果”强调工作室要形成看得见、可量化、可推广的物化研修成果，如开发指导手册、学习案例等。

幼儿园发展目标方面，主要是带动园内骨干教师能力提升，促进园所教学模式变革，从而达到整体推进、共同提升的专业成长良性发展机制。

（四）活动目标

研修活动目标是工作室研修活动组织者预期达到的学习结果，根据活动次数来分，有系列活动目标和单一活动目标。系列研修活动目标是指对某个主题内容各个连续性活动的具体要求；单一研修活动目标是指每一次研修活动时所提出的具体目标要求。

研修课程目标是课程编制小组通过集体反复的调研和讨论制订出来的，而活动目标则由活动组织者依据课程目标或根据具体活动制订，具有较强的实用性、灵活性和可操作性。教师作为在职的成人，工作室研修活动因此有其特殊性，这样的特殊性决定了工作室研修活动目标的特殊性。

一是教师职业性质决定研修活动目标的专业性。教师职业是一个专业性极强的行业，不同学段的教师必须要熟悉不同学段学生的身心特点以及学习认知规律，因材施教，教书育人。工作室研修活动目标应立足教育教学行为，聚焦教育与学习，探索适合孩子有效学习的最优途径与方法。

二是教师工作特性决定研修活动目标的实践性。教师的工作场所主要是班级教学现场，从事的工作是教育学生，是实实在在的实践性行为。工作室研修活动应与教师实践性的工作特性紧密结合起来，基于教师教学实践的实际问题，寻找解决问题的策略与方法，最终达到改进教学的目的，从而提升教师的教育教学能力。

三是教师个体差异决定研修活动目标的多样性。工作室成员教师都具有一定教学经历和经验，已经形成个人对本学科教学的专业思维与立场，工作室成员教师之间能力水平存在差异，个体的专业成长需求也会相应不同。工作室研修活动目标不能一刀切来用单一的目标去要求每个教师学员，而要强调多样性和灵活性，给予每个教师学员成长发展的空间和自由度。

此外，我们在制订研修活动目标时，要注意以下几个方面：

一是注重实效性。研修活动目标要指向活动的内容，即通过活动的学习研讨后，教师学员基于研修内容在哪些方面会发生怎样的改变。目标要尽量做到可量化、可评价，方便课程评价的操作。

二是要简洁明了。研修活动目标要避免长篇大论，用简洁的语言表达出活动所期待的效果，让每一个学员都能快速领悟活动的意图，让学员带着期待去参与活动的实施过程，提升研修的效率。

三是不宜过多。由于一个活动时间一般不会很长，短则半天几个小时，长则三五天左右，不可能实现很多培养目标，因此，研修活动目标应以一至三个为宜，让研修活动集中资源提升教师某方面的能力。

案例3-3：

项目式学习案例分析（学习建构）研修方案（节选）

一、研修时间：2022年9月28日（周三）14：30—16：30

二、研修地点：（略）

三、研修目标：

1. 通过案例分析，初步懂得提炼项目式学习驱动性问题。

2. 通过案例研修，了解项目式学习的教育价值和儿童观。

四、研修内容：项目式学习案例

五、研修对象：每园工作室入室学员1人和所在园骨干网络学员2人，共30人。

六、研修工具：KWL表格、“世界咖啡”研讨法

七、研修组织和主持人：（略）

八、研修过程：（略）

案例3-4：

2022年上半年读书会研修活动方案（节选）

一、活动目的

1. 能结合实践理解项目式学习的概念，知道项目式学习的黄金标准。

2. 能区分出项目式学习与集体教学、区域学习、主题活动等教学方式的异同，理解项目式学习教学方法在幼儿学习与发展中的独特价值。

3. 知道项目式学习的基本实施路径，懂得在教育教学实践中运用实施。

二、活动内容

本次读书会研修课程采取由大到小、由浅到深的思路，帮助教师先理解大教育的项目式学习、再了解幼儿园项目式学习课程，再加以学习马赛克研究方法。主要共读以下三本

名著：

1. 项目式学习的基本书籍：《项目化学习设计：学习素养视角下的国际与本土实践》（夏雪梅著，教育科学出版社）。

2. 幼儿园项目式学习的经典书籍：《小小探索家——幼儿教育中的项目课程教学》（［美］赫尔姆、凯兹著，南京师范大学出版社）。

3. 儿童研究方法的前沿书籍：《倾听幼儿——马赛克方法》（［英］艾莉森·克拉克著，刘宇译，中国轻工业出版社）。

以上案例3-3和案例3-4都是广东省邓泰初名教师工作室两次研修活动方案中有关研修目标的内容。案例3-3的研修目标直接指向“初步懂得提炼项目式学习驱动性问题”，简洁明了，让学习者在研修过程中紧紧地围绕着项目式学习的驱动性问题来收集信息、分享经验、输出成果。案例3-4是与项目式学习理论学习有关的系列性研修活动，从项目式学习的概念、价值和实施等三方面确定具体的研修目标，具有较强的层次性和逻辑性，非常符合学习者的学习特点与规律。

二、研修课程目标的构成

了解工作室教育目标、培养目标、课程目标和活动目标的关系后，我们在课程目标设计前还要知道研修课程目标的结构。研修课程目标由哪些方面构成？下文，我们表述的课程目标包含活动目标在内。中小学基础教育的课程目标主要围绕知识与技能、过程与方法、情感与态度设计课程目标，以学科作为领域划分学生所要获得的知识内容体系，促进学生德智体美劳全面发展。工作室研修课程属于成人教育课程，课程目标的内容应该有别于中小学基础教育，应以态度养成为基本，知识学习为基础，能力提升为重点。（见图3-2）

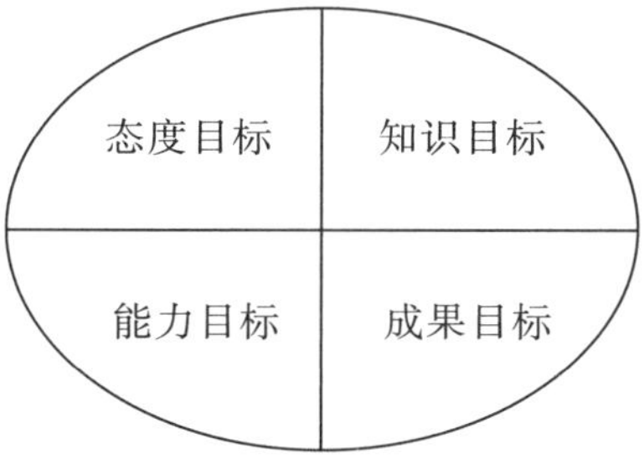

图3-2 名师工作室研修课程目标构成图

（一）态度目标

作为成人的教师投入到研修学习并不像学历进修那样可以获得学历文凭。教师学习者对研修学习的态度直接影响到研修课程实施的效果，研修课程的态度目标起到研修课程引擎的作用，驱动着教师参与到研修课程中。第一，激发教师学习者的学习兴趣，感受学习带来的快乐。第二，树立积极主动的学习态度。第三，树立终身学习的发展理念，形成积极向上、善于接受新事物的生活态度。

（二）知识目标

中小学基础教育课程的知识强调学科性和系统性，既有明显的分科与学科差异，又有严谨的知识系统性。以教师为学习者的工作室研修课程目标不应过分强调严格的学科领域划分，而应以教师自身的成长需求作为研修课程的知识目标。

1. 专业性知识

教师是专业技术人员，具有较强的专业能力要求。专业性知识是教师从事教育职业最基本的知识。然而，工作室研修课程所涉及的教师专业知识是基于教师工作实践需求的专业性知识，并非师范院校所开展的系统专业性知识。

2. 跨学科知识

工作室教师学员是未来的名师或教育家的培养对象，开阔的视野是成就教师走向卓越的阶梯。工作室的教师学员都是有着扎实的专业知识、丰富的教学经验的教师，参与研修活动时不能做井底之蛙，要注重学科的交叉性、知识的融合性，甚至进行跨界和跨行业的相互学习，不断完善自身的知识结构和思维逻辑。而跨学科并不是将各种各样的知识进行简单的叠加与累积，而是以教学实际问题开始，帮助教师学员学会了解收集、统筹整理多学科知识，在实践中综合运用，高效地解决实际问题。

3. 体验性知识

体验式学习是工作室的主要研修形式，例如听课评课、同课异构。工作室研修不能离开学校的课堂，要紧紧地与教师教育教学现场联系在一起。体验性知识是教师学员在直接体验中获得的个体感受与理解，具有很强的个体差异性，没有唯一的答案。

4. 方法性知识

方法性知识是学习者获得知识和技能的方式方法层面的知识，属于看不见的隐性知识。

（三）能力目标

提升教师的教育教学能力是工作室研修课程的重点。工作室研修课程注重以教学问题或研修主题为线索，在教学现场情景的研讨过程中逐步帮助教师形成组织能力、创新能力、研究能力、反思能力等。这些能力的形成将会促使教师学员快速成长为名师或准教育家，养成有别于一般教师的特质。

1. 组织能力

组织能力是教师有效完成教育教学任务的保证，是工作室研修能力目标的主要部分。教师在教育教学工作中面对着一群心智不成熟的未成年学生，要能创设适宜环境激发其学习兴趣，灵活运用方法支持学生学习，鼓励学生创新能力发展等。因此，良好的组织能力应该包括活动设计能力、观察分析能力、支持引导能力、激励评价能力、沟通合作能力等。

2. 创新能力

创新是教师职业发展的原动力，是知识时代对人才的基本要求。作为未来名师的培养对象，教师学员要成为创新型教师。研修课程目标要引导教师学员跳出原有的思维模式，启发教师学员的创新意识，引导他们生发强烈求知欲望，让他们积极主动地投入到研修学习中，形成创新思维能力。一是要观念创新，养成终身学习的习惯，勇于接受新理念、新方法，形成自己独特的专业见解。二是要行动创新，在教育教学实践中不能故步自封，要大胆去想、去做，勇于尝试探索教学新方法。三是有批判精神，创新源自对以往旧模式、旧方法的质疑与批判，在思维的碰撞中不断产生新的理念、新的方法、新的模式。

3. 研究能力

名师工作室是教学研究成长共同体。在工作室的成长需求调研中可以看到，70%的学员都期待工作室研修能提升自身的教育科研能力。由此可见，很多的优秀教师已经意识到，教育科研能力是他们通往更高水平层次的利器。研修课程目标的研究能力可分为教学研究能力和学术研究能力。教学研究能力侧重于实践层面，要求教师善于利用日常教学实践场域，以问题为导向，把教学与研究结合起来，善于总结教学实践经验，探索解决问题的最优策略与途径，发现新的教学方法、教育规律和模式。学术研究能力侧重于理论层面，一线教师更多地关注教学行为的改进行为研究，文字总结只限于一些教育教学方法、策略上的陈述，将研究止步在实践操作层面，没有将实践经验上升到教学理论层面。

4. 反思能力

教师的反思能力是教师对自身或他人教育教学行为进行评价、分析以及调整的能力，是教师自我认知、自我反省的思维过程。工作室研修课程目标应体现教师对自我行为反思和对他人教育行为反思的两种能力。对自我行为的反思贯穿于教师整个教育教学过程，对自己教学行为的设计准备、实施行为、目标达成等方面进行思考，及时调整改进，优化教学策略。

对他人教育行为反思更多地体现在评课议课或案例评析，正所谓“旁观者清”，反思评价他人的教育行为可以全面、客观地思考教学行为，提升教师对教育理论的理解能力。

（四）成果目标

名师工作室完成三年的培养周期后，需要通过教育行政部门诸多方面的成果指标考核。我们可以将成果导向教育理论（OBE）引进名师工作室研修课程，在研修课程目标的制订时充分考虑到教育行政部门有关考核要求，以及教师学员的成长需求与愿望，反向设计课程目标。工作室研修课程目标有量化性成果目标和形象性成果目标两种类型。量化性成果目标主要是工作室研修活动结束后可以形成数字量化，用物质具体化成果，如形成一定数量的微课、教学案例，出版学术专著等。形象性成果目标主要是期待教师学员成长为什么样子，如培养为市级名师、学科带头人或者研究型名师等。

第二节　研修课程目标的设计

一、研修课程目标设计常见的问题

案例3-5：

××市××××名师工作室课题开题报告会暨工作室第一次集中研修活动方案

为进一步促进工作室全体人员教育科研能力提升，根据《××市名师、名班主任和名校（园）长工作室管理办法》的要求，经研究，决定召开××××名师工作室市级立项课题开题报告会暨工作室第一次集中研修活动。现将有关事项通知如下：

一、会议时间：2022年10月24日下午

二、活动地点：×××幼儿园舞蹈室

三、参加人员：有关专家、工作室全体入室学员、课题组全体成员及老师。

四、具体安排：（略）

案例3-6：

××市××××名师工作室走进××幼儿园线上研修指导活动方案

一、活动时间：2022年4月8日上午9：00

二、活动地点：线上腾讯平台

三、活动形式：线上腾讯会议

四、参加人员：××幼儿园全体教师

五、活动目标：

1. 分享项目课程实施的优质经验，展现班级项目活动案例成果。

2. 提升教师实施项目化的能力，引领教师树立项目活动意识。

六、活动流程（略）

1. 案例分享

2. 点评

从以上两个工作室研修活动方案可以看到，目前名师工作室研修活动目标设计普遍存在着以下几方面问题。

（一）目标意识淡薄，心里没有研修目标

有些工作室研修活动组织者目标意识淡薄，只关注研修活动的内容与实施等操作要素，仅陈述研修活动的时间、地点、参加人员、内容以及过程，但片字未提及研修活动预期达到的效果和成果，无法指引研修活动组织者有效组织，容易造成研修活动出现偏题、走题现象，或者出现热火朝天研讨过后学员们毫无收获的尴尬局面。

（二）目标设计随意，存在着走过场现象

有些工作室研修活动方案虽然有研修目标，通常出现在活动方案开头部分，但仅简要地摘抄一些上级有关文件精神，或者罗列几条空泛、指向性不明的研修目标。例如案例3-5首段提及的“为进一步促进工作室全体人员教育科研能力提升”应该是研修活动目标，但这样的研修目标表述几乎可以适用于所有有关教育科研的活动，未能具体指向此次研修活动的实际情况。此次研修活动有两大特点：一是工作室的首次研修活动，研修目标应指向工作室团队成员的相互了解，制度的制定与工作的规划等；二是科研课题的开题论证，研修目标应指向如何做好课题的研究设计。

（三）目标陈述事情，未能指向研修期望

课程目标不是对教师的教学行为的描述，而是指学习者的学习成果，即学习者经历学习过程后成为什么样子。有些工作室研修活动目标活动组织者没有理解制订目标的意义，直接将研修活动的内容或者过程描述为研修活动目标，最后只能导向评价研修活动有没有

完成研修任务，而非指向研修活动的效果。例如案例3-6研修活动目标1提及“分享项目课程实施的优质经验，展现班级项目活动案例成果”，只是陈述研修的实施途径，而非研修的目标。

（四）目标设定过多，研修的针对性不强

工作室研修活动可能会涉及学习者多方面能力的提升与发展，有些研修活动方案的研修目标多达五六项，涉及多个知识点和能力点，这容易分散学习者的学习注意力，不利于学习者的深度学习。由于学习者从外界获取知识刺激、理解知识、改变自身原有的知识结构，从而构建新的知识体系这一系列的学习过程需要一定时间才能完成，所以单个研修活动的目标应在2—3个为宜，且研修目标的制订要具体明确，它既指引学习者整个学习的过程，又是评价学习者研修效果的重要指标。

（五）目标内容空洞，缺乏操作可行性

案例3-6研修活动目标2提及“提升教师实施项目化的能力，引领教师树立项目活动意识”，虽然指向研修活动的学习结果，但表达过于虚化，有种空中楼阁的观感，难以看到工作室团队进入幼儿园研讨指导后，幼儿园教师的教学会出现什么样的具体效果，教师实施项目化学习后哪些方面的能力得到了提升。其目标应指向比如教师驱动性问题的提炼能力、教师支持幼儿反思的能力等等。

研修期望要基于对教师的成长需求分析，通俗来说就是教师希望自己通过研修学习会变成什么样子。前面提到的项目化实施能力、研修目标具体化等问题，要根据园所教师当前项目式学习实施过程存在哪些问题来解决，并将问题进行归类、细化。研修目标要解决教师当前存在的、急需解决的实际问题。

二、研修课程目标设计的原则

（一）层次性

研修学习行为涉及不同的学习者，以及学习者的不同学习阶段。研修课程目标设计的层次性包含三个方面：一是从国家培养教师的整体目标来看，研修目标应该体现前面所讲到的教育目标、培养目标、课程目标等不同层级的培养要求。二是从研修活动培养效果来看，研修目标要考虑到不同学习者的成长需求，具有个性化。三是从学习者个体成长路径来看，特别是系列研修活动的目标，要体现学习者不同研修阶段不同的预期学习效果以及能力发展。

（二）系统性

前文已经和大家分析过研修目标的结构，涵盖态度目标、知识目标、能力目标、成果目标等方面。因此制订研修活动目标要将研修学习作为一个完整的系统进行思考，充分考虑目标体系中共性目标和个性目标的联系。共性目标即国家和省对教师培养的教育目标与培养目标、新时代国家对教师职业培养的新要求。个性目标即工作室结合主持人的教育思想以及学员具体的成长需求，对学员在培养周期内提出的某个方面的成长期望。例如，广东省邓泰初名教师工作室结合主持人"探究式学习"的教育思想，以幼儿项目式学习为研究内容，提出在培养周期内工作室的研修课程目标是"掌握幼儿探究式学习的新教学法，提升学员对幼儿项目式学习的理解"。

（三）多主体性

课程目标制订并不是由工作室主持人或活动组织者单方面实施，而是要多主体性参与，发挥不同主体人员在课程目标制订每个环节的独特贡献。课程目标的多主体，在横向维度上，具体表现为多角色的参与。工作室主持人、活动组织者、教师学习者、指导专家所在学校以及教育行政部门等都应当参与到课程目标的制订中，保证研修目标的科学性与可行性。在纵向维度上，研修目标在资料收集、需求分析、活动规划与统筹等环节应当让活动所涉及的相关人员参与，加强信息的多元化和精准性。

学习者教师作为成人学习主体，是研修目标制订的重要参与者。他们是具有较丰富教育教学经验和较扎实理论基础的学习者，有自己独特的教育思想与发展需求，具有较强的自我指导学习能力，有能力自主生成研修目标。他们能够自主制订学习目标，寻找恰当的教育资源，选择舒适的研修形式，最后决定活动评价所使用的方法和评价自己的进步。

（四）具体性

制订研修活动目标并不是为了完成活动方案的撰写，而是要指引活动组织者和学习者有针对性地解决某个具体问题或者提升某个具体能力。评价活动的效果主要是评价研修目标的达成情况，因此学习者可以预见自己成长为什么样子。

读书会是很多工作室经常开展的理论学习研修活动。前面提及的案例3-4是广东省邓泰初名教师工作室开展的读书会研修活动方案（节选）。研修活动目的中三大目标指向三大问题。针对学员们在实践项目式学习一年多来，仍对"项目式学习是什么"理解不够到位的问题，我们制订第一个目标"理解项目式学习的概念，知道项目式学习黄金标准"，是让学员们重温项目式学习的概念和准则，更深层地理解项目式学习这一教学法的本质。

幼儿园主题教育活动是学员们在幼儿园较为熟悉的教育方式，与项目式学习比较相似。在实践项目式学习过程中很多学员未能走出主题教育活动的实施模式，经常将主题教育与项目式学习混为一谈。针对学员们对“项目式学习有何价值”认识不够到位的问题，我们制订第二个目标“区分项目式学习与幼儿园其他教学法的异同”，旨在引导学员通过对比研究法，多维度地了解项目式学习的教育价值与独特方法。在全方位地了解项目式学习后，回归到学员最关心的“如何做”问题，读书研修的第三个目标“知道项目式学习的基本实施路径”，给予学员实践项目式学习的支架与策略参考。这三个目标从理念到实践，层层递进，符合学习者主动构建知识的特点。研修目标具体简练，操作性强，学习者在读书时能集中注意力去解决三大问题，实现三大目标。研修目标可以直接作为研修活动结束后读书效果调查的三大评价指标，有助于学员对读书活动进行复盘，检验读书成效。同时，该案例的研修目标下提及了读书活动所选择的共读图书。《项目化学习设计：学习素养视角下的国际与本土实践 》是项目式学习中国化最为成功的著作，通俗而全面地阐述了项目式学习在教育领域的实践。选择这本书能让学员从大教育的视野去理解项目式学习如何在中国大地上培养学生的学习素养。选择的第二本共读图书是幼儿园项目式学习的经典书籍：《小小探索家——幼儿教育中的项目课程教学》，本书将学员从大教育领域带回学前教育领域，去理解项目式学习在幼儿学习与发展中的内在价值以及具体的实施路径。

第三节　研修课程目标的表述

研修课程目标的表述是研修课程制订的重要环节。如果我们把目标准确而清楚地表达出来，将会为研修内容的适宜性选择提供依据，在研修实施环节教师学习者研修活动的方向性就清晰可见，促使研修活动更有质量地开展。如果目标表述不清，不但发挥不了目标的导向作用，反而会造成研修活动的随意与混乱，教师学习者容易无所适从。

一、研修课程目标表述常见的问题

（一）目标主体混乱

研修组织者在表述目标时很容易出现目标主体错位的问题。目标的研修行为主体是教师学习者，而不是研修组织者，目标主体错位是因为没有从教师学习者的角度去表述行为结果。例如“引导教师理解游戏对幼儿发展的价值”，“引导教师”是表述研修组织者的实施行为，而非教师学习者的研修行为结果。

（二）把目标写成实施途径

目标是研修行为预期要达到的学习结果，即研修学习要把学习者带到哪里，而不是通过什么途径达到学习结果。将实施的途径写成目标的情况多见，例如“分享交流项目式案例”，“分享交流”是研修活动的实施途径，不是学习活动需要达到的结果。

（三）目标不见动词

目标经常会出现“教师论文撰写能力”“游戏的观察与指导能力”等表述，其前面看不到有任何的动词。

（四）千篇一律，没有指向性和针对性

“促进工作室成员的学习交流”“建立一支高水平、专业化的教师队伍”等是工作室研修活动目标最常见的表述。这样的研修活动目标适用于研修课程总目标，并不适用于具体的研修活动目标。由于研修组织者未能深入了解该次研修活动的价值所在，表述目标时走进套路化的死胡同，每次表述几乎雷同，未能指向具体的研修活动，有针对性地表述出该次研修的具体学习成果。

（五）目标空洞

目标里出现“提升学员的教育教学能力”等表述，将会让教师学习者感到目标形同虚设。这种目标表述仅指向教师理想中的学习行为，没有指向教师具体哪方面内容、哪个层次的教育教学能力得到提高。

二、研修课程目标表述的方法

（一）目标的表述法

1. 二维表述法

泰勒在《课程与教学的基本原理》中提出教学目标的二维表述方法。他将教学目标分为“行为”和“内容”两个维度，具体形成教学目标二维图表。在这个图表里，纵向列为“行为”，即学习者通过研修活动所产生的行为变化，往往用动词来进行表述。横向列为“内容”，即学习者研修学习的具体内容，主要用名词来表述。根据教学目标二维图表，

每个行为都要有具体的研修学习内容，而每个研修学习内容也有相对应的行为支撑，每一个行为与每一项内容的交叉点就形成了教学目标。例如，研修课程目标“掌握项目式学习流程的设计能力”里，行为是“掌握”，内容是“项目式学习流程的设计能力”，两者结合起来就成为研修课程目标。这种框架式的研修目标表述方法能保证研修目标的完整性与规范性，避免出现将目标写成途径、目标不见动词等问题。

2. ABCD 表述法

ABCD 目标表达法指出，课程目标要包含学习者（audience）、行为（behavior）、条件（conditions）和程度（degree）四个要素，这个要素的英文首字母组成 ABCD。A 学习者（audience），课程目标的表述要明确行为目标的主体，即学习者，构成目标句子的主语。虽然很多目标不会将主语表述出来，但表述目标时心中要有学习者这一主语。B 行为（behavior），指学习者通过学习后能够做什么，即主语学习者后面的谓语和宾语，如“理解游戏对儿童成长的价值”“掌握记录幼儿行为的方法”。C 条件（conditions），指学习行为在什么条件下发生，如“通过观看游戏案例，理解游戏对儿童成长的价值”“通过现场体验学习，掌握记录幼儿行为的方法”。D 程度（degree），指学习者实现行为的标准，可以用来评价学习表现和成果达到的程度。在目标实际拟定时，以上目标表述的四个要素并不是缺一不可，可以根据实际需要作灵活处理。有些时候“条件”没有陈述，而目标已经清晰、具体。

（二）目标表述的词语运用

1. 目标行为动词的运用

本章第一节已提及工作室研修课程目标由态度目标、知识目标、能力目标、成果目标四个维度构成。我们在表述目标时通常会运用行为动词来表述“行为”，表 3-1 罗列出目标四个维度常见的行为动词。

表 3-1　名师工作室研修课程目标行为动词

维度	行为动词
态度目标	愿意、喜欢、有兴趣、关注、敢于、养成、树立、领悟、具有、形成
知识目标	了解、知道、辨认、描述、识别、学会、把握、认识、描述、丰富、积累 理解、说明、归纳、概括、推断、区别、分析、厘清 应用、掌握、运用、懂得、解决、设计、拟定、计划、总结、评价、判断
能力目标	能、会、提升、提高、具有、形成、发展、增强、培养、促进
成果目标	形成、提炼、汇编、写出、建立、打造

2. 目标能愿动词的运用

我们在表述研修课程目标时要善于运用能愿动词来表达学习者能完成什么或能做到什么。下文我们来分析一下能愿动词在研修目标表述中的运用。能愿动词又叫助动词，能用在形容词、动词前表示客观的可能性、必要性和人的主观意愿①。百度文库里提到，能愿动词有四种类型。表示可能：能、能够、会、可、可能、可以、得以；表示意愿：愿意、乐意、情愿、肯、要、愿、想要、要想、敢、敢于、乐于；表示必要：应、应该、应当、该、当、须得、犯得着、犯不着、理当；表示估价：值得、便于、难于、难以、易于。其中，“能”“会”在研修能力目标的表述中较为常见，如“能理解项目式学习的概念与意义”“学会项目式学习的设计流程”等。

“能”与“会”的语义有很大相似性，在研修目标的表述上都能表达学习者有能力或有条件做或完成某些事情，两者经常可以互通使用。但是，深入比较分析“能”与“会”，两者其实存在一些差异性。吕叔湘认为初次学会某种动作或技术时，“能”和“会”都能用，但更常用“会”；恢复某种能力时，只用“能”，不用“会”，如“我病好了，能劳动了”；表示具备某种能力，二者都能用，但表示达到某种程度，只能用“能”，比如“小李能刻钢板，一小时能刻一千多字”；表示有可能时，二者都能用②。

---

①陈曦. 能愿动词“可能”意义的词汇化研究［J］. 长春工程学院学报（社会科学版），2017，18（3）：72－74.

②王子佩. 能愿动词“能”和“会”的对比研究综述［J］. 辽东学院学报（社会科学版），2019，21（1）：114－119.

第四章

名师工作室研修课程内容

工作室研修课程目标确定以后，研修的方向有了，但我们以什么内容为载体走到终点呢？下文就来谈谈选择什么样的课程内容来实现工作室研修课程目标。

第一节　课程内容与知识学习

一、课程知识

学员加入工作室参加研修活动的内驱动力就是获得新知识和提升教育教学能力。不同的专家对课程知识的分类各有不同。钟启泉教授主编的《课程论》中对课程知识进行了归纳分类，形成了课程知识分类表（见表4－1）。

表4－1　课程知识分类表①

分类标准	课程知识的分类
知识的来源	直觉知识
	理性知识
	经验知识
知识的内容	知如何
	知什么

①钟启泉．课程论［M］．北京：教育科学出版社，2020.

（续表）

分类标准	课程知识的分类	
教学内容或学科内容结构	具体的知识	术语的知识
		具体事实的知识
	处理具体事物的方式方法的知识	惯例的知识
		趋势和顺序的知识
		分类和类别的知识
		准则的知识
		方法论的知识
	学科领域中的普遍原理和抽象概念的知识	原理和概括的知识
		理论和结构的知识

布卢姆在《教育目标分类学》的认知领域中将知识划分为具体的知识、处理具体事物的方式方法的知识、学科领域中的普遍原理和抽象概念的知识三大类型。

“具体的知识”，通俗来说就是显性的知识，包括概念性知识和事实性知识。概念性知识主要是一些具体的名词解释知识，指向“是什么”。例如，我们工作室在开展幼儿园项目式学习的教学研究时，学员们必须要知道“项目式学习”概念，它是一种教与学的方法。事实性知识指有关时间、地点、人物、发生什么事等具体事件概况的知识。

“处理具体事物的方式方法的知识”是涉及事件处理、研究、实践、评价等过程的方式与方法论，包括表达常规事件的形式与方法，事件的分类、分析、规律等的方式和方法。比如，要掌握项目式学习实施流程、黄金标准、驱动性问题等实践项目式学习的方式方法知识。

“学科领域中的普遍原理和抽象概念的知识”是需要我们透过现象看到事件本质的知识，即高度抽象的、系统复杂的事件原理以及事件之间的联系与规律。比如要想有效地实践项目式学习，教师要领悟项目式学习所隐含的教育观与儿童观，在项目式学习中适当地处理好教师的教与幼儿的学之间的关系，给予幼儿足够的发言权与选择权，支持教与学之间的高质量互动。

二、课程知识形态

工作室研修课程的知识要关注由静态知识到动态知识的转变。在传统观念中我们谈到知识，很容易想起书本上具体的静态知识内容。很多工作室经常采取说教的、直接传授的专家讲座研修形式，学员们认真听课并做笔记，所形成的内容以静态知识为主，反映着具有客观性、实证性、普遍性和一致性的结果性知识，表现出“去情景”“去过程”的特征，学员可以将获得的知识直接迁移、复制到教育教学实践中。但工作室的成人学习者带着不尽相同的学习愿望与成长需求参加工作室研修活动，并不会满足于简单的静态知识的获取，以及进行模板式的、整齐划一的知识学习。知识不仅仅具有客观性、确定性、普遍性和中立性等基本性质，还具有文化性、不确定性、境域性和价值性等基本性质。① 知识的学习是教师通过反思性实践而构建人生意义的活动，教师在反思性学习过程中结合自身的成长需求与自身的知识体系进行重构与优化，进而构建自己新的知识体系。因此，工作室的课程知识应该是能满足不同学员、不同成长需求的动态知识。

第二节　课程内容选择的原则

不同的工作室要实现研修目标，所选择的内容载体不尽相同。但工作室的研修内容选择与工作室主持人的教育思想密切相关，相较于一般的专题研修培训班课程，前者具有其共性的特点以及呈现形式。

一、研修课程内容的特点

名师工作室要求工作室主持人要有鲜明的教育思想且具有较强的实践指导意义。工作室的培养活动要围绕着工作室的教育思想，结合学员的成长需求，在理论和实践层面进行丰富与完善。主持人的教育思想决定着工作室研修内容的选择方向，因此，工作室研修课程的主要内容具有以下几个特点。

（一）课程内容的基础性

工作室主持人的教育思想经历过多年的实践验证与反复凝练，具有较强的指导意义。作为工作室研修课程内容的教育思想要具有基础性，能反映当前学校、幼儿园教育教学改革的教育观、儿童观，解决学校、幼儿园教育的共性问题，具有较强的基础性和普适性，能适合不同能力水平的学员以及不同办学水平学校幼儿园的落地实践。我们工作室基于探

①石中英．知识转型与教育改革［M］．北京：教育科学出版社，2001．

究式学习教育思想选择了项目式学习，它是当前较为热门的教与学的基本方法，能在各级各类学校、幼儿园生根发芽，引导幼儿园教师关注幼儿的学习行为，更好地落实“以幼儿为主体”的教育理念。

（二）课程内容的时代性

工作室培养的学员将是未来影响区域内该领域教育发展的主力军。主持人教育思想作为研修课程内容，应该符合当前教育发展趋势，具有较强的时代性和前瞻性，为国家培养未来人才提供强大的能量。项目式学习作为近年来教育研究热门的领域，在国内外得到专家和教育人士的认同，在中小学校得到广泛的推广应用，在培养学生批判性思维、合作创新能力等未来所需的品质上取得良好效果。

（三）课程内容的现实性

工作室研修的主要任务是提升教师的教育教学能力，解决学校、幼儿园实际教学问题。因此研修课程内容要贴近教师实际工作需要，在研修学习过程中能帮助教师解决教学问题，解答教学困惑。

（四）课程内容的拓展性

工作室研修课程内容面对着不同工作背景的教师学员，不能过于狭隘固定，而是要具有一定的扩展空间，能让教师根据自身的兴趣特长和学校幼儿园的办园水平和特色进行拓展细化，满足教师的个性发展需求。项目化学习是在一定理念指引下的教与学的方法，我们结合幼儿的学习和幼儿园的教育特点，将项目式学习细化成科学探究类、艺术美育类、社会文化类、综合主题类、构建造物类等项目式学习主题，供学员选择性实践研究。

二、研修课程内容的呈现

工作室研修课程内容确定以后，不同工作室会根据主持人的研修管理理念而出现不一样的课程内容呈现形式。文献综述研究发现，目前名师工作室研修课程内容大致可分为聚焦式呈现、散点式呈现、引领式呈现等，体现出工作室主持人对整个研修课程的内容管理理念，力求让主持人的教育思想有效地影响学员们的专业成长。

（一）聚焦式呈现

聚焦式研修课程内容的呈现形式强调课程内容的深度。工作室的学员能聚众人之力去研究某方面内容，解决某一类型的问题，促进学员某一方面能力的提升。这样的课程内容呈现要基于工作室学员遇到类似的发展瓶颈，要具有一定的普遍性和共趋性，研究的成果可以解决学员们的共同成长问题。

广东省邓泰初名教师工作室基于主持人探究式学习的教育思想，围绕幼儿项目式学习这一探究式教学形式，通过专家引领、名著共读、案例研讨、现场讨论、成果分享等形式理解项目式学习的内涵与价值，并根据学员们的研究特点与需求选择社会文化、科学探究、艺术美育、综合探究和工程建构等不同项目类型进行幼儿项目式学习的实践研究。

（二）散点式呈现

散点式研修课程内容的呈现形式强调课程内容的广度。工作室成员在工作室主持人成熟的教育思想的方向引领下，注重对其进行外延性实践应用，关注教育思想的普适性，实现教育思想的校（园）本化，力求让教育思想在学员所在的学校、幼儿园生根发芽，助推教师的专业成长和学校、幼儿园的课程发展。

（三）引领式呈现

引领式研修课程内容的呈现形式强调课程内容的文化引领。广东省甘露名教师工作室主持人基于工作室的成员个人专业素养、课程资源、教育观念、地域差异大，难以实施她所擅长的幼儿园课程理念的这一现状，意识到“自我成长”是更关键的能力，于是结合自己喜欢的、擅长的阅读，将“阅读系统的专业图书”作为帮助教师的专业成长的抓手，以阅读为载体，重塑教师的思维方式，提升老师精读的能力，体会完全无功利性的阅读。这不仅带给老师专业领域的成长，更把老师看作一个完整的人，从多个不同纬度支持老师建构起更底层的思维和能力①。

第三节　课程内容的设计

研修课程内容的设计是课程设计的关键。课程内容是达成课程目标的重要载体，有其内在的逻辑性。课程内容的设计是否科学合理决定着接下来活动组织的有效性与教育目标的达成度。以学习者为中心的工作室研修课程内容设计在关注课程内容知识的内在逻辑的同时，更要符合学习者的学习兴趣和需要，尽可能贴切学习者的实际教育教学问题，尊重

①日敦社幼师学园. 名园长工作室不以写论文、出专著、获荣誉为目标，还能搞些啥名堂？[EB/OL] (2002－09－11)[2023－07－28]. http://mp. weixin. qq. com/s/pJxXYc3JYVRNOJacaWHjcA.

学习者在课程内容的决策参与权。

工作室研修课程内容的设计需要思考以下几个基本问题：

第一，课程内容是否与教师学习者日常教育教学实践有关联？工作室研修的学习者是在职教师，教师教育教学能力的提升离不开教学实际问题的解决。

第二，课程内容是否能体现工作室主持人的教育思想？工作室研修区别于普通研修的最大特点是基于主持人教育思想来形成的课程内容。如果工作室研修课程内容脱离主持人的教育思想，则与普通研修培训班无差别，体现不出工作室主持人师傅专业引领的独特作用。

第三，课程内容是否具有内在逻辑的整体关联性？以学习者为主的学习特点决定课程内容要根据知识的逻辑关联性来进行系统的整体设计，促进学习者的深度学习，利于学习者的知识体系构建和能力养成。

一、研修课程内容的设计

（一）研修课程内容设计的原则

1. 连续性

连续性是指课程要素呈直线式重复出现。线性重复是加深学习印象的重要手段。研修课程内容的设计安排不能像打游击战式地走马观花，今天一个内容主题，明天另一个全新的内容主题，这样不利于学员对知识内容的理解与深度的学习。因此，工作室研修课程的内容设计要注重知识内容的延续性，围绕着工作室主持人的教育思想从不同维度向学员呈现教育思想的内涵，并以专家讲座、案例分析、小组研讨等不同形式重复出现，加深学员对教育思想本质的理解。笔者工作室采取渐进式课程，注重幼儿园项目式学习的理论先行，进而渗透典型的幼儿园项目式学习案例分析，最后关注学员在园所进行项目式学习的实践探索。

2. 顺序性

顺序性是在连续性的基础上，要求课程内容的前后有关联性，必须是学完一个课程内容，再到下一个课程内容。任何知识都并不是独立存在的，有其严谨的关联性与系统性。因此研修课程内容的设计应遵循知识本身的关联性，顺应知识的逻辑框架，从浅至深，由简到繁。

3. 整合性

整合性注重课程内容之间的相互渗透与融合，帮助学习者获得整体的观念。教育是全面培养人的教育。作为研修课程的内容研发者要有“大教育”观念，在主持人教育思想的统领下，将师德师风、通识内容、专业知识、实践体验等知识模块相互渗透，不要人为地进行分割学习，影响学员学习的积极性。

（二）学习金字塔理论在研修课程内容的设计应用

1. 学习金字塔理论

1946 年，美国学者、著名的学习专家爱德加·戴尔最先提出“经验之塔”（cone of learning）学习理论模型。20 世纪 60 年代，美国缅因州的国家训练实验室通过实验研究得出与“经验之塔”相似的研究成果，即“学习金字塔理论”（learning Pyramid）（如图 4-1）。“学习金字塔理论”模型用数字形式形象显示了：采用不同的学习方式，学习者在两周以后还能记住内容（平均学习保持率）的多少。

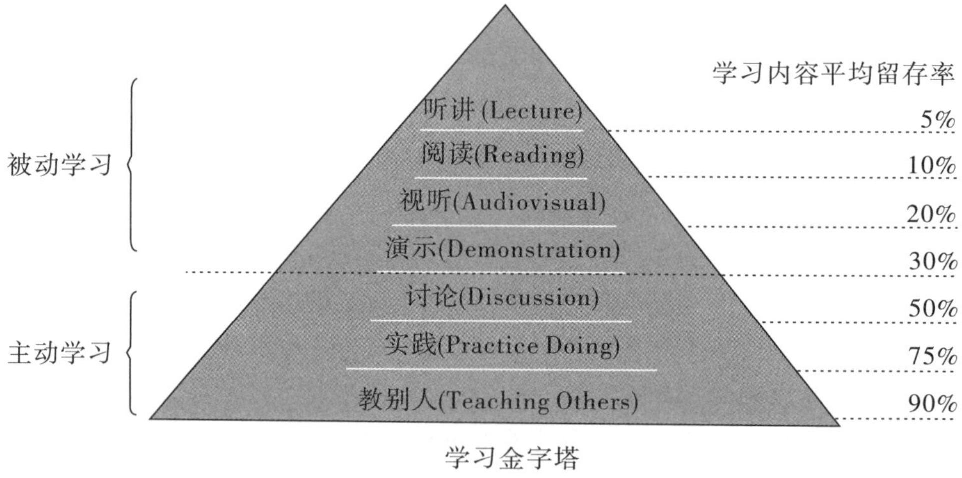

图 4－1　学习金字塔

学习金字塔理论将学习方式分为七种类型，从塔尖到塔底依次是听讲、阅读、视听、演示、讨论、实践、教别人，其学习内容平均留存率逐层升高（见图 4－1）。

在塔尖，第一种学习方式是“听讲”，即传统的教师在讲台上讲，学生在下面听，是当前名师工作室研修的常见形式。这种学习方式研修流程简单，易操作，强调主讲教师在学员研修过程的主导作用，学员按照主讲教师既定的讲授思路被动地学习，难以激发学员的学习主动性与参与性，整体学习效果是最低的，两周以后学习的内容只能留下 5%。

第二种学习方式是“阅读”，这里指的是狭义上的“阅读”，利用图书或电子媒体等途径通过眼睛观看文字材料获取信息。这些文字材料往往以观点的形式直接呈现在读者面前，学习的效果受读者个体阅读习惯和能力水平影响较大。如果读者没有掌握有效的阅读方法且相关的知识储备不够，只能在字面上进行机械的识记学习，难以对知识进行理解和内化。近年来，许多工作室都重视学员的阅读，倡导学员多读书、读好书，赠送学员图书供学员自主阅读学习。然而，工作室并没有为学员提供正确的阅读指引与方法，尽管组织读书会活动也仅停留在学员阅读后的心得交流，未能对书中作者的核心思想进行深度解读，学员们只能在文字表层理解作者的教育思想。因此，“阅读”的学习方式仍不太理想，两周以后学到的内容只可以保留 10%。

第三种学习方式是“视听”，即用“声音、图片”等方式学习，学习内容留存率可以达到 20%。随着现代信息技术的发展，PPT 等多媒体技术有机地融入培训研修中，讲座讲授形式日趋多样化与形象化。学员们可以通过图片、音频和视频的形式获取知识和信息，“视听”可调动学员的多种感官，可能其中一张图片或一段视频会引起学员的共鸣，对其当前教育教学的困惑或问题有所启发，激发强烈的感官刺激和丰富的情感体验。

第四种学习方式是“演示”，采用这种学习方式，可以记住 30% 的内容。这种学习方式更多的是呈现实践操作层面的学习内容，与工作室教师学员的日常教育教学行为密切相关，如公开课、示范课、活动案例等展示活动，是受教师学员们欢迎的学习形式。学员们可以通过直观形象的现场课例展示，理解展示课例教师的活动设计、语言引导以及学生学习表现等，与自身的经验与知识体系发生联结，提升自身的实践能力。但以上四种学习方式中，学习者的地位仍然是旁观者，未能置身于知识体系本身，处于被动学习状态，学习效果并不是很理想。

第五种学习方式是“讨论”。工作室团队围绕某个学习主题或教学问题各抒己见，集思广益，相互分享成功的经验，为各自的观点辩论，实现思维观点的碰撞，多角度看待主题或问题，最终形成对主题或问题的完整认识和观点。这样的学习方式注重学员的深度研讨参与，学习者可以记住 50% 的内容。

第六种学习方式是“实践”，又称为“做中学”或“实际演练”。以上五种学习方式只限于思想和观念上，要想内化成为个人的行动仍需要实践操作体验。为了前期的思想认识能够内化，工作室研修内容要将重点放在理论的应用实践，提供足够的时间与机会让教师学员们回到学校、幼儿园结合自身的实际情况进行理论与实践的结合，实现学以致用、活学活用。这样的实践体验学习会更有效地加深学员对理念的理解，从而形成个人独特的教学经验，使得学习内容留存率大幅提升，能达到 75%。

最后一种位于金字塔基座位置的学习方式，是“教别人”或者“马上应用”，可以记住 90% 的学习内容。“教别人”是学习形式的高级阶段。这样的学习方式能够让学员在理解、实践知识的基础上将知识传授给别人，通过理解、交流、反思、生成等高级思维活动实现深度学习，从而构建个人的知识体系，形成真正属于自己的知识内容。工作室可以创造机会，由教师学员主持开展专题讲座、主题论坛、工作坊等多种形式的互帮互学活动，实现知识学习质的飞跃。

2. 学习金字塔理论在课程内容设计的应用

学习金字塔理论的数据结果显示，听讲、阅读、视听、演示等方式主要是传统讲授式的被动学习，其学习后留存率在30%以下；而讨论、实践、教别人等方式更多是学习者主动参与到学习行为中，其学习内容留存率在50%—90%之间，有助于高质量学习。因此，工作室研修课程内容设计除了遵循连续性、顺序性、整合性的原则以外，还要符合学习者的学习规律，合理处理好被动学习与主动学习的关系，注重专家讲授、团队讨论、实践操作、成果分享等课程内容的科学安排，充分调动学习者参训学习的积极性，提升研修培训的效能。

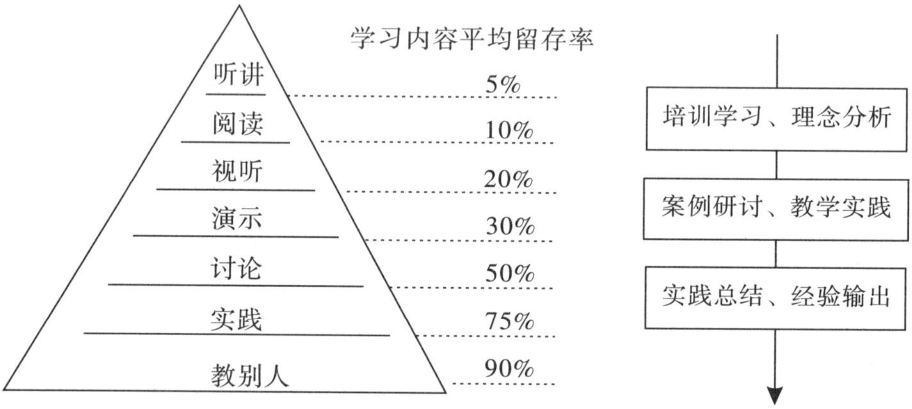

图4－2 基于学习金字塔理论的名师工作室研修课程内容设计

图4－2直观形象地呈现出基于学习金字塔理论的名师工作室研修课程内容设计思路。目前，传统的专家讲授学习方式仍在工作室研修课程中占较大的比例，特别是近年网络教研技术日趋成熟的条件下，专家线上授课能大大节省工作室研修的人力、财力以及时间成本，受到了很多名师工作室青睐。然而，大规模的线上专家讲授式研修会给学习者带来大量的信息单向输入，容易形成学习疲劳，造成学习者投入时间与学习效果不成正比的现象，影响到学习者的学习积极性。下面就以“项目式学习”为主题，分析基于学习金字塔理论的名师工作室研修课程内容设计。

第一阶段研修内容：理念学习输入。虽然听讲的学习内容留存率只有5%，但专家讲座之类的听讲输入能让学习者系统且深入浅出地了解理念的整体概况。这一阶段，工作室主要邀请高校理论专家对“项目式学习”的概念及流程、黄金标准、实施原则等进行系统的介绍。

第二阶段研修内容：理念分析理解。当学员们对项目式学习的基本理念有一定了解后，我们就设计名著共读，进行自主阅读和集体阅读，分别选择了项目式学习的基本图书《项目化学习设计：学习素养视角下的国际与本土实践》、幼儿园项目式学习的经典图书《小小探索家——幼儿教育中的项目课程教学》以及儿童研究方法的前沿图书《倾听幼儿——马赛克方法》。

第三阶段研修内容：实践案例研讨。在这个阶段，我们选择了深圳市第九幼儿园项目式学习案例《观鸟》作为典型案例进行讨论分析，让项目式学习的理念具象化，加深学员对项目式学习的实践性理解。

第四阶段研修内容：教学实践应用。前三个阶段都在工作室集中研修期间完成，到了第四阶段，学员带着任务回到工作所在幼儿园，组织园内三人组（含工作室网络学员）开展项目式学习的实践探索，形成若干个项目式学习案例。在回园实践过程中，工作室主持人将组织团队定期到学员所在幼儿园进行入园指导，针对学员所开展的项目式学习研究方向进行有针对性的指导。

第五阶段研修内容：实践的总结反思。经过一段时间的实践应用后，工作室再次组织集中研修活动。由学员分享各自的项目式学习实践案例，工作室团队进行讨论分析，总结实践案例的优点与不足，提出今后需改进的措施。

第六阶段研修内容：经验的公开输出。为了促使学员们跳出实践案例，进一步提炼实践的经验，工作室承接市科学领域骨干教师培训班的培训任务，结合工作室团队近一年对幼儿园项目式学习的实践研究，以“幼儿园科学活动新教学法项目式探究学习系列讲座”为主题，形成“幼儿园项目式学习是什么”“如何设计与实践幼儿园项目式学习”“幼儿园项目式学习案例分享”等三大系列12课时的培训课程，由工作室全体12名学员担任主讲教师，公开展示工作室的研究成果，从而实现学习金字塔底部“教别人”的学习形式的应用，大幅提升学员们对幼儿园项目式学习的理解与实践能力。

二、研修课程内容的结构

（一）在职教师教育课程设置框架建议

名师工作室研修活动是中小学幼儿园教师在职教育的重要组成部分。中小学幼儿园教师职业的特殊性决定着教师的研修有别于其他职业人员，有其独特的研修课程设置。我国对教师教育课程有着明确具体的要求与指引。

资料4-1

《教师教育课程标准（试行）》（节选）

在职教师教育课程分为学历教育课程与非学历教育课程。学历教育课程方案的制定要以本标准为依据，考虑教师教育机构自身的培养目标、学习者的性质和特点，并参照在职教师教育课程设置框架；非学历教育课程方案的制定要针对教师在不同发展阶段的特殊需求，参照在职教师教育课程设置框架，提供灵活多样、新颖实用、针对性强的课程，确保教师持续而有效的专业学习。

在职教师教育课程要满足教师专业发展的多样化需求，充分利用教师自身的经验与优势，进一步深化和发展职前教师教育的课程目标，引导教师加深专业理解、解决实际问题、提升自身经验，促进教师专业发展。

课程功能指向	主题/模块举例
加深专业理解	当代教育思潮、教师专业伦理、学科教育新进展、儿童研究新进展、学习科学新进展等，也可以选择哲学、人文、科技等研究领域的一些相关专题。
解决实际问题	学科教学专题研究、特殊儿童教育、青少年发展问题研究、学校课程领导、校（园）本课程开发、综合实践活动设计与指导、档案袋评价、学生综合素质评定、教学诊断、课堂评价、课堂观察、学业成就评价、信息技术与课程的整合、校（园）本教学研究制度建设等。
提升自身经验	教师专业发展专题研究、教育经验研究、反思性教学、教育行动研究、教育案例研究、教育叙事等。

在职教师研修与职前教师教育的目标导向不同。在职教师研修主要是为了解决教师教育教学实践的实际问题，从而改进教学方式，提升教育教学能力。因此，在职教师研修要强调教师是反思性实践者，研修课程应强化实践意识，在更新教师专业知识、加深专业理解的同时，着重引导教师发现教学实践的问题，在研修学习过程中解决实际问题，创新更有效的教学模式，并在反思实践过程中积累经验，提升能力。

资料4－2

“国培计划”有关项目实施指南——骨干教师提升培训指南（节选）

一、目标任务

以市县学科带头人、骨干教师为培养对象，开展为期不少于20天（120学时）的学科教学创新能力研修，落实立德树人根本任务，适应学科核心素养新需求，提升学科教学创新能力，打造市县学科教学骨干团队，并发挥其示范引领作用。

二、课程设置

聚焦市县骨干教师专业发展不同阶段的核心素养和关键能力，重点围绕职业信念与教育情怀、教学创新与学生发展、信息素养与技术应用、教学反思与教学研究等四个维度设置培训课程。

（一）职业信念与教育情怀

重点从思想政治、职业信念、师德内涵等模块设计课程专题，包括习近平新时代中国特色社会主义思想、社会主义核心价值观、全国教育大会精神与新时代教师队伍建设政策解读、学科育德的途径与方法、“四有”好老师的使命与担当、以专家型教师为目标的专业发展规划设计、名师教育情怀体悟、身边最美教师故事等专题内容，锤炼骨干教师政治品格，提升骨干教师专业境界。

（二）教学创新与学生发展

重点从核心素养落实、课标理解与课程优化、单元教学设计、学习方法指导、学业发展评价等模块设计课程专题，包括学生发展核心素养与学科核心素养的关系辨析、校本课程开发的理念与实践、课标引领下的课程优化设计及实施、新课程背景下的课堂教学创新、单元教学设计的关键要素与策略分析、聚焦核心素养的学科深度学习、自主学习与合作学习、核心素养培育理念下的学生评价改革、学生学业发展数据的采集分析与应用等专题内容，提升骨干教师在课程教材改革背景下，引领学科团队提高培育学生核心素养、促进学生发展的能力。

（三）信息素养与技术应用

重点从信息素养提升与学习方式转变等模块设计课程专题，包括教师信息素养的多维构成与提升策略、信息素养对教学效果及教师终身学习的影响、信息技术支持下的学习共同体组建与学习方式变革、信息技术手段融入的教学设计优化、基于信息技术的跨学科教学等专题内容，使骨干教师具备符合时代要求、与现代教学理念接轨的信息素养与技术应用能力。

（四）教学反思与教学研究

重点从实践反思、行动研究、成果表达等模块设计课程专题，包括实践智慧的凝练与骨干教师专业成长、行动研究理论与方法、行动研究计划制定的要点及规范、基于课堂观察技术的教学诊断与改进、教学研究报告撰写的方法与技巧、课例、叙事的结构及特征等专题内容，提升骨干教师的教学研究意识与能力，为骨干教师在实践中开展行动研究提供具体方法与理论支持。

名师工作室研修的学习者是中小学幼儿园优秀教师。“国培计划”培训指南中对中小学幼儿园骨干教师的培训提出明确的课程目标与课程设置要求，有关项目实施指南——骨干教师提升培训指南，聚焦教师专业发展的核心素养和关键能力，重点围绕职业信念与教育情怀、教学创新与学生发展、信息素养与技术应用、教学反思与教学研究等四个维度设置培训课程。这些课程设置维度也是名师工作室研修课程的重要参考。

（二）工作室研修课程内容结构

1. 课程内容结构属性

（1）关联性。工作室的研修内容不能是一盘水果蔬菜沙拉般的简单拼凑，而应该具有严谨的逻辑关联性，既要能体现学习者的学习规律和特点，又能体现工作室的研修学习文化。首先是课程内容模块里的内容除了考虑到知识本身的关联性以外，还要与学员现实教育教学情景与问题发生关联。只有研修内容与学员的教学实际发生关联，才能服务于学员的教学，促进学员的专业成长。其次是课程模块之间要反映出相互的内在联系，让学员在不同研修场景带着不同的任务体验学习。笔者工作室的研修课程由基础课程、个性课程以及专题课程三大模块组成。基础课程强调知识的、多维的系统学习。个性课程则关注学员的研究特长以及所在园所的办园特点，设置社会文化、科学探究、艺术美育、工程建构、综合活动等五大类型的研究方向，学员可以根据特长和需要进行选择性研修学习。专题课程满足个别学员的成长需要而设计，例如，某些学员在实践研究过程中发现自身的经验提炼和论文写作能力较弱，工作室会量体裁衣式地开设以论文写作为专题的研修课程，供学员按需选择。

（2）动态性。研修课程内容结构的动态性是指课程模块设置并非一成不变，而是要根据学员的学习状况以及研修生成内容进行模块之间、内容之间等的动态调整。课程研发小组在调研、设置、选择内容时只能依据收集到的当下数据和材料进行分析研判，在课程实施过程中学员必然会产生一些新的生长点和成长需求。此时，课程研发小组要及时对课程内容结构进行相应的调整，实现课程结构的动态发展。

2. 工作室研修案例应用

根据“加深专业理解、解决实际问题、提升自身经验”的三大课程功能指向，我们工作室聚焦学员专业发展的核心素养和关键能力以及个性发展，以“幼儿园项目式学习”为主要内容，设置基础课程、个性课程、专题课程三个研修类型模块。每个模块设置若干核心课程，根据具体内容、研修对象以及实际情况，设定研修的主题和目标，开展有针对性的研修培训或指导活动。

基础课程是面向全体入室学员和网络学员的必修课程，是研修课程的基础部分，主要是幼儿项目式学习的基本理念、实施路径与实践策略。个性课程是指入室学员和骨干网络学员必须选择的子研修内容，是课程的核心（实践）部分。主要内容是幼儿园项目式学习的实践，分为科学探究类项目式学习、社会文化类项目式学习、艺术美育类项目式学习、工程建构类项目式学习、综合活动类项目式学习等五个子研究方向。各学员围绕幼儿园项目式学习这个教学方法，结合自身兴趣特长以及园所发展方向，选择一至两个子内容作为自己的必选课程，开展实践性课程研修。专题课程是指入室学员和骨干网络学员可以选择自己需要的研修课程，是研修课程的延伸，主要面向工作室部分有特殊发展需求的入室学员和骨干网络学员。学员针对自身兴趣特长以及发展水平在个性课程以外选择确定改进提升的专题研修内容。

第五章

名师工作室研修课程组织与实施

正所谓万事俱备只欠东风，工作室研修目标和内容确实后，课程组织者该如何带领工作室团队开展实施研修课程呢？目前，有些名师工作室活动准备很充分，活动氛围很活跃，可活动效果却不太理想。由此，我们必须要思考当前研修课程实施教与学之间的一些问题：

第一，研修组织者是否关注了教与学的互动行为呢？工作室研修的目的是提升教师学员的教育教学能力，而这必然要通过活动中的教与学行为的有效发生来实现。有些工作室开展的研修活动更多地注重活动形式的多样化，完全忽略了教学者如何教、学习者如何学的基本问题。尽管能看到教与学的两种行为，但这两种行为并没有发生关联，也就不能助力学习者的能力提升。

第二，研修的教与学是否体现出成人学习的合作性呢？工作室研修的学习者并不是在校学生，而都是具有较丰富实践经验的成年人。他们并不是单纯的课程学习者，而是课程合作者。在合作的双向研讨过程中聚焦众人智慧，互学共长。而说教灌输式的单向输入并不能满足成人学习者的学习需求。

第三，研修活动是否关注了教师高层次能力的培养呢？工作室学员基本上是学校幼儿园的骨干教师，他们参与工作室研修并不满足于教育教学的基本要求，而是渴求在专业发展道路上获得更高层次的成长。研修活动不能是简单的知识学习，而是要更多地关注学员批判思维、创新思维、合作能力等更高层次认知能力的培养。

第四，研修活动是否实现教与学之间的深度对话呢？一名优秀教师不仅仅是优秀的“教书匠”，更是优秀的研究者。深度的对话互动有助于教师高阶思维的形成。

第一节　以学习者为中心的课程实施

以学习者为中心的工作室研修课程的核心，在于课程实施环节要体现出以教师学习者为主体。由于学习者是成人教师，工作室研修实施的主体地位既要有课程组织者的明确定位，也要有课程学习者的角色转变。课程组织者创设自由、民主、开放的学习氛围，支持工作室团队的深度教学对话，让学习者的有效学习行为真正发生，促进研修课程的高质量实施。

一、以学习者为中心研修的现实困境

以教师学习者为中心的工作室研修的理念是以教师为主体，从课程方案的设计、课程目标的拟定、课程内容的选择、课程实施的组织以及课程评价的开展等环节体现教师学习者的全过程参与，教师学习者在研修的过程具有重要地位。然而，受传统教师说教灌输式培训的影响，教师们不习惯更不愿意积极参与到研修学习活动中，更多的是在座位上抄抄笔记、拍拍照片等，教师们仍习惯于成为被动的知识接受者。在以教师学习者为中心的工作室研修中，教师学习者短时间内往往难以摆脱原有的学习方式，觉得无所适从，不知如何行使研修课程给予他们的主体权利，对主体角色有抵触心理，并不是积极主动地参与研修活动。

困境一：全过程参与研修课程，加重了教师学习者的学习任务。教师学习者在传统的教师培训学习中只是参与者，培训单位提前做好课程实施前的所有准备工作，教师学习者毫无压力地准时到达学习现场听讲即可。而以教师学习者为中心的工作室研修课程则给予学习者尽可能多地全过程参与课程的权利，随之也要求学习者完成更多的学习任务。这些增加的学习任务会打破教师原来的工作学习状态，难免形成工作冲突，影响教师对工作室研修活动参与的积极性。

困境二：难以适应主体地位，缺乏角色转换的心理准备。学员们对以教师学习者为中心的工作室研修活动的主体地位容易产生焦虑的心理反应，不知道自己要做什么和如何做。教师学习者参加课程设计时仍抱着“等”的心态，缺乏整体研修课程观，不会去主动思考自己的研修学习课程，难以想象出自己期待的研修课程。在要求教师学习者主动为课程提供课程资源，或者承担研讨并贡献话题观点时，教师会有害怕、放弃的负面心理，不敢在团队面前表现自己。

困境三：从“接受式”培训到“研讨式”研修，学习动力不足。以教师学习者为中心的工作室研修活动中的教师并不是坐着等待装知识的被动学习者，而要随时参与话题研讨，输出自己的经验，与团队的其他观点进行碰撞。研讨过程所涉及的知识、学习方式等有可能超越学习者原有的水平，学习者会产生畏难情绪，学习动力慢慢削减。

二、学习者与教学者角色的动态转换

课程角色的定位直接影响到课程实施的关系，而这种关系直接影响到课程实施的形式。课程实施形式是否能满足教师学习者的学习需求，是影响学习效果的重要因素。

（一）从“教学者”向“学习者”转变

教师在学校里是“教学者”，主导着班级课程的全过程，承担着传道授业解惑的工作。在工作室研修课程里，教师则从“教学者”转向为“学习者”，即由“教师”变成“学生”，是学习知识和技能、专业能力有待提升的学习者。因此，教师要及时转换角色定位，以“学生”的身份参与工作室的研修活动，虚心听讲，积极参与研讨，大胆发表观点，主动地吸取众人的观点，丰富自身的知识经验体系。

（二）从“单一学习者”向“学习者”“培训者”双重角色的转变

教师学习者有别于其他行业的成人学习者。教师具有较丰富的教学经验和扎实的教学技能，在工作室研修里不可能单纯充当“学习者”，而是担任着“学习者”与“培训者”双重角色。一来，教师是工作室研修的观察者与体验者。他们随时用其所学的教育学和心理学专业理论去审视工作室研修教育的有效性，将自身置身于研修活动中，体验并感受研修活动教与学的互动。二来，主体地位决定教师要参与研修活动的组织与实施，充当教学辅助者甚至扮演“培训者”的角色，组织研修活动的开展。

工作室研修活动有别于常规的培训班活动，团队里每个人都是“学习者”，也是“培训者”。最有代表性的是轮值制的研修活动，学员轮流担任学习活动的组织者或者主讲人。轮值学员负责统筹整个研修活动的策划与组织，设计研修活动方案，组织团队分工合作，共同完成学习研修任务。学员担任研修活动的“培训者”，向团队成员输出自身的学术观点或者工作经验与做法。

（三）从“单向吸收者”向“资源提供者”的转变

教师在传统的教师培训班里是纯粹的知识与经验的吸收者，犹如磁铁吸铁那般单向输入，没有义务对培训行为提供任何的资源和支持。但工作室研修活动必须与教师教学实践相结合，解决教师教学过程出现的具体问题。案例分析是工作室研修活动常用的教学资源，案例的产生和形成离不开教师日常的教育教学实践。因此，教师是提供教学案例资源的重要来源，是研修活动前资源的重要提供者。

在研修活动实施时，研讨交流是重要的资源分享形式。在研讨交流过程中，教师学习者会进行实践经验的相互分享、思想观点的激烈碰撞。学员存在的教学问题可能会在研讨交流中找到解决办法或者启发问题解决思路的灵感，进一步丰富学员的知识体系，提升其教育教学能力。学员在交流对话式的研讨中提供的生成性教学资源，极大地丰富了工作室研修课程内容。

三、以学习者为中心的研修活动的教与学

教师学习者的角色转换调整后，我们就要关注课程的具体实施中教与学的关系。在教学实践的教与学互动中，要想真正体现以教师学习者为中心，我们需要考虑四个方面的变化。

（一）课程权力的分配

研修学习活动现场肯定会有教学者与学习者两种身份类型的群体存在。在传统的教学或培训里，教学者具有绝对的领导权和主动权，他们决定着课程的内容、学习的形式等方面的课程实施因素，课程的权力天平更多地倾向于教学者。以学习者为中心的研修课程实施则更加强调教学者与学习者的对话互动。而有效的对话互动是建立在一定的权力平衡之上，且无论课程权力天平过于倾向哪一方都会影响课程对话互动的效果。

权力的平衡就是要实现教学中教师权力与学生权力之间的平衡、男性与女性之间的平衡，使教学中权力的运转处于一种平衡状态①。课程权力主要聚焦在“谁主动”和“为谁而学习”这两个问题。“谁主动”具体表现为研修活动的参与性，以及教学者与学习者参与课程全过程决策、实施和评价等环节的深入程度。以学习者为中心的研修活动在课程研发、教学组织、课程评价过程中都应赋予学习者一定权利，让学习者有权表达自己对课程方案的想法，以学习者喜欢的学习形式组织课程实施，从学习者的角度和感受去评价课程的实施效果与情况。“为谁而学习”隐含着课程动力的问题。大多数教师参加传统的研修培训学习活动都是服从安排去完成培训任务，求知的欲望并不是很强烈。工作室研修课程的培训任务应自下而上地进行安排，从学习者的成长需求出发去设计课程内容，让他们自主选择培训学习主题，在课程实施时应发挥学习者的主观能动性，激发学习者的求知欲望，让教师学习者从专业成长角度出发去主动学习，承担起“我要学习”的学习责任。

---

①朱益明．教师培训的教育学研究［D］．上海：华东师范大学，2004.

（二）课程内容的决定

工作室研修的内容选择是以学习者为中心的课程的重要部分，能激发学习者学习欲望的课程内容将会事半功倍地提高学习者的学习效果。首先，研修内容应该是自下而上的，注重教师学习者的参与。研修的最终目的是解决教师学习者的教学实践问题，提高他们的专业能力。学习者只有基于自己感兴趣的教学情景和内容，才能建立起知识与实践的桥梁，积极主动地投入到研修学习活动中。其次，研修内容要培养学习者的能力和品质。知识的学习是实践工作的理论基础，指引着教学改革的方向，但学习者更关心的是个人批判性思维、创新性思维、合作沟通能力等能力的培养。最后，课程内容的组织管理要顺应学习者的学习特点和环境。在研修课程内容的数量、频率、时间安排以及学习环境、氛围等的决定上要让学习者充分表达意愿，以学习者的角度营造舒适、轻松的学习氛围。

（三）教学者角色的定位

传统的教与学关系中教学者是“传道授业解惑者”，是知识和经验的输出者与传播者。以学习者为中心的研修活动并不是意味着不需要教学者这个角色，否定教学者的存在，而是要我们重新审视教学者在研修活动中的角色和职责。既然以学习者为中心，那么教学者应该要在位置上作出适当退让，做学习者的支持者、引导者与合作者。

工作室研修的教学者是教师学习者学习成长的支持者。学习者是成人教师，已经形成自身独特的学习方法和习惯，有较强的自主学习能力。教学者的工作重点是基于学习者的成长需求，统筹做好课程各环节的设计；为教学者与学习者、学习者与学习者之间的对话交流创设自主、民主的研讨氛围；组织研修评价反馈，并作出及时的反应与调整。

工作室研修的教学者是教师学习者学习成长的引导者。工作室学员作为学习者，带着教学实践问题，抱着往更高更远目标成长的追求来参与研修活动，需要教学者在教育思想理念的方向性、教学实践的科学性等方面给予其引领和示范，引导学习者走出思想森林的误区，指出教学实践的问题症结，指明个人专业成长的明确方向。

工作室研修的教学者是教师学习者学习成长的合作者。正所谓教学相长，工作室研修的教学者和学习者都是经验丰富的教师，各有特长。例如，作为高校专家的教学者的专业理论素养深厚，视野宽阔，思维严谨；长期在教学一线实践的教师学习者实践经验丰富，了解学生，积累了大量的教学案例。教学者在指导教师学习者专业走得更深、更远的同时，也会在学习者身上收获丰硕的教学案例与学生发展个案，为今后的理论研究提供事实依据。

（四）学习责任的确定

责任往往很少出现在学习行为中，这里提到的学习责任主要指明确教学者与学习者“做什么”的问题。以学习者为中心的研修中，教学者的责任看起来有所减少并弱化，但仍然要负起促进学习者成长的责任。这里特别强调的是学习者的责任问题。以学习者为中心的研修要由传统的“要我学”转向“我要学”。在“我要学”的状态下，学习者就要对自己的学习负起主要的责任，以主人翁的姿态积极主动地参与到课程设计、实施与评价中，教学的对话交流就会变得活跃、变得轻松、变得有效。

第二节　名师工作室项目式研修

项目式学习是一种新型的探究性学习模式。近年来，其理念广泛在中小学教育实践中应用，改变了传统教学单向教授的教学模式，为师生营造了自由民主、合作创新的团队学习氛围，受到广大教师与学生的追捧，对我国基础教育课程改革起到积极的促进作用。在设计工作室研修课程过程中，我们将项目式学习的理念应用到以成人教师为学习者的工作室研修活动，创造机会与平台鼓励教师学习者在探究中促进专业成长。

一、项目式学习

（一）项目式学习是什么

项目式学习是基于项目的学习，即 Project-based learning，简称 PBL，是一种教与学的方法，学生运用多种资源通过一段时间对真实且复杂的项目进行探究，获得知识和技能的一种系统的教学方法，其能促进学生提高批判性思维能力、解决问题能力、团队协作能力、自我管理能力等。在项目探究过程中应注重引导学生在分工合作、群策群力的协作氛围下完成项目任务，并要能产出一定的项目成果。

（二）项目式学习的基本要素

美国巴克教育研究所约翰·拉尔默指出，无论 PBL 采取哪种形式，它都必须具有以下几个基本要素[①]：

①重要内容（Significant Content）

②21 世纪技能（21st Century Skills）

③深度探究（In-depth Inquiry）

④驱动性问题（Driving Questions）

⑤必备知识（Need to Know）

⑥学生的声音和选择（Voice and Choice）

⑦修改与反思（Revision and Choice）

⑧面向公众（Public Audience）

（三）项目式学习的一般性实施流程

项目式学习有一套固定的模式结构，而不同学者对项目式学习的实施流程有各自的理解与表述。综合较权威的一些学者观点，项目式学习的一般性实施流程包括项目的计划与启动、项目的实施、成果展示与反思，供项目式学习的初学者参考借鉴（见图 5－1）。

第一阶段：项目的计划与启动。学生基于兴趣与需求确定要研究或完成的项目内容。根据项目内容主题，通过查阅文献、访谈等形式进行项目实施相关知识的学习，为项目实施获得知识储备。对项目内容全面了解分析后，项目团队进行项目实施方案的构想与设计，预设教师与学生的学习过程。开展项目的实施启动仪式，宣布项目正式开始。

第二阶段：项目的实施。项目启动后，项目团队要对项目实施进行任务分解，然后分工形成协作团队。各协作团队根据分工任务收集相关的材料以及准备有关的设施设备，开展合作性探究学习，并适时与其他小组进行沟通交流，保证整个项目有序推进。在合作探究过程中要注重不断反思，遇到问题及时调整，必要时修订项目实施方案。

第三阶段：成果展示与反思。项目成果形成后要面向外界进行公开的展示交流。成果展示的前、中、后期也是对学生整个项目式学习过程的总结、评价与反思，是学生自我经验构建的重要时刻。

在三个阶段的项目式学习中，除了学生基于项目的探究性学习行为之外，支撑项目顺利开展的各项管理都需要按部就班地进行，如项目实施配套制度、项目保障人员配备、必要资金的支持等。

①拉尔默出．项目学习 PBL 初学者入门［M］．董艳，译．北京：光明日报出版社，2016．

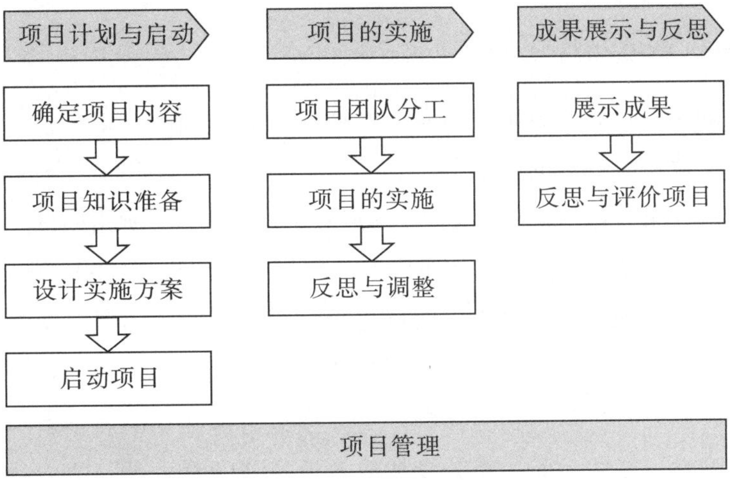

图 5－1　项目式学习的一般性实施流程

（四）项目式学习的辨识

第一，项目式学习不是一系列主题活动的线性排列，而是一套学习体验与任务，引发学习者围绕着学习任务进行自主或合作式探究学习活动，完成一个专业成长的挑战。

有人认为项目式学习就是学生在一定的时间轴上根据任务分解情况完成若干个子任务的线性任务排列组合。教师按照项目实施方案，指导学生一个一个完成子任务就可以了。但其实项目式学习是一套连环式学习体验与任务组合。从项目内容的确定、驱动性问题的产生开始，学生在解决问题的导向下围绕着核心经验，通过自主或小组合作的探究行为，实现自主学习，层层推进项目子任务的完成，最终实现对自身或团队能力的挑战，完成专业成长的蜕变。

第二，项目式学习不只是完成一项任务，而是强调学习者综合知识和能力的自我构建过程。

在很多人眼里，项目式学习就是“创造新东西或新事物”的活动，在动手操作学习中完成一项任务或生产出一件产品。

项目式学习表面上是任务指向性的学习实践活动，但实际上是促进学生批判性思维能力、解决问题能力、团队协作能力、自我管理能力等的提升。目前，我们是为未来培养人才，而未来需要什么样的人才呢？正如前面所提到，具备项目式学习的基本要素之一——21 世纪技能（21st Century Skills）的人才，21 世纪技能是当今世界上最具有价值的技能，如批判性思考和问题解决能力，创造与革新能力，协作、团队工作与领导能力，跨文化理解能力，交流、信息与媒体素养，计算与 ICT 素养，职业与学习的自立能力。

（五）项目式学习与项目式研修

工作室研修的对象是成人教师学习者，专业成长的源泉并不是来自所掌握的知识量，而是前文第一章中罗树庚提到的内驱力、学习力、行动力、沟通力、研究力、反思力等促进教师向上生长的力量。这些向上生长力刚好对应项目式学习所指向的21世纪技能。因此，在开展名师工作室研修的过程中，可尝试将项目式学习理念应用于教师研修活动。

项目式研修有别于项目管理研修。项目式研修更关注教师学习者学习行为的全过程，而项目管理研修则更多关注研修任务如何有效地完成。项目式研修同样具备项目式学习的八大基本要素并遵循三阶段基本实施流程，重新塑造研修活动中教学者与学习者的关系，主张让教学者退到学习者的后面，充分发挥成人学习者的自主学习能力和合作学习能力，真正形成以学习者教师为中心的工作室研修活动。

二、项目式研修的实施

以学习者为中心的名师工作室项目式研修是基于项目式学习理念而开展的，对比我们熟悉的中小学项目式学习，两者最大的区别是学习对象不同。中小学项目式学习的对象是心智未成熟、经验较缺乏的未成年学生，而工作室项目式研修的对象是心智成熟、经验阅历丰富的成年教师，且他们大部分来自不同学校、幼儿园，学习环境与实践经验具有不同场域特点。项目式研修的组织者或教学者要清晰定位教师学习者的研修角色，而教师学习者不单单充当学习者的角色，还承担起部分组织者与教学者的任务，通过整合工作室智力资源、物质资源和社会资源等教育资源，合作探究学习，共同完成项目任务，实现教师学习者的自主学习和自我提升。

名师工作室项目式研修是以教师学习者为主体的项目式学习，同样有一套固定的模式结构。在一定的项目管理措施的支持下经历项目研修的设计与准备、项目研修的实践与研讨、学习成果的展示与项目反思等三阶段的基本实施流程（见图5-2）。具体的研修项目实施并不完全按三阶段进行，可以根据实际情况以及教师学习者的需求来作相应的调整与增减，满足教师学习者的成长需要。

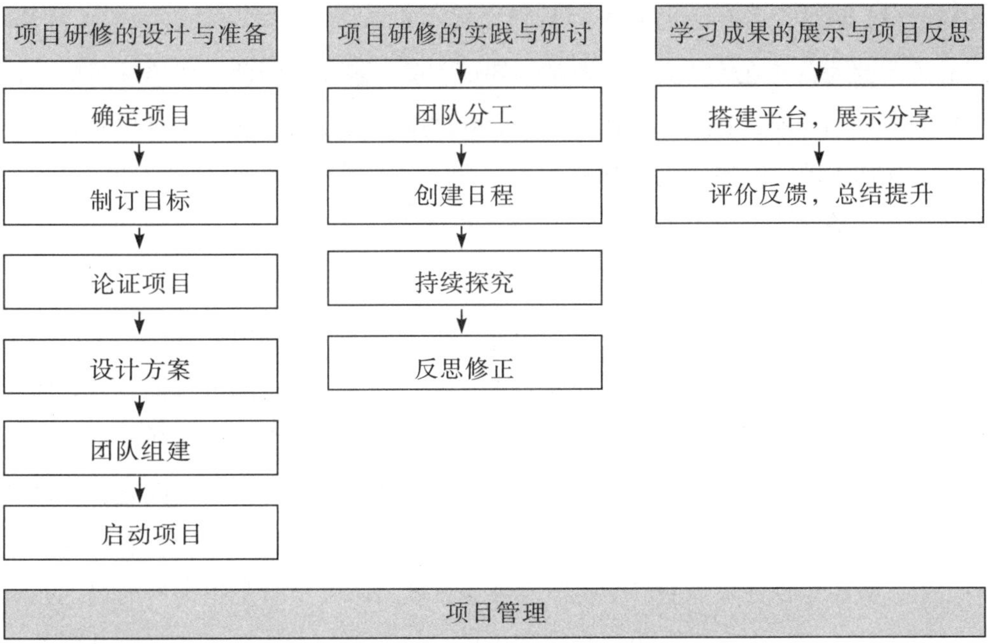

图 5－2 名师工作室项目式研修实施流程图

（一）项目研修的设计与准备

1. 确定项目

项目的选择将会影响整个项目式研修教师学习者的投入程度、参与热情、学习成果、展示效果等。那怎么样的研修项目才能算得上好的项目呢？

①基于教师教育实践问题，且是近期急需解决的教学问题。

②设计灵活，为不同的教师学习者创造不一样的可能。

③以驱动性问题为中心，支持教师学习者进行持续深度探究。

④具备真实性，在复杂且有趣的真实场景或模拟体验中进行。

⑤符合教师学习者的能力最近发展区，跳一跳能够得着。

⑥具备教师学习者相互学习、平等讨论、共同成长的研讨氛围。

⑦能突破固定的学习共同体，能让更多的专家、同行或跨领域人士参与。

⑧顺应教师学习者的学习特点和学习习惯，营造舒适的研讨交流环境。

⑨给予教师学习者充分的自主选择权。

⑩学习成果能公开展示分享，得到同行的认同，获得一定成功感与成就感。

2. 制订目标

项目式研修的目标是项目团队学习的方向和探究的结果。研修项目的目标是研修课程目标的活动化，应指向学科的大概念和教师的核心素养。工作室的学员基本上都是学校、幼儿园的优秀教师，具有较扎实的专业基础知识和基本素养。因此，研修项目的目标一要聚焦学科的大概念，即核心概念。在研修中引导教师学会在表层知识丛林中寻找学科知识的规律性，从而理解、掌握、应用学科的大概念。二要关注教师可持续发展的核心素养，而不是单一技能的学习与应用。

3. 论证项目

确定项目后，学习团队要对项目的可行性、价值、科学性等因素进行全方位的论证分析，确保项目能顺利实施，并能取得如期效果。首先是论证项目的可行性。学习团队要综合判断工作室是否具备相应的人力、物力以及财力等条件和资源，保障研修项目实施。其次是论证项目的价值，即项目研修实施后能否解决当前教师教育教学的问题，促进教师学习者在某些方面的能力得到提升。研修项目不能过于简单，应能满足学习者持续探究一段时间的需求。最后是论证项目的科学性。有些研修项目刚确定时觉得新鲜时尚，或者吸引眼球，但深入分析后发现对实际的教育教学指导意义不大，甚至有悖于国家基础教育课程改革方向。因此，我们要依据国家的教育方针以及课程改革方向，紧跟学科发展前沿理念，以解决教师教育教学现实问题为落脚点，以提升教师专业素养为归宿点，选择有价值的研修项目。

在项目启动前要充分了解学习者已有的知识状况以及学习愿望，我们较多地使用 K-W-L 表格（见表5-1），让学习者表达对项目主题已知的知识内容，还想知道哪方面知识或者有什么想解决的问题，最后总结有什么收获。K 即 Know ——What do I know?（我知道什么?）引导学员回顾自己对项目主题了解程度，已知道项目主题的哪些内容。W 即 Want——What do I want to know?（我想知道什么?）启发学员对接下来的研修主题提出想知道的问题，建立对项目学习的期待。此环节可以采取头脑风暴的研讨形式，营造天马行空的氛围，培养学员的批判性思维。L 即 Learned——What have I learned?（我已经学到什么?）当学员提出的问题被一一解答后，学员要进行所学的知识和技能的自我建构，记录自己在项目研修过程中学到了哪些知识和技能。

表5-1　项目式研修的 K-W-L 表格

研修主题名称		
K（Know） 我已经知道什么?	W（Want） 我想知道什么?	L（Learned） 我已经学到了什么?

4. 设计方案

项目方案是项目研修的实施蓝图，同设计图纸在建筑师心中的地位一般重要。

设计项目方案易犯这些错误：

一是做成了平铺式研修活动，难以提高教师学习者的高阶思维能力。很多工作室未能理解项目式学习的内涵，以工作安排的传统思维将若干个研修活动进行平铺式排列，只考虑研修活动之间的关联性，而忽略了它们的层次性，难以达成学员进阶式的学习要求。导致整个系列性研修活动出现看似热火朝天，工作室团队忙忙碌碌，最后复盘学习成长收获却寥寥无几的现象。

二是活动时间长，学习成果少。设计项目研修学习方案时如果学习任务繁重，历时较长，到最后学习成果展示或复盘反思收获甚少的话，使时间投入与成果产出不成正比，就会严重影响到学员后续的学习热情和参与积极性。项目开展的时间与研修任务应该针对研修主题做到“恰到好处”。

三是预设性学习较多，生成性学习较少。项目研修学习方案的学习流程要把握好“度”，既不能过于笼统，让学习者找不到研修学习的方向，缺乏系统的设计，多走弯路；又不能过于详尽，将每个阶段的学习过程都预先设计好，这样反而会影响到学习者的学习能动性，很难培养学习者的批判性思维、自主创新能力以及团队协作能力等。

四是过分关注成果的展示。有些项目研修组织者特别是初学者以为项目研修就是围绕着研修成果展示而开展的一系列学习活动。将所有的研修活动都指向于成果，其弊端在于研修活动只看到成果，而忽略了学习者本身。我们在设计项目研修学习方案时要关注学习者本身的学习阶段，支持学习者自主探究学习，形成有价值的学习成果。在项目评价反思环节要考虑到形成性评价对项目研修开展的重要性，针对学习者的研修情况，及时调整学习进度与研修方式，帮助学习者获得更好的成果。

5. 团队组建

项目研修学习方案确定后，要考虑研修团队的组成建立。研修团队除了工作室的团队成员以外，专家教授、优秀校（园）长和教师甚至跨领域的相关专业人士等都可能成为研修团队中的一员。例如，我们开展“幼儿园项目式学习中的驱动性问题”项目式研修学习，在邀请学前教育领域专家的同时，还请来中小学项目式学习的教授和教师以及企业项目培训师，从不同的视野剖析项目式学习的内涵以及驱动性问题的设计，开阔学习者的视野，打开学习者的思路。

6. 启动项目

启动项目是一项强调仪式感、具有里程碑意义的活动。强调仪式感不一定是要有专门的隆重的启动仪式场面，它可以是一个正式的开场白，或者一个温馨短暂的仪式。例如，主题读书会项目研修的启动仪式可以是一次研修活动中的赠书仪式，学员们庄重地接受工作室主持人或者专家的赠书，感受到读书是一种学习方式，更是一种成长的责任，将会激励着学习者在后续的项目研修中努力学习。

（二）项目研修的实践与研讨

1. 团队分工

项目式学习强调团队协作共同完成任务。一个好的项目成果并不是由某一个人单独完成的，而是要依靠项目团队发挥 1 +1 >2 的学习效能，通过相互分享、思想碰撞、生成观点等促成学习者知识的主动建构。在项目研修学习实践之初，要根据项目学习方案与团队成员的特点，适当进行分组分工，尽可能将团队内每个人的特长优势发挥出来，共同助力项目学习的高质量开展。

项目团队组合分工并不是一成不变的，项目负责人可以根据不同的研修主题内容尝试不同的团队组合模式。有时候可以让学员独立完成自己的学习任务，有时候让三两个人组队形成任务小组，有时候则需要工作室全体人员合力完成学习任务。团队的人员分组通常以自发自愿、优势互补、统筹兼顾的原则来进行。由于工作室的学习者都是成年人，合作学习需要志同道合、投缘默契为感情基础，才能达到事半功倍的效果，否则会容易引起意见分歧甚至争吵矛盾，不利于学习任务的顺利完成。出色的团队组合常常呈现出“八仙过海，各显神通”的局面，有领导能力强的、有学术能力强的、有信息技术好的……同时，有时组合分工并不能完全在自主自发的情况下完成，必要时学员们要克服自身的困难，服从项目负责人的统筹。组合分工环节是培养研修学习者合作、分享、协商等学习品质的重要阶段。

2. 创建日程

项目日程管理能帮助学习者成为有效的时间管理者，是学习者在工作室研修学习甚至日常教育教学工作中高效完成任务的保障。项目责任人或者小组组长要设置好项目研修学习过程的几个重要时间节点，制定好学习进展日历表，提醒学习者把握好完成学习任务的节奏，防止日常工作干扰或者其他事宜影响项目研修学习的进程。

目前有很多软件和小程序支持项目研修学习进展日历的生成，可以设置定期提醒功能，让工作室全体学员都能了解各小组的学习进展情况，相互监督、交流促进，共同朝着完成研修任务的目标而努力。

3. 持续探究

持续探究是项目研修学习的重点，也是难点。成人学习者并不像未成年学习者那样能全身心地投入到学习中，他们会把更多的时间放在日常教育教学工作和完成学校、幼儿园的事务性工作中。这些工作所耗费的时间和精力往往会影响到教师学习者的研修学习，使其难以保持一定的热情持续探究项目学习内容。那么，怎样让学习者投入持续探究？

（1）持续探究要有好的驱动性问题。驱动性问题贯穿于项目研修学习的全过程。从研修活动问题的提出，到研修探究学习，到最后学习成果的展示，始终为了解决教学问题，从而提升教师的教育教学专业能力。好的驱动性问题既能激励学习者主动、持续投入到学习中，又能在研修学习时引发学习者深度的思考，让学习讨论更有成效。

好的驱动性问题应该具有以下的特征：

①开放性。好的驱动性问题不是一看就知道答案，或者直接可以搜索能找到答案的，而是有好几个可能的正确答案。

②实践性。能激发学习者持续探究的驱动性问题对于学习者来说应该是有利可图的，即问题贴近学习者的教育教学实践，且是当前学习者急需解决的难题。

③挑战性。研修的问题并不是教育教学的常规性问题，而是能发现教学现象的一些规律、揭示教学问题的本质的问题。

④情景性。要在真实的情景下才能完成的问题。

⑤可行性。问题的难度要符合学习者的最近发展区，是能通过个人或团队的努力，或借助身边的资源就完全可以解决的。

（2）持续探究要建立有安全感的学习共同体。项目研修的探究行为更多的是工作室团队学习共同体合作式的探究。但在实际的工作室研修讨论时，大多数人仍停留在单向的交流分享阶段，未能形成真正的对话式深度研讨。在访谈中获悉，相当部分学员认为自身的知识能力不够，害怕自己的观点存在漏洞，引起同伴的嘲笑或者贬低，存在对研讨环境的不安全感。

项目负责人或工作室主持人应为教师学习者建立一个情感上感到安全的学习研讨环境。首先是学习研讨的空间布局要体现平等。学习研讨的空间尽量避免传统讲台式排排坐模式，而要采取圆形围坐的形式，尽可能让学员们能相互看到对方，可以进行目光接触交流，看到各自的面部表情。其次是统一学习者的称谓。工作室学员难免会有校（园）长、教研员、主任等不同行政级别的人员，这些具有一定行政级别的人员的言行在学校、幼儿园内部具有一定的权威性。为了排除行政背景对学术研讨的影响，工作室内部研讨时将学习者统一称作“老师”，在称谓上实现平等。还有，学术言论的平等与自由应该体现在工作室管理制度上，鼓励学员大胆公开表达自己的想法和观点，不得贬低、否定或嘲笑别人。

（3）持续探究要有对话式的研讨。随着研修项目学习的开展，学习者对问题有了一定的认识，产生一些个人的见解和观点。应该创造更多的机会或平台让学习者在小组内部或小组之间进行对话式研讨，围绕某个主题内容发表各自的观点，逐步剖析问题深层次的本质，共同寻找解决问题的多元化途径。

结合教学案例研讨是教师最喜欢、也较为有效的研讨方式。苏格拉底式案例研讨是目前工作室项目研修活动常用的形式。苏格拉底式案例研讨借助大量的教学实践案例，不断地向学习者抛出问题，通过层层追问、对话质疑，引导学习者思考并理解学习内容，逐渐使抽象难懂的概念具象化，培养学习者的批判性思维与分析处理问题的能力。

（4）持续探究适时需要专家的参与来解答疑惑。项目探究活动进行到一定的阶段时，难免会出现“萝卜煮萝卜还是萝卜”的瓶颈局面，项目的推进会受到较大阻碍，直接影响学习者持续探究的热情，打击其积极性。这时候，项目研修就需要邀请相关的专家以及优秀同行进行把脉指导，给项目探究实践提供专业的理论支撑或者实践策略支持，助推学习行为往深处进行。例如，“幼儿园项目式探究学习系列课程开发”项目研修中期，工作室团队在公开讲座的授课技巧上存在着较多的观点分歧，一度导致研修学习中断。工作室及时邀请教师发展中心项目培训的专业教师对学员的授课进行现场指导，精准地指出授课存在的不足与问题，提出具体可行的改进策略，帮助学员重拾信心，重新点燃了学员们探究的欲望。

（5）现代教育信息技术赋能探究学习高效开展。我们身边不缺乏教育资源，只是缺乏利用教育资源的意识与手段。我们的项目探究学习要善于借助网络、软件等现代技术手段，利用身边一切可以利用的有用教育资源，指引我们思考问题的方向，启发我们解决问题的办法，促使项目探究学习又快又好地完成。

利用网络建立在线合作学习空间是名师工作室建设的重要内容。我们工作室在开展“幼儿园项目式探究学习系列课程开发”项目研修过程中遇上新冠肺炎疫情，线下面对面教研受到严重阻碍，研修团队充分利用腾讯会议、钉钉、微信等网络在线交流平台，将东莞以及韶关的学员们紧密地联系起来，随时随地互动研讨项目课程的开发，共享教育智慧，实现停课不停学的线上高效项目研修。

4. 反思修正

前面提到修正与反思是项目式学习的基本要素，可见“反思”在项目式学习中的重要性，它不只发生在项目的结束阶段，而是贯穿于项目式学习的全过程。项目任务学习的完成并不是一帆风顺的，而要经历不断地试误、修订等螺旋式提升的过程。学习者常常会遇到一些学习困难或者方向偏差，也就是我们通常所说的“学习瓶颈期”。此时，研修项目的组织者应及时收集学习者的学习困惑，组织学习者围绕着研修难点进行反思复盘。

与专家或优秀同行建立联系是突破“学习瓶颈期”的有效办法。

建立联系的策略一：形成查阅文献的好习惯，在文献寻找理论依据。

网络查询是最便捷的获取信息与资源的方式。当今发达的互联网让网络查询终端越来越方便和多样化，任何一台智能手机都能随时随地地登录互联网，收罗我们想要了解的信息与资源。当学员们对“驱动性问题”的理解产生分歧时，我通常都会让学员们及时拿起自己的手机，查找“驱动性问题”的定义。每个人分享一个自己最认同的定义，并说出理由。此时，项目研修团队的智慧就汇集成信息流，在对比分析中拓宽学习者对“驱动性问题”的思考路径。然而，网络查询的信息普遍存在碎片化的问题，有时甚至会出现断章取义的现象。

专业期刊是传统的专业知识学习载体。专业期刊的文章体现学术前沿的研究方向，呈现当前理论与实践研究的最新成果，且文章的阅读载体适合大多数学习者的习惯，短时间能获取核心的知识。这些被作者提炼出来的信息与资源不管从理论还是实践都能为学习者反思修正、拓宽研究思路提供借鉴与参考。

专业图书和工具书是项目研修学习必备的学习材料。图书相对网络资源和期刊文章更能呈现系统化、全面性的知识体系，读者可以了解知识内容的深度与广度。笔者工作室研究项目式学习，选定了夏雪梅老师的《项目化学习设计：学习素养视角下的国际与本土实践》、美国赫尔姆、凯兹《小小探索家——幼儿教育中的项目课程教学》作为研修项目的指导用书。每次工作室研修学习研讨受阻时，学员们就会拿出指导用书，在相应的章节查找理论依据和实践经验，助力研修活动的高质量开展。

建立联系的策略二：联系志同道合的专家，真诚且持续地寻求指导。

我们在研修学习时基本上会形成有问题就请教专家的习惯。然而如何做到高效利用专家的资源高质量地助推我们的专业成长呢？首先是要找志同道合的专家。人与人的深度交流建立在一定的感情基础之上。萍水相逢的专家很难给予我们研修学习的“真动力”。因此，研修项目负责人要寻找联系志同道合的专家作为研修学习共同体的盟友。其次是要真诚求教专家。我们要暂时放下自己教师的身份，抱着学生求学的心态去请教专家。最后是要邀请专家跟进式指导整个研修项目。项目研修探究过程中，学习者可以利用互联网随时与专家进行对话互动，解答疑难，必要时可邀请同一个专家进行跟踪式指导，这可以使得指导逐渐走向深度，促进学员研修深度学习的发生。

建立联系的策略三：学会向优秀同行学习，挖掘身边可利用的资源。

尽管我们已经是名师，或者是准名师，但不要忽视身边的优秀同行和同事。他们也是知识实践的专家，是我们最容易获取的教育资源，这些教育资源最贴近我们的教育问题。我们可以邀请优秀同行或同事加入研修项目的讨论群，向他们表明我们的需求与态度，如“诚意邀请您加入我们的研修学习共同体，您的一句教学经验将会赋能我们研讨学习的动力”。

（三）学习成果展示与项目反思

1. 搭建平台，展示分享

项目研修探究到一定的阶段，研修目标基本达成，研修学习成果呈现出来，即将到项目研修的高潮时刻——成果展示。这个时刻将是研修团队最期待、最高光的时刻。

要展示学习成果，必须要有展示的平台。展示平台可以是行政官方展示平台，也可以是非正式分享交流展示平台。行政官方展示平台有公开的专题讲座、现场展示会，以及印刷出版学习成果等。学员在行政官方展示平台分享成果既能获得成功感与认同感，又能收获到实实在在的证书、著作等物质化的展示痕迹。在展示结束后特意安排一场授课分享、证书颁发仪式，甚至是新书签售仪式等结项庆功活动，将会是学员们专业成长最为难忘的时刻。然而，并不是所有的学习成果都能在行政官方展示平台展示，我们可以让学员们自己策划一场研修成果展示活动，以学员们喜欢的形式开展，邀请自己想邀请的人来分享见证自己的研修学习成果。

2. 评价反馈，总结提升

成果的展示分享并不是项目研修的终点。我们要回归到工作室促进学员专业发展的研修目的以及项目研修的具体目标，综合使用形成性评价和终结性评价来评价项目研修的效果。评价的主体主要是学习者，他们反馈学习者的研修体验、研修收获以及研修成果。

三、基于探究学习系列课程开发的项目式研修案例

（一）项目研修的实施背景

笔者工作室启动近两年来，学员们在主持人的引领下从理论到实践对幼儿园项目式学习这一新教学法有了深入的认识和理解，在教育教学实践中形成了一批优秀的项目案例以及丰富的实践经验。工作室接到市中小学教师发展中心邀请承接幼儿园科学活动组织与设计培训班课程设计与授课的任务，工作室主持人以此为契机，组织全体入室学员开展面向幼儿园教师的、基于幼儿园项目式探究学习的系列研修课程开发（见表5－2）。

（二）项目研修的设计与实施

表 5-2 幼儿园项目式探究学习系列课程的设计与实施

<table>
<tr><th colspan="2">项目名称：幼儿园项目式探究学习系列课程开发</th><th>项目时长：两个月</th></tr>
<tr><th colspan="2">参与人员：广东省邓泰初名教师工作室入室学员</th><th>项目类型：课程开发</th></tr>
<tr><td colspan="3">项目简述：
整个项目围绕“如何开发适合幼儿园教师的项目式探究学习的系列讲座”这个驱动性问题开展。项目研修采取头脑风暴、文献检索、团队研讨等形式进行授课技巧与项目式学习等知识体系的建构。工作室主持人在项目实施环节适时发挥同伴互助、专家引领等团队协作合力，历经 5 次集体备课，探究形成 1.0、2.0、3.0、4.0 版本的授课 PPT，不断梳理、调整、打磨授课思路，最终共同完成幼儿园科学活动组织与设计培训班 12 课时有关幼儿园项目式探究学习系列课程讲座，在公开授课任务完成后得到培训班参训学员的一致好评。培训班多个课时的授课内容收到多个镇街和幼儿园的送教邀请，充分发挥了项目成果的示范引领作用。</td></tr>
<tr><td>核心知识</td><td colspan="2">1. 掌握实践经验的归类总结法，形成类的概念。
2. 懂得梳理实践经验的脉络，学会思路清晰、简单易懂的 PPT 制作技巧。
3. 理解幼儿园项目式学习的概念以及核心要素。
4. 掌握问题导入、主题分析、案例论述等方法。
5. 掌握授课的技巧。</td></tr>
<tr><td>驱动性问题</td><td colspan="2">1. 本质问题
怎样才能让学员的实践经验得到理论提升呢？
2. 驱动性问题
如何开发适合幼儿园教师的项目式探究学习的系列讲座？</td></tr>
<tr><td rowspan="3">成果与评价</td><td>个人成果：
学员根据自选的专题制作授课 PPT，并面向培训班教师进行 1 小时左右的授课，制作成课程视频。</td><td rowspan="2">评价：
1. 培训班受训教师的满意度以及培训收获与心得。
2. 学员授课 PPT 的条理逻辑性、可观性、可读性以及实践理论性等。</td></tr>
<tr><td>团队成果：
12 人组成的团队围绕幼儿园项目式学习的知识体系开发项目式探究学习系列研修课程，共 12 课时。</td></tr>
<tr><td colspan="2">成果公开形式：
在 2022 年东莞市幼儿园科学活动组织与设计培训班面向 100 名骨干教师进行公开授课。</td></tr>
<tr><td>高阶认知</td><td colspan="2">识记、理解、应用、分析、评价和创造
创造性思维、批判性思维</td></tr>
</table>

（续表）

<table>
<tr>
<td rowspan="2">实践与评价</td>
<td>涉及的学习实践
探究性实践（√）：探索。
社会性实践（√）公开授课，获得学员好评。
调控性实践（√）：明确目标和任务，邀请不同角色人员评议后对授课 PPT 进行 5 次调整修订。
审美性实践（√）：以审美的角度对授课 PPT 的版面、色彩、图片等进行探究，增加可观性和可读性。
技术性实践（√）：课程开发团队通过自主学习、专家点拨、团队评议等环节对授课老师的语速、语调、互动等讲课技巧进行实践探究。</td>
<td>评价的学习实践：
探究性实践（　　）
社会性实践（　　）
调控性实践（　　）
审美性实践（　　）
技术性实践（　　）</td>
</tr>
<tr>
<td colspan="2">项目过程
1. 项目的起源
（1）恰逢工作室集中研修时，工作室主持人接到市中小学教师发展中心承接幼儿园科学活动组织与设计培训班课程设计与授课的任务。
（2）主持人向工作室入室学员传达任务要求，结合工作室“幼儿园项目式学习”的研究成果，共同研讨论证是否能承接科学活动组织与设计的培训课程任务。
（3）团队分析研讨幼儿园“项目式学习”与“科学活动”的关系，一致觉得“项目式学习”本质上是科学活动的新教学法，可以承接培训任务。
2. 知识与能力准备
（1）召开研讨会，轮流发言，了解入室学员授课经验和对项目式学习的认识等两方面的基本情况，如：
你是否有培训班授课的经历？
你觉得自己在公开授课方面有哪些优势？哪些不足？
学习实践一年半以来，你对幼儿园项目式学习的理解是什么？对科学活动为什么新启发？
（2）开展头脑风暴，讨论、梳理工作室研修一年半以来对幼儿园项目式学习的认知经验与实践经验。
（3）入室学员通过文献检索全面而深入地了解幼儿园项目式学习的知识体系，包括概念、驱动性问题、实施阶段、成果展示与反思等。
（4）入室学员针对自己培训班授课的不足，自行查找培训视频和相关资源学习。
3. 探索与形成成果
（1）第一次集体备课
以集体研讨形式进行。以“科学活动新教学法”为题讨论项目式学习与科学活动的关系，结合前期的实践经验与知识查找，以头脑风暴的形式开展，培养学员归类思维，构建类的概念。最后整理出“幼儿园项目式学习的概念”“幼儿园项目式学习的设计”“幼儿园项目式学习的实施”三大课程模块，形成幼儿园科学活动新教学法“项目式探究学习”12 个课时的系列课程。</td>
</tr>
</table>

（续表）

实践与评价	（2）第二次小组研讨式集体备课 以模式为单元将12名授课学员分为3个备课小组，每个小组由小组长围绕模块的知识点讨论形成各自的授课专题与提纲，并通过同伴评议，讨论各自小专题的切入点是否符合参训教师的认知特点，知识点是否有重复。 第一小组："幼儿园项目式学习的概念"模块，在某知名大型书店开展。 ①从文献视角谈幼儿园项目式学习是什么 ②从一本绘本理解幼儿园项目式学习是什么 ③幼儿园项目式学习与主题教育的对比分析 第二小组："幼儿园项目式学习的设计"模块，在某知名大型书店开展。 ①从七大黄金标准设计幼儿园项目式学习 ②幼儿园项目式学习概要表的设计 ③幼儿园项目式的探究"纪录" ④从文献视角谈幼儿园项目式学习的驱动性问题 ⑤幼儿园项目式学习的来源：驱动性问题的产生 第三小组："幼儿园项目式学习的实施"模块，在某咖啡厅开展。 ①案例分享与评析： "探秘蚕宝宝" "'菇'芳不自赏" "自制浇灌器" "大蒜的成长" ②各授课学员撰写不少于200字的心得感受。 （3）第三次一对一式集体备课 各授课学员根据小组备课确定的专题和提纲制作授课PPT，形成授课PPT 1.0。由于疫情原因，工作室主持人召开腾讯会议，逐一针对每个授课PPT从参训者学习的角度与授课学员们进行交流与点评，并提出具体可操作性的意见和修改建议。 ①PPT版面设计是否做到简洁大方 ②PPT内容呈现是否做到重点突出 ③PPT内容线索是否做到条理清晰 授课学员根据工作室主持人的意见和建议修改完善，并让12名学员相互了解各自的讲课内容，做到各自的内容不重复，相互衔接呼应，形成授课PPT 2.0。各授课学员撰写不少于200字的心得感受。 （4）第四次专家对话式集体备课 邀请培训专家参与，召开体验式课例评议研讨，每位授课学员将授课PPT 2.0在群里共享，并轮流试讲10分钟。专家对每个PPT和10分钟的试讲提出评议和修改意见。 ①讲授语速适中，清晰舒服 ②讲授生动形象，有趣易懂 ③讲授由浅到深，层层推进 ④讲授主题鲜明，深受启发 授课学员根据专家的意见和建议修改完善，形成授课PPT 3.0。各授课学员撰写不少于200字的心得感受。

（续表）

实践与评价	(5) 第五次试讲演练式集体备课 进入项目展示前，每位授课学员在工作室钉钉群进行预讲，其他学员充当受训教师听讲，并利用问卷星填写调查问卷，以学习者的角度从 PPT 呈现、授课技巧、授课内容等方面分享收获、提出意见和迁移应用。授课学员根据同伴的意见和建议修改完善，形成授课 PPT 4.0。各授课学员撰写不少于 200 字的心得感受。 4. 评论与修订 (1) 本项目的评论人员有工作室主持人、专家、同伴以及自己四个角色，主持人引领式评论把握课程的方向，专家点拨式评论指导授课技，同伴参与式评论以参训者身份提出感受，个人反思则贯穿项目全过程。 (2) 授课学员综合不同评论人员的意见和建议进行多轮的修改完善，最终形成正式授课课程成果。 5. 公开成果及反思提升 (1) 12 位授课学员担任幼儿园科学活动组织与设计培训班的授课教师，分别进行公开讲课。 (2) 每位授课学员撰写一篇不少于 1500 字的成长心得，把课程开发过程的成长点滴记录下来。 6. 项目成果的社会效益 12 课时的授课内容共接到十多个镇街或幼儿园的送教邀请，近 2000 家幼儿园参与课程的培训学习。

（三）研修项目分析

1. 研修项目的成果导向激发学员持续探究学习

前文提到这一研修项目是典型的成果导向项目式学习。工作室成立两年来，学员们通过理论学习、实践探索、研讨反思，已经全面而深入地了解了幼儿园项目式学习。每个学员结合自己的教育实践，对幼儿园项目式学习会有不同的理解，也有属于自己的实践思考。然而，这些理解与思考只是停留在头脑的意识或者实践个案经验中，未能形成较为系统而完整的知识经验，更难以构建自己对项目式学习的认知体系。如何将学员们碎片化的知识经验系统化成为工作室研修的关键点。

工作室团队抓住承担培训班授课的机会，将“幼儿园项目式学习”系列研修课程作为研修项目的成果，明确研修目标方向，激发学员们的学习内驱动力。工作室团队利用头脑风暴等形式反思、梳理前期项目式学习的学习成果，结合研究的不足查阅文献资料，形成“幼儿园项目式学习”系列研修课程的初步框架。工作室每个学员根据自身的研究优势，在课程框架内自主选择授课主题，在自主探索和合作学习下确定属于自己的研修子课程。

2. 研修项目的驱动性问题迎合学员专业发展需求

好的驱动性问题会在项目研修全过程中激发学习者的学习动力。前文这一研修项目的本质问题是“怎样才能让学员的实践经验进行理论提升”，驱动性问题是“如何准备幼儿园项目式探究学习系列讲座”。工作室学员都是教育教学实践经验丰富的优秀教师，他们专业发展的瓶颈是如何将实践经验提升为理论。这个研修项目基于学员们近两年的探索实践，形成“如何准备幼儿园项目式探究学习系列讲座”的驱动性问题，解决学员们当下的专业发展困惑。

3. 研修项目充分展示项目式学习的团队力量

前文这一研修项目的工作室团队、学习研究小组、专家团队等很好地体现出项目式学习团队合作的特点。

工作室团队的合作学习贯穿整个项目研修过程。在“项目研修的设计与准备”阶段，全体工作室学员集体研讨制订授课研修课程框架，凝聚所有学员的集体智慧。在“项目研修的实践与研讨”阶段，小组研讨形成各主题授课思路后，每个学员在钉钉群平台进行试讲，工作室团队进行集体评议，提出修改意见和建议。

学习研究小组是促进项目研修持续探究的关键。案例中，名师工作室的 12 名学员根据项目式学习特点以及研究兴趣自主分成 3 个项目研究小组，分别是“幼儿园项目式学习的概念”模块研究小组、“幼儿园项目式学习的设计”模块研究小组、“幼儿园项目式学习的实施”模块研究小组。各模块研究小组由各小组长统筹课程研讨开发的组织与推进，由组员自行确定研修的形式，这有利于创设良好学习环境，促进活动的深度研讨。比如，组长们从研讨地点入手，打破工作室固有的课堂模式，将学习地点搬到图书馆、知名书店、咖啡馆，营造具有时代特色、轻松自由的学习环境。

专家团队为保证项目研修的方向性和科学性提供专业支持。案例中各模块研究小组研讨成果形成后，工作室主持人牵头组织工作室集体备课，逐一对每个学员的授课思路进行修改完善，明确授课思路，形成授课 PPT 2. 0。最后，工作室特邀教师发展中心培训教师组织对话式的研修课程研讨，传授现场授课的技巧与注意事项，形成授课 PPT3. 0。

4. 研修项目的探究过程体现学习者的进阶成长历程

根据“参与—学习—支持—测量”的四个连续循环阶段的教师成长“持续学习周期框架”，案例的持续探究历经学员自主学习—模块研究小组研讨—专家团队支持指导—公开展示授课等阶段，助力学员们进行项目研修的进阶式持续学习。

课程开发项目研修启动之初，每个学员在小组内对各自的授课主题进行资源的交流与观点的碰撞，暴露出自身专业知识体系里对授课主题知识储备的不足以及理解的欠深入。学员针对自身的问题开展文献查阅、图书阅读、聆听讲座等学习活动，进一步加深对授课主题的解读。紧接着工作室安排有关专家对学员的授课进行一对一的点评与辅导，支持学员们授课课程的专业开展。最后，在公开展示项目成果前安排工作室内部的试讲演练，及时发放调查问卷，让学员针对授课内容与技巧等方面提出意见和建议。

5. 项目成果的展示既有挑战性，又有成就感

“学习金字塔理论”模型中位于金字塔基座位置的学习方式是“教别人”或者“马上应用”，可以记住90%的学习内容。案例中“学习成果的展示与项目反思”阶段的项目研修成果是形成市级骨干教师培训班的授课课程，形成三大研修模块12个专题的“幼儿园科学教育新教法——项目式学习专项研修课程”。“教别人”需要学习者在理解、交流、反思、生成等高级思维活动中实现深度学习，构建个人的知识体系，再进行知识经验的输出。对于普通的一线教师、园长，以培训班专家授课的形式进行知识经验的输出存在着一定的难度，个别老师甚至出现过放弃的想法。最后经过工作室团队的同伴互助、专家指导，所有的学员都顺利完成研修项目成果的公开展示，获得培训班参训人员的广泛好评与肯定。培训班主办单位给每个授课学员出具市级授课证明，让每个学员得到莫大的成就感。

项目研修完成培训班成果展示后，工作室共接到十余个镇街或幼儿园的送教邀请，近2000家幼儿园参与课程的培训学习，进一步向全市幼教同行宣传项目式学习这一新的教学方法，拓宽工作室学员专业成长的舞台，发挥工作室的示范引领作用。

（四）项目评价：工作室学员课程开发研修收获

广东省邓泰初名教师工作室入室学员、东莞市大岭山镇实验幼儿园黎欢仪：

在两个月的备课中，我感受到集体备课的魅力。萧伯纳说过：“你有一个苹果，我有一个苹果，我们彼此交换，每人还是有一个苹果；你有一种思想，我有一种思想，我们彼此交换，每人可有两种思想。”非常感谢工作室给予学习与成长的平台，让我在此次备课研修中不断挑战自我。

经历了五次研课，每次研课就是一次成长。

第一次，变更主题促发经验整合与提升。在第一次备课中，经过研讨将“记录”改为“纪录”，让记录儿童的一百种项目式科学探究语言成为纪录，这是将自己在项目式学习的思考和已有的课题经验加以整合提升。

第二次，明晰区别与联系，利于听众理解。在第二次备课中，结合张老师和邓老师的建议，并学习工作室中优秀学员的做法，增加案例导入、记录与纪录的区别、纪录的意义，弱化“黄金标准”的内容，避免与曹老师讲授专题“黄金标准”重复。

第三次，明确目标促使修改有方向和思考。只有正确、清晰地理解课程目标，并基于具体的课堂教学内容和学生实际，才能让教与学有方向、有过程、有效果。邓老师提出的目标也让我明确了认识到“纪录”在幼儿园项目式学习的重要性和如何做好“纪录”推进项目式学习的开展这两个目标。有了目标，梳理起来便有了更明确的方向，于是就有了导入、内涵、意义和运用。

第四次，突出重点，做好案例挑选和时间把握。一节课的时间是有限的，教师的教要服务于学生的学，就要避免繁琐的设计。课件需要逻辑清晰、突出重点、了解听众的需求。一是导入不要太长；二是一线老师更想听到的是怎么做；三是那么多案例，要有一个作为重点案例。于是，最后选择以“幼儿园的树”为例重点讲述怎么纪录。

第五次，综合团队建议最后定稿。试讲后根据大家的意见进行修改，一是前后衔接与呼应，二是讲述照片背后的故事，三是讲清楚“记录”与“纪录”的区别。为在课件上使“记录”与“纪录”的区别一目了然，在导入时只用一张照片案例，再增加卡通文字和提问与听众进行互动，导入的照片案例与讲解用到的照片案例是同一个，目的在于用同一个案例讲述两者的区别与联系，便于听众理解。为了详细讲述照片背后故事，将故事用文字梳理好便于自己查看。

广东省邓泰初名教师工作室入室学员、东莞市大岭山镇实验幼儿园邝美轩：

2022 年 12 月 3 日，伴随最后一位小伙伴的授课结束，代表着我们广东省邓泰初名教师工作室“项目式探究学习”系列讲座圆满完成。过去的两个月里，在邓泰初老师的悉心指导和详尽建议下，在小伙伴们的支持和鼓励中，我收获了扎实“干货”，也感受到真切的成长。这深刻的体验历程，似乎就像经历了一次从播种到收获的过程。

1. 播种——确定主题。关于项目式学习的内容丰富多样，授课主题的选取是首要的一步。如果说，我们授课是为了传达一些新方法，解答教师的困惑，那这应该成为主题确立的重要条件。经过思考，我结合我园当下聚焦的问题来确定主题，播下了一颗“驱动性问题”的种子，并明确这阶段更重要的是要学会“找点”，找准内容的切入点。一是要使内容链接主题，实现扣题；二是紧贴学习者真正想听的内容。

2. 浇灌——丰盈内容。在第一次试讲中，张彤老师指出，敏军老师以图片式的案例故事作为引子是个很不错的切入方式。因此，结合老师的建议，我以案例的形式罗列出教师日常教学中提出的问题并将其作为本次讲座的切入点，旨在引起听众老师的共鸣，让他们在熟悉和亲切中更愿意听取讲课内容。

针对“什么是驱动性问题”，一开始我只进行了定义的阐述，停在简单的概念认知层面。邓老师则给出建议，要学会“深入挖掘显内涵”。如何理解“驱动”？什么是“驱动”？只有挖掘到驱动的“内在动力”“兴趣激发”和“持续性”等特点，进行内涵解读，呈现深层的特征与亮点，才能真正支持教师对驱动性问题的理解及后续的实践。

而在“驱动性问题的来源”这一部分，邓老师也引导我跳出圈子看待问题，从“人”延展至“工具”等其他驱动性问题来源，并给予具体的案例参考，让我进一步拓展了思维，同时充盈了主题内容。

3. 修剪——优化呈现。在整体确定了授课内容之后、如何优化调整、更好地呈现PPT则成了需要思考的重点。本次备课中，我印象最深的PPT优化技巧之一就是分页目录。日常分享中，如果PPT内容较多的话，听众很难一下捕捉到每一部分的分支主题。因此，我在PPT最左侧增添分页目录，并随着分享的进度，显示一级标题，突出内容显示，加强分页中对主题的“黏性”，争取呈现清楚的线索，让人一看就懂。除此以外，能用图表清晰表达的，就避免用大段文字赘述；内容随着主讲人的简述逐步呈现，避免一次全部出示等等。

4. 结果——凝练成果。经过了5次集体备课，9次PPT调整，4次讲稿修改，最后形成了终版的授课内容。回顾这过程，就如完成了一次项目式学习。我在“如何设计一次授课，让老师很好地认识驱动性问题？”这一富有挑战性的真实问题下，开启了项目。过程中，经历了持续性的探究、交流（话语、选择）、反思、修正与评价，最后公开展示作品。

完成授课的那一刻，真正感受到如释重负。虽然仍有一些遗憾（也提醒自己以后要有更周全的准备），但完成了一件悉心准备已久的事情，就如摘下了成熟的果子，是实在的、满足的。

5. 感悟—— 一个人走得快，但一群人走得远。在工作室备课以来，更能感受到团队力量的强大之处。我们一起讨论、复盘、调整优化，由于每位老师对待同一件事有不同的看法，观察到的点也有所不同，所以可以学到很多东西。

一个人的确走得快，但是一个人的想法、认知、眼界、能力和执行力是远远比不上一群人的。我们团队里，每位老师都特别优秀，每次看老师们的PPT和试讲，都会刷新我的认知，拓展我的眼界。当然，老师们的行动力也给我带来了一定的动力和压力，而这些，都是我前进路上最好的精神果实。

这一次，课程的开发历程让我真正感受到一群人为一个目标一起努力是件美好而有意义的事情。期待后期我们继续协同共进，行稳致远。

广东省邓泰初名教师工作室入室学员、东莞市寮步镇香市幼儿园周敏军：

历经两个多月的备课，关于科学领域的项目式学习专题讲座圆满落幕。我的讲课主题是《如何设计项目式探究学习概要表》。讲课PPT历经四次改稿，其间多次得到导师、专家和小伙伴的指导，个人非常感激也收获颇丰。

首先是第一次备课，还记得在觅书店中，咖啡的香味微醺着我，如同我第一次构思时的迷糊。如何在一个小时内完成项目设计概要表的讲授？这是摆着我面前需要思考的问题。于是，我结合相关的资源进行梳理，构思了第一次的设计版本：①概述项目设计概要表的重要性。②对比中小学、幼儿园项目设计概要表的异同。③通过案例分享，讲述概要表的设计。

第二次备课是集体线上备课。张彤老师在线聆听，逐一指导我们的授课专题。经过张老师与邓老师的指导，我发现了专题设计的不足：虽然以案例切入引人入胜，但是后面内容堆砌过多，重点不够突出，一小时不可能讲授完毕。

于是，我推翻重整，并将二稿发给邓老师指导。感谢邓老师百忙中细致地梳理课件脉络，并加入了详细的批注。邓老师的指导让我的思路更加清晰，我缩短了开头过于累赘的篇幅，加入“螺旋花园”案例，并以国外“栽培我们的花园”作为对照，对比在花园设计项目上国际与本土实践的差异。这便是三稿。

四稿诞生于小伙伴给予的集体智慧。讲课前期，小伙伴聆听了我的试讲之后，在细节之处给予了充分的意见，如可结合案例讲述、加入图片更加生动等。结合同伴的意见，我及时调整，最后得以流畅呈现。

总体而言，此次展示并非个人工作成果，而是工作室集体智慧的结晶。其中包含工作室导师的精心筹划与悉心指导、专家的指点迷津、同伴的引领互助、资源的联动共享。过程虽如破茧般艰难，思路重构、细节调整、资源协调、集中研讨等各方面都曾经历困难，但是在目标的强大指引下，在工作室的有序组织下，终于得以圆满呈现。感恩。

第六章

名师工作室的协作教研

上一章《名师工作室研修课程的组织与实施》的内容，对课程实施如何做到以教师学习者为中心做了详细的阐述，深入具体地对名师工作室项目式研修的组织实施进行讲解。在实际研修的微观教研组织方面，笔者结合多年的教研实践研究，基于名师工作室团队的特点，提出幼儿园名师工作室协作教研的实践思路。

第一节　名师工作室协作教研

一、协作教研概述

顾泠沅先生曾将园本教研形象地称为“萝卜煮萝卜还是萝卜”。园本教研仍然局限在园内，很多教师缺乏问题意识，遇到教学问题时意识不到其研究的价值，因此教研活动大多形式单一，局限于听课、评课之类，研究的成分偏少。由于园内教研组内缺乏“智者”“能者”的引领，真正高质量的教研活动难以开展，而这影响了教师持续参与教研的积极性。

笔者针对以上园本教研的现状，致力于探索以协作教研为载体，构建不同区域、不同园所协作教研共同体，整合区域内优质教育资源，发挥 1 + 1 > 2 的教研合力，弥补园本教研力量的不足，推动有效的区域教研往纵深开展，促进区域学前教育的优质均衡发展。

（一）什么是协作教研

“协作”是指在目标实施过程中，部门与部门之间、个人与个人之间的协调与配合，一般包括资源、技术、配合、信息方面的协作，是为了实现共同的目标，充分有效地利用组织资源，依靠团队的力量完成某一件任务。协作可以集中力量在短时间内完成个人或部门难以完成的任务。

幼儿园协作教研是幼儿园间根据同质促进、异质互补的原则组成协作共同体，为着自身发展的需要，共同围绕某一办园方向或教研问题，定期开展交流分享、互助合作的研讨活动，共同促进教师专业化成长的教研形式。共同体的形成是协作教研的基础。在协作共同体形成后，教研主题需要对各幼儿园的发展有一定的促进作用，或者对问题的解决有一定帮助，吸引幼儿园个体主动聚集起来，共同研讨，共赢成长。在协作教研模式下，幼儿园之间搭建起教育资源信息的共享立交桥，在制度的约束下形成常态化的互动研讨机制，实现教育资源共享与优势互补，打破幼儿园“孤军作战”的局面，促进区域内幼儿教育的均衡化发展。

（二）幼儿园协作教研的机制

幼儿园是独立的教研团队。要想把若干个独立的教研团队凝聚成协作教研共同体，保证共同体能在开放的教研氛围下常态化地研究问题、解决问题，需要形成系统的协作教研运作机制。

1．顶层设计先行

由于协作教研涉及若干个独立团队——幼儿园，要想有效地维系各所幼儿园常态化地开展协作教研，就必须事先做好协作教研的顶层设计。首先，选好教研活动的召集人。顶层设计的关键在于活动召集者，也可以说是协作教研的领头人。协作教研的领头人是调控和带动协作教研高效运作的核心。其次，制订详细的活动方案。活动实施前，项目负责人要制订详细的活动方案，明确教研活动的目标、内容、分工、流程以及制度要求等，让来自不同幼儿园的协作成员都能事先了解协作教研的整体情况和要求。

2．强化制度保障

任何一个团队的有效运作都必须要有完善的制度，保证运作的有序性和持久性。例如：明确协作教研的意义，形成协作团队加入和退出的灵活机制、教学资源共享制度、教学研讨的制度性要求以及常态性协作教研机制等等。协作团队成员可以按照规定申请加入或退出，保持团队的合理流动，有利于团队思维的存异性。由于协作教研团队由若干个既是竞争者又是合作者的不同幼儿园构成，团队成员必须先输出自己经验才能获得别人的经验，协作汇集的教育资源未经原创者同意不得外传。

协作教研团队要明确内部分工，让每个成员都有任务、有责任，人人都成为活动的主人，增强团队成员主人翁意识，共同协同完成教研工作，促进协作教研的健康开展。如轮流担当教研项目召集人和承办者，让大家都有机会全方位体验协作教研的组织过程，有助于尊重、理解组织者的工作。协作团队应提前以轮值的形式把协作教研计划中若干活动项目的召集人确定下来，由轮值幼儿园负责制订教研活动的具体方案，并根据教研活动的预设程序对团队成员进行再分工，如签到、活动主持、活动记录、摄像、后勤服务工作等，让团队成员在教研组织过程中都有所作为，提高参与协作教研的积极性。

3. 组建协作团队

协作团队要有共同的需要。协作教研的动力来源于协作教研的主题必须是协作成员所急需解决的问题或者是感兴趣的话题。在确定教研主题时要充分征求协作团队中各幼儿园的意见，并在众多的教研问题中精选出符合大家意愿的教研主题。

协作团队要有共同的兴趣。一般情况下，协作教研团队的组建以自发为主，维系团队运作的纽带除了共同的需要之外，更多地依靠团队成员，特别是幼儿园园长的情感沟通。团队成员，特别是园长的性格要“合得来”，这利于在协作过程中产生共鸣。

协作团队要有开放的研讨。协作教研的目的在于通过团队共同研讨来解决共同面临的问题。协作教研需要团队成员以开放的态度来分享自己的实践经验，以专业的精神向别人提出质疑和建议。只有做到开放，才能产生思想碰撞的火花，集思广益，促进教师专业成长和幼儿园健康发展。

4. 搭建协作平台

协作教研要善于利用现代教育技术来搭建高效的“互联网＋”协作教研平台，为教师们提供线上和线下自由讨论、分享经验、思想碰撞的机会。从教研空间来分，协作教研有见面研讨和远程研讨两种形式。见面研讨，即传统意义上的面对面研讨。协作组定期集中在某一地点进行教学研讨，如课例展示、教学研讨会等。见面协作教研能感受研讨同伴的声、情、形等感官刺激，能充分地对研究问题进行深入剖析，但需要参与者花费大量的时间和人力物力将成员集中在一起。远程研讨则充分利用现代教育技术和网络开展远程教研活动，运用的技术平台有 QQ 群、微信、微博、网站论坛等。远程协作教研平台可以大大地节约路途的时间。召集人约定时间，参与者按时进行在线研讨。

5. 选择教研对象和内容

选好教研参与者。协作教研的对象涉及若干所幼儿园园长、教师。来自不同岗位职务的人员具有特有的权威性和专业性，可能会影响到其他人员研讨的开放性，如园长参与教研活动时，教师研讨起来可能会比较拘谨。因此，在协作教研中要根据教研的主题和目的来选定教研参与者。①涉及教育教学管理和决策调整，或者搭建园所间的教研平台等教研活动时，幼儿园园长等园领导须参与其中。②只涉及纯粹的教育教学教研活动时，教研参与者则只需一线教师，为教师们营造自由、开放的研讨人文氛围。③涉及专业引领，诊断教研活动，教研参与者需要增加高校专家、专家型园长，引领教师们走出问题困惑。

6. 选准协作切入点

协作教研离不开研讨的主题。研讨主题的选取影响着参与协作教研的幼儿园的积极性。因此，在选择协作教研课题的时候，必须选择协作团队成员共同感兴趣或急需解决的教育问题，且其对幼儿园的发展能起到积极的推动作用。研讨课题选好后，协作团队幼儿园要结合园本教研制订相关的研究计划，保证协作教研与园本教研同步开展，不额外增加幼儿园教研压力。

二、幼儿园名师工作室协作教研

在前期对园所间协作教研进行实践探索后，笔者有幸承担省名教师工作室的建设任务。考虑到工作室学员均是来自省内不同市县、不同园所的骨干教师，每个学员就是协作教研的园所代表，将幼儿园协作教研的理论成果应用到名师工作室特定的异园工作团队中，将会进一步深化协作教研的实践探索，拓宽名师工作室研修的途径。

在幼儿园协作教研的概念框架下，我们认为，幼儿园名师工作室协作教研是基于名师工作室的交流成长平台，成员及其所在幼儿园根据同质促进、异质互补的原则组成协作共同体，共同围绕工作室主持人的教育思想，针对成员或所在幼儿园面临的教育教学问题，定期开展交流分享、互助合作的研讨活动，共同促进教师专业化成长。名师工作室协作教研可分为传统型协作教研和网络型协作教研两种。传统型协作教研是一种常规的教研形式，是基于现场教师们之间，面对面展开教研活动的形式；网络型协作教研是一种跨时空的远程教育形式，是借助现代网络技术实现研讨的形式。

我们在收集和分析大量的名师工作室协作教研案例后，提炼出幼儿园名师工作室协作教研的运行模式，并归纳出幼儿园名师工作室协作教研的实施策略，逐步帮助名师工作室形成一个相对稳定、具有良好研究氛围和专业研究精神的成长共同体，激励个体成员在专业理论、专业知识和专业能力等方面得到个人的发展，从而实现教师专业成长与园所持续发展。

（一）幼儿园名师工作室协作教研模型

幼儿园名师工作室协作教研活动并非简单的单向线性过程，而是多维度因素影响下复杂的循环系统。我们基于共同体、建构主义以及合作学习等理论依据，结合区域协作教研的特点，针对幼儿园名师工作室研修特点，提炼出幼儿园名师工作室“三阶段两因素”协作教研模型（见图6－1）。

从模型结构来看，幼儿园名师工作室协作教研的影响因素分为内部因素和外部因素。一是内部因素，处于虚线方框里的是幼儿园名师工作室协作教研的一般模式，主要由研究主题产生、核心协作教研以及教研成果输出等三个相互影响的环节组成。其中，核心协作教研的多层面圆圈模型从里往外有人员构成、教研过程、教研形式、教研媒介等层面因素；模型里教研成果的输出除了同行之外，还特别强调要向成员所在幼儿园进行深度的推广应用。二是外部因素。处于虚线方框上的外部影响因素分别有行政部门、专家团队等。

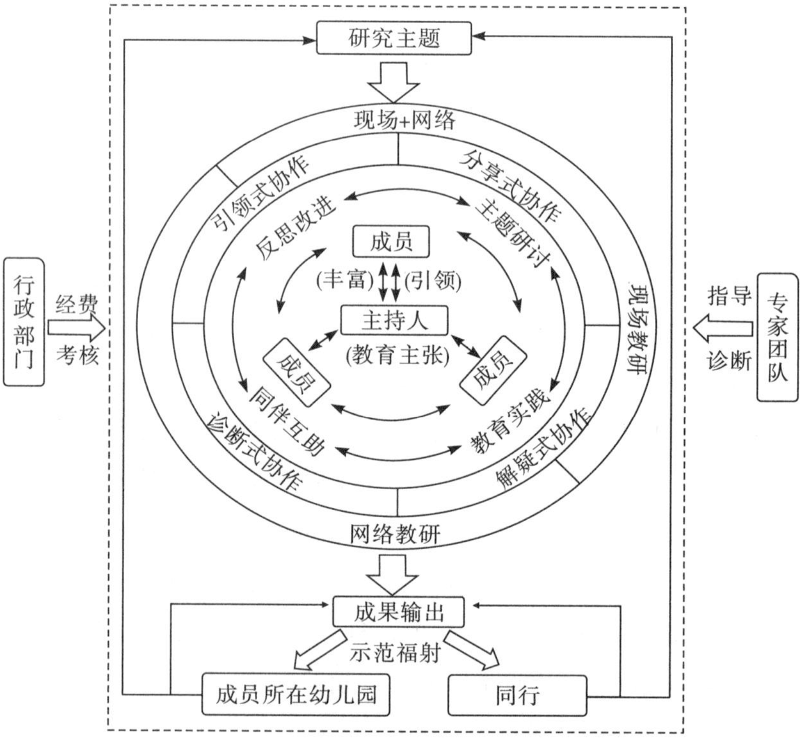

图 6－1　幼儿园名师工作室“三阶段两因素”协作教研模型

从整体运作来看，该模式是在行政部门、专家团队等外部因素推动影响下，以研究主题产生、核心协作教研和教研成果输出等三个环节为主体的区域协作教研形式。具体运作情况如下：

1. 研究主题

研讨主题的选取影响着参与协作教研的成员的积极性，研讨主题必须是工作室成员共同感兴趣或急需解决的教育问题，且对幼儿园的发展能起到积极的推动作用。同时，研究主题应该基于工作室主持人的教育主张框架产生，有利于主持人开展指导工作。

2. 核心协作教研，即多层面圆圈模型

（1）教研人员。该模式把工作室协作教研共同体作为中心。工作室主持人是共同体的核心，是工作室协作教研的关键人物，他以其独特的教育主张引领着工作室协作教研的开展。工作室的协作教研行为是对主持人教育主张的实践验证与理论丰富。工作室团队成员是共同体重要的组成人员，在主持人的引领下，来自不同幼儿园的成员围绕着同一主题分享与贡献教学智慧，产生思想碰撞，形成开放、共享、和谐的研讨氛围。

（2）教研过程。工作室协作教研共同体开展教研活动离不开“主题研讨—教学实践—同伴研讨—反思改进”等协作教研的基本过程。这一过程并非单向线性的，而是一个相互影响的循环过程。①主题研讨。在主持人的教育主张下，工作室围绕某一主题，通过查阅文献资料、名著共读、撰写读书心得等活动对主题的理论价值进行深入学习，并结合自身的实践经验进行多维度研讨，全面剖析主题内容，发现在实践中存在的共同问题，为后续的教研活动提供理念的支撑。②教学实践。在理论的指导下，各成员在工作岗位上大胆地进行教学改革实践，探索解决问题的有效办法，积累第一手的实践经验，为协作教研提供重要的实践经验素材。③同伴研讨。经过一段时间的实践探索后，协作教研共同体分享各自的实践心得，贡献各自的教学智慧，同时也抛出实践中的困惑，共同研讨，寻找最优的解决办法。④反思改进。同伴的智慧基于不同的实践场域，往往不能全盘模仿，需要结合自身的实践场域特点进行反思与改进，进而促进教师自身专业成长。具体的协作教研过程并非严格按照以上教研过程开展，须根据实际情况加以灵活调整。

（3）教研形式。教研过程中如果能使用恰当的教研形式，将会让教研运作更高效、教研氛围更活跃、教研效果更明显。分享式协作教研是一种以经验分享交流为主要目的，团队成员围绕某一主题分享各自的经验做法，成员间相互学习和吸收，从而整合协作团队教育资源的协作教研模式。解疑式协作教研以解决问题为主要目的，来自不同幼儿园的教师围绕共同面临或关注的教育问题，各抒己见，吸取别人的经验做法，产生思想碰撞，共同研究出解决问题的方法。诊断式协作教研以诊治问题为主要目的，来自不同幼儿园的“医生”针对某一成员幼儿园所提出的教学问题进行现场的“诊断”与研讨，发挥协作团队的集体智慧，共同找出问题存在的原因和解决问题的策略。

（4）教研媒介。随着现代信息技术的发展，各种教研平台应运而生，“互联网 + 教研”的优势日益凸显，灵活地运用传统现场教研、网络教研以及“网络 + 现场教研”场景，能有效地解决工作室教研人员地域距离差异大的难题，大大地节约教研的时间成本。同时，现代信息技术在教研活动中起到高效的辅助作用，例如全面地收集教研过程中的各种数据、利用语音转换系统快速地记录教研收获等等。

3. 教研成果输出

（1）工作室成员将研究成果应用到幼儿园，既能破解教师个人专业发展与幼儿园质量提升的矛盾，又能进一步检验教研成果的普适性。因此，工作室协作教研强调工作室成员必须要把研究成果应用迁移到幼儿园教育教学实践，解决实际的教育问题，并带动园内一批青年教师快速成长。

（2）工作室采取送教到镇或园、接待同行展示等教研成果输出形式，加速协作教研成果的提炼，扩大工作室协作教研的效益，促进区域学前教育的均衡发展。工作室把教研成果向成员所在幼儿园或幼教同行分享的过程也是通过实践验证成果有效性的过程，既是对教研成果的丰富，又是对研究主题的深化。

4. 影响工作室协作教研的外部因素

外部因素主要包括行政部门、专家团队。

（1）行政部门的经费支持与考核导向。各级教育行政部门拨付的研究经费为工作室的协作教研提供坚实的资金保障。每年度对工作室进行量化考核，明确工作室协作教研的任务方向，以任务驱动推进教研活动的有效开展。

（2）由高校专家和教研员等组成的专家团队对工作室协作教研提供跟踪式的理论指导和诊断服务。

（二）幼儿园名师工作室协作教研特点

1. 行政力推动

名师工作室团队是在教育行政部门的主导下形成的群众性教研团队，有别于园本教研团队与民间群众性教研团队。名师工作室在教育行政部门政策要求、资金扶持以及评价考核的推动下，形成完善的教研制度，具有较稳定的教研生态。但是团队成员来自不同实体的幼儿园，在一定程度上影响着协作教研的稳定性与开放性。

2. 引领式教研

园本协作教研是园内教师的教学研讨，容易产生“萝卜煮萝卜还是萝卜”的局面，制约着教研进程往深层次发展。名师工作室里的主持人是经验丰富且具有一定知名度的名师，工作室还聘请了固定的指导专家团队，因此，工作室协作教研是在名师和专家的引领下开展的，能保证教研过程的深度与教研成果的科学性。

3. 精英教研

工作室团队成员都是各园所的教学骨干或教研精英，在园本教研生态里处于塔尖位置，但他们往往缺乏专业引领和思想共鸣，容易造成教研能力发展受限。工作室协作教研为他们创设更高层次的研讨生态，让精英们在教学经验分享、教育思想碰撞下擦出新的火花，获得新的成长点。

4. 种子教研

工作室的研修活动既是个人行为，也是各园所行为。工作室团队成员是各园所派出的种子，除了发展自身的专业之外，还要承担着“蒲公英”种子的使命，把工作室的教研成果传播、应用到园所的教育教学实践，提高区域学前教育的质量。

5. 专业成长

园本协作教研指向问题，目的是解决幼儿园的实践问题；工作室协作教研指向教师专业成长，主要任务是提升教师的教育教学能力。工作室协作教研从研究主题、教研过程、教研考核等方面都指向团队成员的能力水平，最终实现各成员在原有的专业能力水平上获得显著的提升。

三、幼儿园名师工作室协作教研的实施策略

（一）名师引领，以项目带动教研开展

名师引领是工作室协作教研最显著的特点。工作室主持人的教育主张将渗透到协作教研的每个环节中，引领整个教研团队的专业成长。主持人的教育主张如何有效地影响团队的发展？项目式引领既能让教育主张结合实际问题进行具体化，又能真正解决实际问题，促进协作教研的良性开展。

1. 基于课题的项目引领

很多名师工作室都会有专项立项课题，且课题都能体现工作室团队的共同研究意向。各工作室学员结合各幼儿园的实际问题确立子课题，通过课题研究在不同程度上解决各园所的实际问题，助推团队成员的专业成长。

2. 基于问题的项目引领

工作室的课题并不能完全涵盖团队成员所急需解决的问题，问题式项目能有效地弥补课题式项目的不足，满足团队成员不同时期的不同需求。

（二）精英碰撞，促进教师个性化成长

名师工作室云集着各幼儿园的教研精英。在注重团队协作的协作教研中，精英云集既

是机遇，又是挑战。因此，在教学研讨的思想碰撞中，工作室协作教研要处理好开放性与趋同性的关系。

1. 保持教研的开放性，形成百花齐放的教研氛围

不管是成员，还是学员，有志于加入名师工作室的团队成员都是幼儿园的教研精英，有教学经验丰富的优秀教师，有怀着职业追求的上进教师，有思想活跃的年轻教师等等。这些教研精英来自不同的幼儿园，拥有不同幼儿园的教研特质，可以汇聚成多层次、多角度的教研资源。因此，开展工作室协作教研时，主持人要维护教研活动的开放性，给予团队成员充分研讨的表达机会，并引导团队以包容的态度去看待每个人的观点，帮助每个团队成员都能在原有的专业水平上得到发展。

2. 关注不同成长需求，让团队成员都能获得发展

工作室团队成员的多样性、多层次性决定了工作室协作教研必须关注到各成员不同的成长需求，提供不同类型的成长平台，让团队成员都能展示自己的才能，学习吸收同伴的有效经验，促进自身专业能力获得发展。首先是鼓励团队成员的个性化发展。主持人要收集、分析团队中每个人的特长以及成长需求，鼓励工作室内部形成“百花齐放”的良好成长生态。其次是以任务为驱动，发挥资历较长的工作室成员的带头作用，提供机会让成员独立策划、组织和评价工作室协作教研的开展，助推成员朝着名师发展。最后是重点培养青年教师。培养青年教师是名师工作室的重点工作，在引领式协作教研、诊断式协作教研、分享式协作教研等教研过程中，通过主题研讨、教育实践、同伴互助、反思改进等教研活动帮助青年教师树立正确的教育观、儿童观和课程观，加快青年教师从事务型教师向专业型教师转型是工作室的任务重点。

（三）形式灵活，实现协作教研多样化

不同的教研目的需要相应的教研形式才能达成。我们在前期协作教研的研究基础上，提出五种名师工作室协作教研形式。

1. 分享式协作教研

来自不同幼儿园的教师按照“分享—互动—生成”循环学习的模式，围绕共同感兴趣的主题分享各自的经验做法，进而对原有知识经验进行重构，启发生成适合幼儿园发展的工作思路。

2. 诊断式协作教研

以诊治问题为主要目的。来自不同幼儿园的“医生”针对某一成员幼儿园所提出的教

学问题进行现场的“诊断”与研讨，发挥协作团队的集体智慧，共同找出问题存在的原因和解决问题的策略。这种协作教研形式针对性强，能在较短的时间内从根源上解决某一方面存在的问题。

3．解疑式协作教研

教研的起因是工作室团队内产生了大家都面临或关注的教育问题，且急需解决。解疑式协作教研能集中团队的智慧，从不同的角度去剖析问题，汇聚各方的经验做法，深入地研讨以寻找最优的问题解决方案。

4．引领式协作教研

工作室协作教研最显著的特点就是名师的指导引领。根据资历、能力以及个性等因素，工作室团队内部进行“师徒结对”，主持人指导成员成为名师，引领成员走向专业。

（四）评价激励，助推教师专业化成长

评价激励是教师专业化成长的助推器，是教师获得专业幸福感的源泉。工作室是紧密型群众性学术组织，是非单位组织，团队成员的行为并不受单位规章制度约束，要靠组织内部约定俗成的工作室制度来规范。因此，评价激励机制直接影响着工作室协作教研能否有效开展。

“舍得”激励机制。“舍”与“得”是教育资源良性循环的内驱力。工作室团队成员来自不同幼儿园，要想大家都能坦诚且将经验倾囊传授，工作室必须建立“舍得”激励机制，用制度来明晰协作教研过程中有付出才有收获的道理，树立团队成员开放的研讨观念。

（五）成果输出，实现专业成长高效益

“三阶段两因素”工作室协作教研模式强调教研成果提炼与输出的重要性，它决定着工作室协作教研的可持续性。工作室教研成果向成员所在幼儿园或者同行进行分享，既能提升幼儿园的教育教学水平，又能促进工作室团队的专业水平的进步。

1．回园实施

针对工作室团队成员所在幼儿园对工作室活动支持力度不够的现状，工作室协作教研特别强调教研成果的回园实施与转化，像蒲公英一样，让工作室的成果在各成员园所生根发芽，提升各园所教师的教学能力。工作室每次协作教研都要求团队成员必须把教研成果回园分享，并结合各园所课程特点进行园本化实施，在一定程度上促进园所教育教学的发展。只有这样，各园所才能真正地输出对园所发展有利的实在效益，才会持续地支持工作室的教学研讨活动，实现工作室与园所的共同发展。

2．送教活动

送教活动是工作室协作教研实现成果转化和团队成员实现自我教育价值的平台。工作室团队在送教活动前期需要将协作教研成果根据送教需求进行进一步的梳理与归纳，把教研成果进行普适化，促进专业成长的升华。开展送教活动时，工作室团队成员在展示协作成果的同时，也实现了协作教研效益的最大化，激励协作教研的持续开展。

第二节　名师工作室协作教研形式

随着基础教育课程改革的深入推进，各地幼儿园立足园本实际，大胆创新、积极探索，产生出一批批卓有成效的教育改革案例，推动着区域教育改革的高质量开展。这样的优秀教育改革案例蕴含着大量实践性和指导性强的教育资源。如何实现站在“巨人的肩膀看世界”，吸取优秀同行的教育经验，高起点地开展我们的课程改革，成为名师工作室研修的重要研究课题。分享式协作教研的核心是经验的分享，在经验分享的良好机制下有机地整合工作室团队的教育资源，既能实现教育资源的优化整合，又能助力教育资源的园本生发。

一、分享式协作教研

（一）什么是分享式协作教研

分享式协作教研是以经验分享交流为主要目的，团队成员围绕某一主题分享各自的经验做法，成员间相互学习和吸收，从而整合协作团队教育资源的协作教研模式（见图6-2）。在分享式协作教研中，来自不同幼儿园的教师按照“分享—互动—生成”循环学习的模式，围绕共同感兴趣的主题分享各自的经验做法，汇集百家之精髓，各取所需进行吸收借鉴，进而对原有的知识经验进行重构，生成适合幼儿园发展的工作思路。在分享经验做法的同时，成员可以结合自身或本园的实际情况抛出困惑和问题，团队共同讨论，用自己实践的经验去论证或启发其他幼儿园解决问题，达到互助共赢。

“亮家底”教研活动是分享式协作教研的初始形式，俗称“打火锅”式协作教研。协作团队事先要共同制订教研制度，要求各成员效仿“打火锅”的进餐模式，明确人人都要主动地向“火锅”里投放好吃的食物，才能在“火锅”里挑选到适合自己且有新味道的食物。

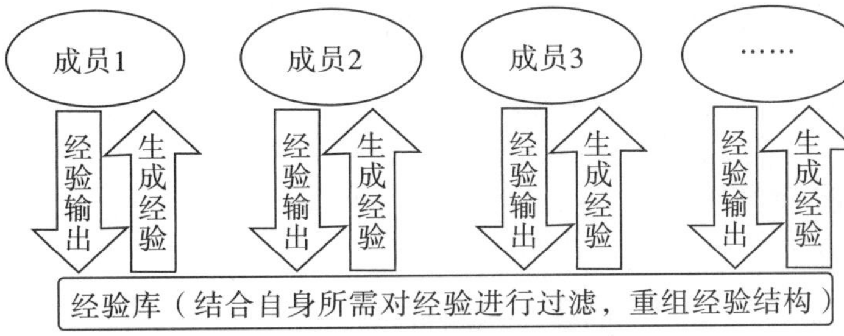

图6－2　分享式协作教研模式图

（二）分享式协作教研的实施情境

1. 适用于协作教研团队组建或经验产生的初始阶段。团队成员对各自关于教研内容的经验做法还没有深入了解，对其他成员的经验做法抱有一定的好奇心。

2. 团队成员在教研主题方面都已形成一定的经验做法，或者在某一方面有所创新突破，不会出现无“食物”投进“火锅”里的情况。

（三）分享式协作教研的实施建议

1. 活动前必须共同制订协作教研的制度，并严格遵守，遵循“有舍才有得”的原则，以开放、共赢的态度参与分享自己的经验做法。对于别人所分享的经验做法在未经原创教师同意的情况下不得随意外传。

2. 活动的召集人要提前告知活动的方案，明确分享研讨的主题，让成员们能根据预设的主题进行充分的准备，总结有效的经验做法，反思存在的问题，积聚研讨的能量。

3. 教研主持人切忌将分享协作教研视为“做秀式”成果发布会，杜绝分享者多讲成绩而少讲做法的现象，可适时引导分享者与参与者在分享经验做法时质疑或疑问，让分享之余“研”起来。

4. 避免分享协作教研成为经验汇报会，分享者在分享经验做法时，要对关键的环节进行剖析，陈述实践过程中解决问题的细节，有必要时可适时抛出问题让团队成员进行即时交流研讨。

（四）分享式协作教研的实践

我们工作室以区域活动为主题开展了一次“亮家底”教研活动。活动召集人在活动前要求团队中的各幼儿园须结合本园区域活动经验做法准备不少于20分钟的经验介绍。活动分享时各幼儿园以图片、视频、文字等形式分享展示幼儿园区域活动的经验做法，其他幼儿园只倾听了解，不加以评论，但可在单元结束后提问再了解。在经验输出和生成的过程中，众多的经验做法在“火锅”里会集和碰撞，各幼儿园根据自身需要在“火锅”这个大经验库里吸取别人的经验，产生知识经验的迁移与重新构建，以解决工作过程中的困惑和难题。

二、解疑式协作教研

工作室的学员都是来自学校幼儿园一线的教师，他们在教育实践中会不断地产生各种各样的教学的困惑与问题。这些教育问题是教师们对自身教学工作反思的结果，既是他们专业成长道路上的绊脚石，也是他们专业成长道路上的增长点。假如能及时帮助教师解疑释惑，将会助推教师快速成为反思型名师。

（一）什么是解疑式协作教研

工作室研修的重要任务是解决教师学习者的实际教育教学问题。解疑式协作教研以解决问题为主要目的，来自不同幼儿园的教师围绕着共同面临或关注的教育问题，各抒己见，吸取别人的经验做法，产生思想碰撞，共同研究出解决问题的方法（见图6-3）。在解疑式协作教研过程中，教研的起因是协作教研组团队内产生了大家都面临或关注的教育问题，且急需解决。协作教研能集中团队的智慧，从不同的角度去剖析问题，汇聚各方的经验做法，深入地研讨以寻找最优的问题解决方案。

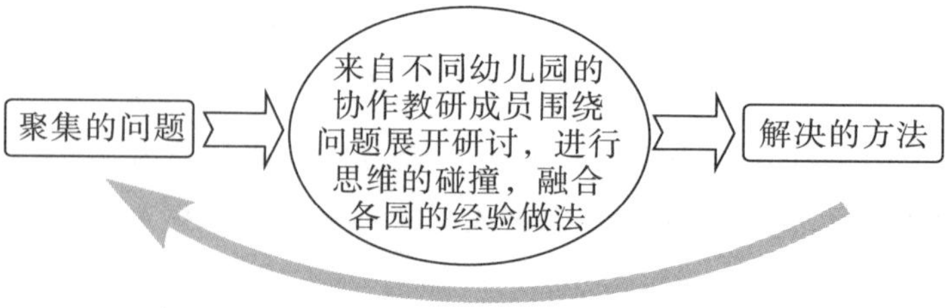

图6-3　解疑式协作教研模式图

（二）解疑式协作教研的实践

我们工作室结合解疑式协作教研开展了“点子漂流”协作教研活动。召集人收集团队成员共同关注的教育问题——“区域活动中操作材料年龄层次适宜性”，并设计好预设问题的漂流表格，最后通过邮件的形式依次漂流向每个成员。在漂流过程中，成员收到装有预设问题表格的“漂流瓶”，可以根据之前已作答的成员的想法与思考，结合自身的经验，对“区域活动中操作材料投放年龄层次适宜性”的预设问题进行深入的思考，并把想法写在上一成员陈述的后面，依次推进进行。“点子漂流”结束后，召集人将所有成员的点子在协作教研 QQ 群中进行共享，并汇总、提炼所有成员的观点，给出解决问题的最优建议方案。在漂流过程中，每个成员对预设问题的思考可以建立在之前成员的经验做法之上，层层挖掘到问题的深处，汇集众人之智慧，形成区域活动中操作材料年龄层次适宜性的具体解决方案。

借鉴“世界咖啡”会谈形式，工作室针对幼儿园需要解决的问题开展了“中国茶”协作教研活动。教研活动有 5 所幼儿园参加，每所幼儿园派出 5—8 名骨干教师。主持人事先安排 5 张桌子，每张桌子可容纳 5—8 人且准备好简单的茶具和点心，营造温馨的下午茶点交流氛围。正式开始时，以幼儿园为单位分别就座品尝中国茶。主持人要求每桌（每所幼儿园）推选出桌主，固定本桌并负责记录、整理资料。每桌根据自己幼儿园在日常教育教学活动中遇到且难以解决的问题确定本桌需要解决的问题。第一轮由本桌的成员对本桌的问题进行讨论，寻求解决办法，桌主负责记录；15 分钟后，除桌主的其他成员拿着自己的茶杯，分散到其他四张桌子上，继续品尝茶点，同时由桌主组织新成员继续研讨本桌的研讨主题；15 分钟后，他们再拿着自己的茶杯分散找到新座位，由桌主组织新成员继续研讨本桌的研讨主题；依次进行下一轮，可由整体教研活动时间来控制轮换的次数。轮换结束后，老师们回到原先的座位，讨论整理各轮次协作成员研讨的成果，归纳出解决问题的有效方案并进行分享。

三、诊断式协作教研

解疑式协作教研关注围绕共性的教学问题汇集众人的智慧，在多角度的思想碰撞下寻找解决教学问题的可行性办法。这样的协作教研解决的问题多是共性的浅层问题，不需要产生问题的教师过多地阐述。但对于教学过程的深层问题，工作室研修要对问题产生的情景、教师的自身情况等影响问题产生的因素进行原因分析，“对症下药”，才能真正为教师找到解决问题的具体方案，这便形成了诊断式协作教研。

（一）什么是诊断式协作教研

诊断式协作教研以诊治问题为主要目的，来自不同幼儿园的“医生”针对某一成员幼儿园所提出的教学问题进行现场的“诊断”与研讨，发挥协作团队的集体智慧，共同找出问题存在的原因和解决问题的策略（见图 6-4）。诊断式协作教研模式下，来自不同幼儿园富有经验的园长和教师甚至高校专家通过听取陈述、察看教学现场等途径共同聚焦问题，对问题进行多角度的“问诊”，在集体“会诊”中“诊断”出问题之所在，最后根据“医生”丰富的经验提出有价值的解决方案。虽然都是以解决问题为主要目的，但诊断式协作教研与解疑式协作教研最大的区别在于“诊”，且所“诊”的问题是基于某一成员幼儿园的实际情况产生的。

（二）诊断式协作教研的实施情境

1. 实施的前提是协作教研团队的协作文化已初步形成，成员之间具有一定的感情基础和信任，相互间真诚地提出问题和听取建议。

2. 协作教研团队中某一成员幼儿园在实施教育教学过程中遇到某一方面的问题或者困惑，遇到教学的瓶颈，且在园本教研中难以解决，影响到幼儿园教育的发展。

3. 协作教研团队的成员已针对上述教育问题或困惑总结出成功的实践经验，且具有一定的诊断、引导能力。

（三）诊断式协作教研的实施程序（见图6－4）

1. 主持人介绍协作教研的目的、教研内容以及“会诊”专家。

2. “病人”陈述病情。幼儿园以文本、图片、视频等形式向“会诊”专家介绍幼儿园的基本情况，陈述问题或困惑。

3. “会诊”专家观察病情。“会诊”专家以旁观者的身份深入到幼儿园教学现场，根据“病人”陈述的情况和要点，有目的、有针对性地观察教学现场，并及时记录相关情况。

4. “会诊”专家集体会诊。在“病人”幼儿园回避的情况下，“会诊”专家集中起来，讨论分析“问题”产生的原因，并将理论知识与实践经验相结合，提出初步的处理建议。

5. “会诊”专家断定病情。“会诊”专家与“病人”幼儿园面对面，与“病人”幼儿园交流问题产生的原因，共同找出问题产生的真正根源。

6. “会诊”专家治疗意见。根据问题产生的真正根源，“会诊”专家代表专家组向“问题”幼儿园提出一般性的处理建议。其他“会诊”专家可根据实践经验补充说明。

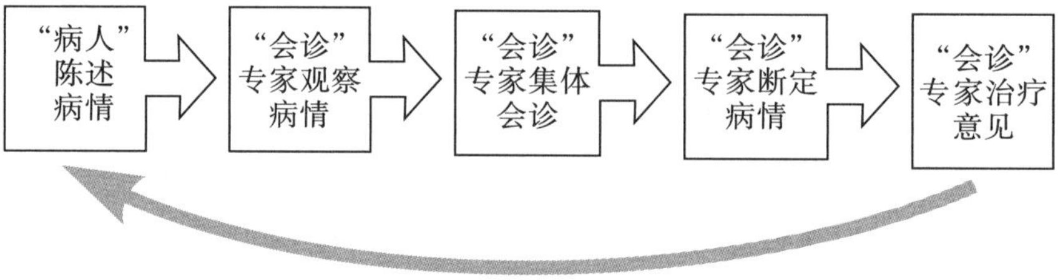

图6－4　诊断式协作教研模式图（一诊二断三治）

（四）诊断式协作教研的实施建议

1. 实施前的准备。一般情况下，活动的召集人为需解决问题的幼儿园或成员。召集人要提前将本园所遇到的教学问题或困惑作简单陈述，让“会诊”专家“问诊”前能针对教学问题查阅文献、整理自身的经验做法。

2. 教研现场最好是“病人”幼儿园的教学问题现场。如果条件不允许的话可以以文本、图片、视频录像或者远程视频等形式向“会诊”专家进行陈述。

3. 参与“会诊”的团队成员必须对教学问题有所研究或想法，并具有一定的理论知识基础和实践经验，最好能适当邀请相应领域的理论专家加入，从理论层面提出指导性意见。

4. 活动的主持人应是第三方人员，以旁观者的身份来主持，可以客观、指向性强地引导整个诊断教研的过程。主持人必须紧扣诊治问题的教研目的，严格按照“病人”陈述病情、“会诊”专家观察病情、“会诊”专家集体会诊、“会诊”专家断定病情、“会诊”专家治疗意见等诊断式协作教研的程序，引导“会诊”专家深入地了解教学问题产生的原因，并将自身的理论知识和实践经验进行尝试性迁移，并与“病人”进行互动研讨，最终提炼出解决教学问题的最优实施方案。

5. “会诊”专家虽然不是真正的知名专家，但在教学问题面前也具备一定的实践经验，因此应以“医生”的身份，履行“医生”对“病人”的责任，对事而不对人，大胆地针对教学问题提出自己的见解，帮助“病人”幼儿园或个人找到自身问题的根源，寻找解决办法。

6. “病人”幼儿园或个人邀请“会诊”专家来园“问诊”时应抱着学习者的心态，详细向“会诊”专家陈述教学问题的前因后果，虚心地听取“会诊”专家的诊断和实施建议。

7. 诊断式协作教研最好能实施跟踪式诊断协作教研，跟踪解决方案的实施情况、对教学问题的解决进展，必要时要组织第二轮或多轮的“问诊”，分阶段全面解决教学问题。

（五）诊断式协作教研的实践

我们走进幼儿园开展主题为幼儿园区域活动的诊断式协作教研活动，诊断团队由高校专家、工作室主持人和全体入室学员以及所在园所的园长和骨干教师组成。教研活动前，我们要求诊断团队提前通过查阅图书、文献综述等形式全面了解幼儿园区域活动的相关理论知识与实践经验。被诊断幼儿园要全面梳理自身区域活动开展的情况，做好汇报交流准备。

环节一：汇报介绍区域活动开展情况。诊断团队走进被诊断幼儿园后，活动主持人向参加教研活动的人员介绍此次活动的意义和目的，通过现场观摩诊断幼儿园不同年龄班区域活动的开展情况，找出存在的问题，并给予相应的指导性策略与建议。幼儿园相关负责人以 PPT 和短视频的形式，向进园的诊断团队汇报介绍幼儿园不同年龄班组织开展区域活动的具体做法以及存在的问题与困惑。

环节二：蹲点观摩班级区域活动组织。诊断团队分为园长组和教师组，每组选一位组长，由组长安排组员进入到某个班级区域活动进行蹲点式观摩。诊断团队的园长和老师根据安排观察班级区域活动开展的情况，及时做好必要的记录。

环节三：分组形成区域活动诊断报告。观摩结束后，组长分别召集组员围绕区域活动的组织进行互动研讨，最终分别形成园长组和教师组的幼儿园区域活动诊断报告。园长组的诊断报告以管理者的视野结合园所提出的问题困惑，基于现场的观摩和园长访谈，从区域活动管理与组织上提出具体的意见与建议。教师组的诊断报告则以一线教师的视野，通过现场观摩与记录分析，对教师在区域环境创设、教师指导策略以及孩子的学习状态等方面进行分析与诊断。

环节四：指导专家点评。诊断团队的高校专家和工作室主持人针对园长组和教师组的诊断报告，结合幼儿园区域活动开展情况进行点评指导。

环节五：园所总结反馈。被诊断的幼儿园结合园长组、教师组以及专家的诊断意见和建议，与诊断团队进行互动研讨，梳理整改的思路，初步形成园所区域活动整改方案。

四、易园同岗体验式协作教研

跟岗学习是幼儿园常见的跨园交流学习的有效形式。学习者能深入到教育场景体验、感受优秀教师同行的经验做法，更能感悟到教育经验的真实性与全面性。然而，跟岗学习很容易出现“走马观花”的现象，缺乏充分的互动交流研讨，影响工作室研修的学习深度。同时，幼儿园教师的全科属性，造成其外出跟岗学习研修时园内出现带班教师缺岗的局面，影响学员参加工作室研修的积极性。由此，我们工作室结合跟岗学习探索开展易园同岗体验式协作教研。

（一）什么是易园同岗体验式协作教研

易园同岗体验式协作教研是以体验研讨为主要形式，两所或以上幼儿园之间围绕共同感兴趣的教研问题，让同一岗位上的人员进行一定时间的轮换，在轮换过程中通过体验实践、研讨思考、实施调整等过程对教研问题进行深层次体验式研究，最后把体验收获园本化，加以推广实施，改进幼儿园的教育教学以及其他工作的协作教研形式（见图6－5）。此协作教研模式融合了分享式协作教研、解疑式协作教研、诊断式协作教研等多种协作教研形式，弥补以往参观学习、跟岗学习等异园学习形式缺乏体验研讨的不足。

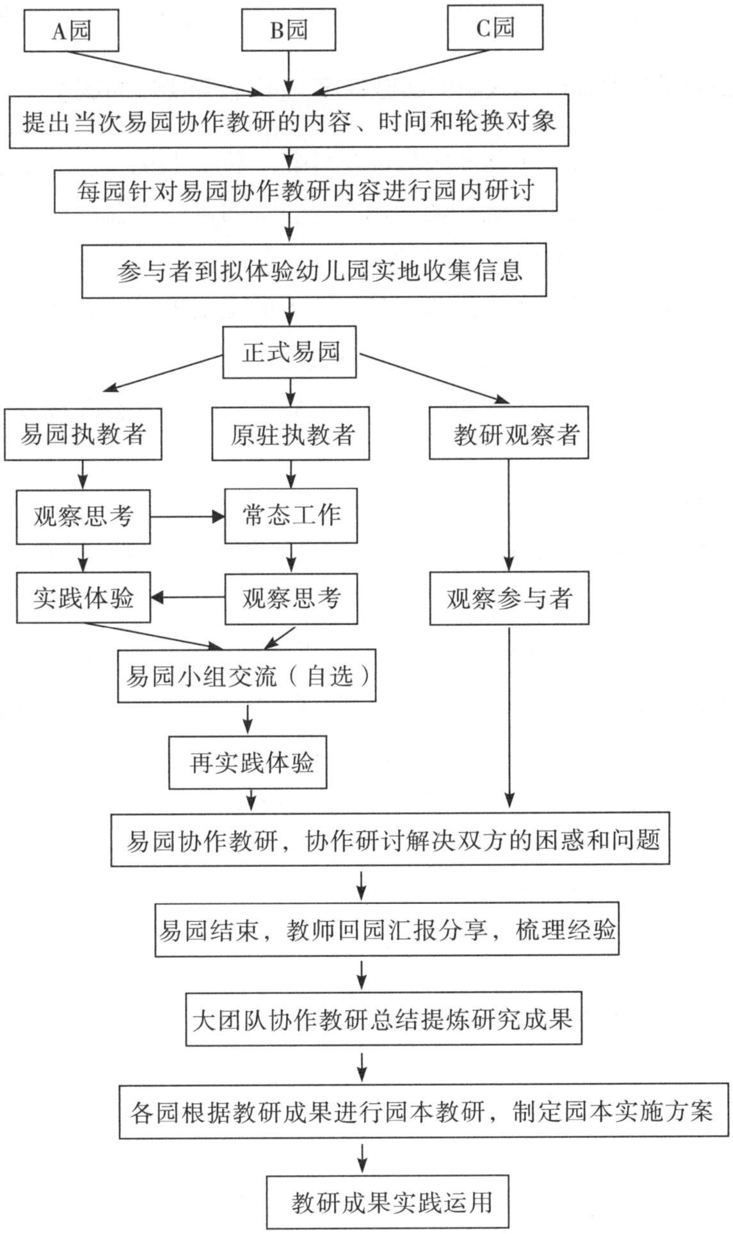

图6－5　易园同岗体验式协作教研模式

（二）易园同岗体验式协作教研的实施情境

1. 适用于办学质量在同一水平或具有一定办园特色的同质幼儿园之间开展，幼儿园的数量应该是两所或以上，园所数量可视具体情况而定。

2. 协作体验时间可根据岗位的性质、教研主题和幼儿园地域距离来确定，一小时、半天、一天、一周甚至一个月均可。

3. 协作教研的对象不局限于教师，可延伸到行政人员、保育员、厨师、保健医生等。

（三）易园同岗体验式协作教研的实施程序（以教师岗位为例）

1. 协作团队的组建，团队中幼儿园数量要适中，不宜过多，2—5 所为宜。

2. 制订易园同岗体验式协作教研的活动方案，要明确各幼儿园的项目负责人、教研的主题、实施时间跨度、交换体验的教师等。

3. 各幼儿园要根据教研主题组织园本教研，查阅文献资料，总结本园在教研主题上的经验做法，查找存在的问题以及实施过程中的困惑。

4. 组织项目负责人、交换体验的教师到拟体验的幼儿园熟悉环境以及班级工作人员和幼儿。

5. 正式体验协作

（1）交换体验的教师按计划到指定的班级担任教师，同时重点体验有关教研主题的幼儿园日常工作。

（2）班级或级部组织小组交流研讨，相互熟悉情况，深入了解幼儿园的具体运作。

（3）易园协作教研。幼儿园项目负责人组织交换体验的教师和幼儿园骨干教师开展协作教研，由交换体验教师分享自己幼儿园的经验做法，并以旁观者的角度陈述他们观察到的幼儿园在教研主题方面的开展情况，并对幼儿园存在的问题提出意见和建议；交换教师和园内骨干教师研讨交流。

6. 交换体验的教师回园调整、改进教育教学工作。

7. 组织协作团队教研研讨，总结提炼研究成果。

（四）易园同岗体验式协作教研的实施建议

1. 易园体验的时间应根据岗位的特点以及研究的主题来确定，不宜过长或过短。教师岗位的时间可以适当延长，以一周为宜；保育员、厨师等后勤人员的易园体验时间宜为半天或一天。

2. 选择的研究主题应是需通过亲身体验才能深入了解的。如幼儿一日生活常规要求及教师指导策略、区域材料的投放及管理策略等。可在短时间的观察就能全面了解的主题不适宜通过易园同岗体验来解决。

3. 项目负责人要全面、细致地做好易园同岗体验式协作教研的后勤保障工作，主动为来园体验的教师提供住宿、饮食以及生活上的便利，解决他们的后顾之忧，保障协作教研的顺利开展。

4. 项目负责人在组织园内协作教研时要充分发挥来园体验的教师的作用，引导他们有针对性地分享他们幼儿园的经验做法，诊断本园所存在的问题，在协作教研的火花碰撞中寻求新的启发。

（五）易园同岗体验式协作教研的实践

我们工作室学员所在的东莞市东城中心幼儿园、东莞市大岭山镇中心幼儿园和东莞市莞城第一幼儿园组成协作教研小组，分别以“幼儿园一日生活常规以及教师指导策略”“幼儿园户外体育活动组织形式”两个研究子项目进行为期一年的易园同岗体验式协作教研实践探索。每所幼儿园的大、中、小班各派两名骨干教师，分别与另外两所幼儿园的大、中、小班的教师开展为期一周的体验协作，体验协作过程中教师以该园带班教师的身份深入地体验异园一日各环节的教育教学。在体验过程中，由体验园的项目负责人组织异园执教教师与体验园骨干教师进行深度的分享式和问诊式协作教研，达到园所间教育资源的深度共享与迁移运用。经过多次不同岗位、不同主题的易园同岗体验式协作教研实践，我们工作室从教研制度建设、教研实施流程指引等方面汇编成《幼儿园易园同岗体验式协作教研工作手册》。这部分内容将会在第九章工作室研修课程实践案例中详细讲述。

第七章

名师工作室研修课程评价

研修课程评价是工作室研修活动最容易被忽视的重要环节。很多名师工作室热火朝天地规划、实施研修活动后却草草收场，几乎没有开展任何研修课程评价，难以对后续的研修课程设计以及活动开展提供可靠的依据，不利于工作室研修课程的可持续有效组织。

课程评价是对整个研修课程全过程的监控，是对课程目标、课程内容以及课程实施等的价值判断，为后续的研修活动提供修正的依据。由此，研修课程评价在研修活动中起到承前启后的重要作用，也是实现学习者可持续性发展的关键环节。而要想深入讨论工作室研修课程评价，需要思考以下几个涉及课程评价的基本问题：

①为什么要评价？

②评价的主体是什么？

③评价的对象是什么？

④评价取向是什么？

⑤根据什么标准来评价判断？

⑥需要收集什么资料进行评价？

本章节我们将根据以上的问题线索进行阐述。

第一节　研修课程评价

一、研修课程评价的概述

（一）研修课程评价概念

课程评价是系统地运用科学方法，对课程的过程和产物收集信息资料并作出价值判断的过程①。研修课程评价是结合成人研修的特点和需求，运用一定的评价方法，对研修课程和教学活动的有效性作出价值判断的过程。研修课程评价既是对研修课程设计、目标、内容和组织实施的整体评价，也是针对某个具体的研修活动有效性的微观评价。

工作室研修课程评价的基本价值取向是改进教育教学，促进教师发展。工作室的研修活动目的在于解决教师学习者日常的教育教学问题，在解决问题的过程中促进教师学习者专业发展。因此，研修课程评价并不能像中小学生或者成人学历教育在研修活动结束后开展测验之类的教学效果评价，而是要看研修活动能否依据一定的教育理念改进教师学习者的教学实践，改善教学工作和管理工作。研修课程评价应该是一种形成性评价，而非终结性评价。

（二）研修课程评价对象

在对工作室研修课程实施评价行为之前，我们要确定评价的对象，即是影响课程评价或者受到课程评价影响的利益相关者。直接的课程利益相关者是工作室主持人、学员学习者、学习者所在学校幼儿园等；间接的课程利益相关者是当地教育行政部门、所在学校的区域等。

（三）研修课程评价主体

工作室研修课程的评价主体可分为内部评价主体与外部评价主体。（见图7－1）“内部评价主体”指与研修课程直接或间接发生关联的个人和团队组织，包括教师学习者、工作室主持人、学校或幼儿园、研修教学者等。工作室研修活动的学习者是成人教师，他们拥有教师与学生的双重身份，拥有一定的教育评价方法与技巧，是研修课程评价的关键主体。以教师学习者为中心的名师工作室研修课程评价要充分发挥教师学习者的主观能动性，在研修过程中担任评价、监督的角色。工作室主持人是工作室研修课程的灵魂人物，以其独特的教育思想引领着教师学员走向专业的深处，影响着教师学员的专业发展，其评价的威信是不容置疑的。研修课程评价基本价值取向是教育教学的改进，改进行为则发生在教师学员所在的学校幼儿园里，因而学员所在学校幼儿园的行政人员和教师都应该是研修课程评价的重要主体。评价的内容为研修课程对教师学员教育教学行为的影响程度及效果。内部评价里的研修教学者是研修活动的具体实施者，他们大多数是教育专家，但也有可能是教师学员自己。他们主导着整个研修课程实施的方向与形式，清楚地了解研修活动的背景、设计、实施等环节。

---

①钟启泉．课程论［M］．北京：教育科学出版社，2007.

“外部评价主体”指与研修课程未发生任何关联的个人和团队组织，比如教育行政人员、评价专家、其他学校或幼儿园以及同行等。名师工作室是由教育行政部门牵头遴选认定、管理实施、考核评价的正式组织，得到财政专项资金的资助，接受教育行政部门的定期考核评价，工作室研修课程是工作室运行工作的重要内容，是培养教师成长的核心环节，因此，工作室研修课程应该是教育行政人员考核评价的重要指标内容。有些教育行政部门还聘请专业的第三方评价机构对工作室研修课程进行客观而全面的评价，第三方评价机构既能全面而专业地作出绩效评价，又能规避主观的人情因素对课程评价的影响。但第三方评价机构对名师工作室的研修课程没有深入了解，只能根据收集到的有限材料对照一定的评价指标进行判断，形成的结果难免会出现个别内容的缺失与评价的机械化。示范辐射、引领区域教育发展是名师工作室的责任。研修课程的实施必然会对区域学校、幼儿园课程改革产生影响，因此区域内的其他学校、幼儿园以及教师同行也是课程评价不可缺少的人员，他们会以旁观者的身份审视研修课程对教师学员专业成长的影响程度，判断教师学员的教育教学水平提升的效果。

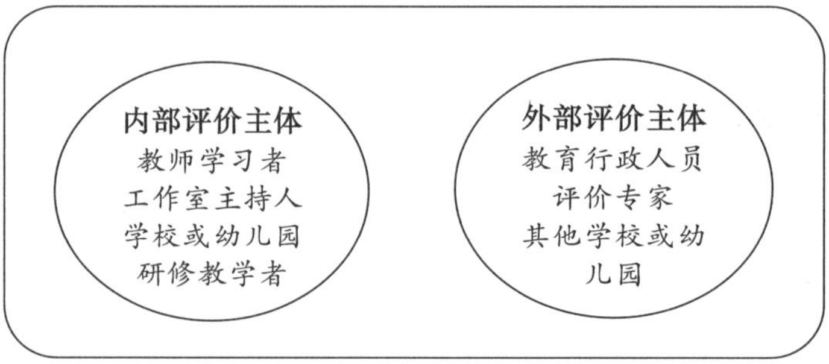

图 7-1　名师工作室研修课程的评价主体

二、CIPP 课程评价模式

美国著名教育评价专家斯塔弗尔比姆（D. L. Stufflebeam）及其同事于 20 世纪六七十年代提出 CIPP 评价模式。CIPP 这四个英文字母分别代表 C 背景（context）、I 输入（input）、P 过程（process）、P 成果（product）。斯塔弗尔比姆及团队当时试图采用泰勒的目标评价模式对美国政府资助的课程改革项目进行评价，由于学生的情况不尽相同，评价者很难对课程目标作出一致的描述，并且只能在课程改革结束后才能形成最终的评价结论。为了解决这一难题，他们形成了 CIPP 评价模式，强调评价不是为了证明，而是为了改进。肖远军教授对 CIPP 模式四种评价类型进行了详细的阐述[①]。

（一）背景评价（context evaluation）

斯塔弗尔比姆在评价哥伦布市公立中学对“中小学教育法案”的实施方案时发现，方案的目标本身存在问题：第一，提出目标的人对学生学习情况并不了解，制定目标时并没有考虑学生的基础，目标不切合学生的实际。第二，教师对目标的看法也不一致。第三，事实上也没有一套共同的目标体系来和学生复杂的发展水平和多变的需要相对应。因此，他认为方案的目标不应当是空想的，有必要对评价对象的整体状况作出评价，以确定方案目标是否恰当，并以此作为选择和形成方案目标的基础。

背景评价就是在特定的环境下评定其需要、问题、资源和机会。“需要”主要包括那些为实现目的所必需的、有用的事物；“问题”是指在满足需要时必须克服的障碍；“资源”是指本地拥有的专家和提供的服务；“机会”主要指满足需要和解决相关问题的时机。背景评价的主要目的在于：（1）描述所需服务的背景情况；（2）界定预期的受益人并评定其需要；（3）弄清满足需要所存在的问题和障碍；（4）界定本地资源和资助时机；（5）评定方案、教学和其他服务目标的清晰度和适切性。背景评价的基本取向在于确认方案目标与方案的实际影响之间的差距，本质上属于诊断性评价。

（二）输入评价（input evaluation）

输入评价是在背景评价的基础上，对达到目标所需的条件、资源以及各备选方案的相对优点所作的评价，其实质是对方案的可行性和效用性进行判断。输入评价所要回答的问题是：（1）采用了何种计划、程序和预算来满足这些需要，其实现目标的可能性有多大？（2）考虑过哪些备择方案？（3）为什么选择此方案而不选择其他方案？（4）所选方案的合理性、合法性、道德性程度有多大？（5）它潜在的成功程度如何？（6）预算资金能在多大程度上满足评定的需要？（7）各种人员的利用以及对外界资源的需要等。输入评价的全部用意在于帮助委托人在需求与环境允许的前提下，考虑各种可能的方案策略，发展一些适用的方案，形成一个最佳方案。同时，输入评价也旨在帮助委托人避免将时间、金钱浪费在一个注定会失败或浪费资源的方案上。

（三）过程评价（process evaluation）

过程评价是对方案实施过程中作连续不断地监督、检查和反馈。其目的一是为方案的

---

①肖远军．CIPP 教育评价模式探析［J］．教育科学．2003（3）：42 –45．

制定者、管理人员、执行人员提供反馈信息，以便了解方案实施的进度，是否依原计划实施，以及是否有效地利用了可用的资源。二是由于一个方案不可能在事先设计时面面俱到、十分周全，因此，过程评价可发现方案实施过程中的潜在问题，为修正方案提供指导。三是为定期评估方案的参与人员的工作提供有效信息。四是为真正付诸实施的方案提供详尽的记录，包括实施方案与原定方案的比较、在实施中所形成的账目，以及观察者与参与者对方案品质的整体评判等。过程评价要回答的问题是：（1）方案实施的程序如何？（2）方案本身及实施过程要不要调整或修改，如何修改？过程评价还要求对实施过程进行全面记录，以获得文字资料信息。总之，过程评价在于调整和改进实施过程，本质上属于形成性评价。

（四）结果评价（product evaluation）

结果评价是对目标达到程度所作的评价，包括测量、判断、解释方案的成就，确证人们需要满足的程度等。结果评价所要回答的问题是：（1）观察到了何种结果（肯定的和否定的、预期的和非预期的）？（2）各类资助人怎样看待这些结果的价值和优点？（3）获得的结果满足方案预期对象的需要的程度如何？结果评价本质上属于终结性评价。

邢郁莹等人认为 CIPP 模型不以既定的规定为准则，而寻求不断改进，符合教师培训的发展性需求，可基于 CIPP 模型将教师工作坊的评价分为四个部分评价指标体系，形成包含 4 个一级维度、13 个二级维度的教师工作坊研修评价指标体系①。（见表 7－1）

表 7－1　基于 CIPP 模型和柯氏评估模型的教师工作坊研修评价指标体系

指标分类	一级维度	二级维度
背景	环境基础	研修需求、研修目标、研修氛围
输入	资源配置	师资队伍、组织管理、网络平台
过程	过程实施	研修内容、研修方式、学员互动
结果	结果效益	学员反应、学员发展、应用迁移、组织效益

三、研修课程评价的价值取向

课程评价的价值取向是指课程评价活动中所体现的特定的价值观，它集中体现着评价

①邢郁莹．肖其勇．基于 CIPP 和柯氏评估模型的教师工作坊研修评价指标体系的构建［J］，继续教育研究，2021（6）：53－58.

者对评价本质的理解，从而支配或决定着课程评价的具体模式和操作取向。从价值取向的维度来看，课程评价大致有三种取向：目标取向、过程取向和主体取向①。在笔者主持的工作室实践中，名师工作室研修课程评价价值取向同样有目标取向、过程取向和主体取向三种维度，共同指向教师教学问题的改进和专业能力的提升。每种评价价值取向代表着不同工作室主持人关于教师学员培养的价值观，决定工作室研修课程评价者采取哪种形式来评价研修活动的有效性。

（一）目标取向的研修课程评价

目标取向的评价是把课程评价视为将教育结果或课程计划同预定课程目标相对照的过程②。目标评价最有代表性的是前面所提到泰勒的目标评价模式。目标取向的工作室研修将研修目标作为评价研修活动的唯一参考标准，整个研修活动以实现研修目标为主要任务，在实现研修目标的过程中完成培养教师的任务。这种评价取向有助于教育评价的科学化，简单易操作，被教育领域评价者广泛应用。工作室研修并不是单纯的知识传输，更多的是观念和技能的传授，因此，目标取向的研修评价并不能像中小学生那样通过试卷测试等形式获得数据而进行评价，而是要对照不同类型的研修目标，采取多种数据与证据获得形式来评价学习者是否完成了既定的研修目标。例如，研修活动目标“理解幼儿园项目式学习驱动性问题”下的活动评价，通过个人访谈、问卷调查、撰写活动案例和心得、论文等形式，评价学员学习者是否真正理解了幼儿园项目式学习驱动性问题的本质内涵，是否在案例实践中帮助幼儿提出有价值并真正能驱动幼儿主动探究的问题。然而，目标取向的研修评价只关注研修目标的达成，而忽略了研修过程本身对学员学习者专业成长的价值。毕竟，学员学习者参加的研修活动充满着无数可能性和生长点，如果我们只关注研修目标的达成，恐怕会失去很多研修过程中生成性的教育价值。

（二）过程取向的研修课程评价

由于工作室研修课程组织者与教学者对学员学习者的学识和能力水平的了解并不是很深入，研修目标的设置难免与学员学习者的实际成长需求有所偏差，我们在实施研修课程评价时要关注工作室研修团队共同参与研修课程开发设计、学习实施以及课程管理等阶段学员的表现情况，并不能只关注他们的研修目标完成度，避免目标评价取向带来的片面性。

---

①张传燧主编．课程与教学论［M］．北京：人民教育出版社，2008.

②张传燧主编．课程与教学论［M］．北京：人民教育出版社，2008.

（三）主体取向的研修课程评价

主体取向的评价一方面继承了过程取向评价重视评价过程的特点，另一方面对评价过程中人的主体性、评价者和被评价者的关系等问题作了重新诠释。工作室研修课程的最终目标是改进教师的教育教学行为，促进其专业能力往更高的水平发展。课程评价是课程的重要环节，并不能为了评价而评价，而要将评价作为促进教师教学改进的动力与支持。很多工作室的研修活动评价仅仅停留在研修意见反馈表，学员学习者对评价行为通常会表现出敷衍了事、完成任务而已的态度。

主体取向的研修课程评价强调将学员学习者作为评价主体。学员学习者具有双重身份，由于教师的特殊身份，他们在研修活动中不单单是经验的输入者，同样也是经验的输出者，有时候还会充当研修课程教学者，因此，他们既是研修课程的“亲历者”，又是研修课程的“受益者”。在课程评价时要充分发挥学员学习者的主观能动性，加强学员学习的自我反思与评价，使得课程评价真正能反映出作为课程主体的学习者的声音，评价结果更贴近学员学习者的真实状态，推动学员学习者真实教育教学行为的改进。

主体取向的研修课程评价强调学员学习者对评价结果的认同。我们为什么要进行工作室研修课程评价呢？不是为了应付教育行政部门的检查，而是要利用评价结果调整研修课程的实施，改进教师学习者的教学行为。要想实现这样的研修效果，必须要使学员学习者对评价结果心服口服，认同评价结果。前面提到，研修课程评价主体分为内部评价主体和外部评价主体，除了学员学习者以外，还涉及工作室主持人、学校或幼儿园、研修教学者以及教育行政人员、评价专家、其他学校或幼儿园、同行教师。多主体课程评价要从多维度评价课程实施的效果，提出具有建设性的意见和建议，并让学员学习者认同，而不能让学员学习者产生抵触情绪。只有学员学习者认同的课程评价结果才能支持学员学习者改进教育教学行为，促进专业能力发展。

第二节　研修课程与活动实施的评价

工作室研修课程的实施是研修课程不断修订与完善的过程。我们需要对工作室研修课程的实施水平进行测量评价，及时发现学员学习者研修课程的实施情况，针对学员学习者表现突出的问题进行研修课程调整。

霍尔（Hall）和劳克斯（Loucks）针对教师在课程实施过程的行为变化，设计出“课程使用水平量表”，为课程改革者对课程实施过程的情况提供可操作性的测量依据。量表按照使用水平由低到高地列举了“未使用”“定向”“准备”“机械地使用”“常规化”“精致化”“整合”“创新”等八个课程的使用水平，每个使用水平都对课程使用者的行为表现进行描述。

工作室研修课程的实施对象是成人教师，他们既是课程的影响者，也是课程的使用者。我们工作室借鉴霍尔和劳克斯的“课程使用水平量表”，结合名师工作室研修课程特点，对量表进行了拓展与完善，形成了“广东省邓泰初名师工作室研修课程使用水平量表”（见表7-2）。

表7-2　广东省邓泰初名师工作室研修课程使用水平量表①

使用水平	使用的范围	工作室研修课程	基于项目式学习工作室研修课程
6. 创新	使用者反思革新的方案性质，寻找目前革新的变通方案或重大修正方案，以增进其对学习的影响，思考本领域内的新发展，探索自己及整个学校系统的新目标。	教师学员在研修后能审视研修内容对自身的专业发展以及本学科发展，寻求最优的教育方法。	教师学员在研修后能深刻领会项目式学习对幼儿园课程实施的价值与意义，革新幼儿园的教育教学。
5. 整合	使用者结合自己和同事在革新上的努力，共同给予学生集体的影响。	教师学员在研修过程中通过与其他学员或者同事进行研讨，实践探索，影响学生的有效学习。	教师学员在研修过程中通过与其他学员或他者同事进行研讨，深度实施幼儿园项目式学习，较好地促进幼儿的学习与发展。
4B. 精致化	使用者依据短期或长期的结果修订革新的方案，以增进革新的即时效果。	教师学员依据短期或长期的研修内容实践体会，思考并影响自身的教育观念。	教师学员依据短期或长期的幼儿园项目式学习实践体会，思考并影响促进幼儿深度学习的教育观念。
4A. 常规化	在使用过程中，新课程已经成为习惯，但真正的改变并不多。很少考虑改变革新方案或增进革新的效果。	能习惯性地将研修内容应用到教育实践中，但很少思考其应用到教育教学改革中的效果。	能习惯性地将项目式学习应用到幼儿园的教育教学中，但很少思考将其应用到教育教学改革。

①此量表前两项“使用水平”和“使用的范围”借鉴霍尔和劳克斯的“课程使用水平量表”，后两项“工作室研修课程”和“基于项目式学习工作室研修课程”由邓泰初制订。

（续表）

使用水平	使用的范围	工作室研修课程	基于项目式学习工作室研修课程
3. 机械地使用	使用者将更多的精力用于短期使用或日常活动，缺乏反省的时间。使用上的改变旨在符合使用者自身的需求而不是学生的需求。使用者试图熟练地工作，是为了完成改革课程所要求的内容，结果常是肤浅的且不连续的使用。	教师学员为了完成工作室的研修任务，在实践中落实研修内容（主持人教育主张），但未能在实践中理解研修内容对学生发展的价值，停留在肤浅的且不连续的使用阶段。	教师学员为了完成工作室的研修任务，在实践中实施幼儿项目式学习，但未能在实践中领悟项目式学习对幼儿发展的价值，停留在肤浅的且不连续的使用阶段。
2. 准备	使用者正为第一次使用新课程而准备。	刚开始在教育教学中实践研修内容。	在实践中刚开始尝试组织幼儿开展项目式学习。
1. 定向	使用者已经获取或正在获取新课程改革的资料，且已经探讨或正在探讨课程改革的价值取向，及其对使用者的要求。	学员能正常参加工作室的研修活动，了解工作室研修的内容，并主动地查阅、收集相关资料，主动讨论研修内容对教育实践的意义和价值。	学员能正常参加工作室的研修活动，了解项目式学习，关注幼儿园项目式学习的相关信息，主动讨论项目式学习对幼儿学习与发展的意义和价值。
0. 未使用	使用者对于课程改革缺乏了解或了解甚少，未参与课程改革工作，也未准备参与。	学员对工作室主持人教育主张（思想）知之甚少。	学员对主持人探究式教育和项目式学习理念不太了解。

第八章

名师工作室研修课程管理

第一节　名师室研修课程管理的相关问题

一、名师工作室学习文化建设

名师工作室开展研修活动并不只是为了帮助工作室主持人完成上级的研修任务要求，而是旨在促使工作室学员依托工作室平台，形成协作共研的工作室良好学习文化氛围。良好的工作室组织文化会激发工作室学员的学习积极性，引导所有学员朝着既定的学习目标共同奋斗。要形成工作室高品质的学习生态圈，要以主持人为中心，将以完成任务为导向的工作室活动转变为以教师学习者为中心，促进深度学习，实现“深而精”的专业发展的工作室研修目标。

（一）工作室课程文化建设

工作室的文化体现着工作室团队的集体精神，助推着工作室研修课程的高效实施。我们工作室建设之初，通过集体商议确定了工作室理念、标识、研究方向、研究目标以及活动形式等课程文化。工作室理念是协作共研、项目学习、师幼共长。协作互助是工作室研修的团队精神，学员们要发挥团队协作精神，分工合作，各司其职，集众人智慧，共同完成研修任务。项目学习既是工作室的行为方式，也是工作室的研究主题。工作室学员要具有项目思维，以项目学习的理念进行研修学习，以成果导向去开展探究式的研修学习活动。师幼共长是工作室的终极目标，即帮助教师学员都能获得更高专业水平的提升，实现幼儿富有个性的发展。

工作室标识是工作室理念的形象化表现。笔者工作室的标识使用主持人邓泰初的

“初”字，具有较强的标识性，寓意坚守教育初心，呵护师幼成长；以中华传统创意经典玩具“七巧板”为灵感的设计，突出工作室探究式学习的研究方向；用七巧板同样可以拼出每一个学员的名字，体现名师工作室成就青年教师专业成长的宗旨。

基于工作室主持人的教育主张以及学员的集体成长需求，我们共同确定了“幼儿园项目式学习”的研究方向，拟在培养周期内研修两大学习内容和实现两大研修目标，其中两大学习内容即幼儿项目式学习的学习模式和马赛克研究法，两大研修目标即形成“两大课程”：形成基于马赛克研究方法的幼儿项目式学习课程和形成基于项目式学习的幼儿园名师工作室研修课程。研修目标的实现依托六大活动形式：活动一，围绕项目式学习和马赛克研究方法两大内容开展主题研修。活动二，入园研讨，通过分享案例—研讨案例—改进指导—凝练成果这一指导路径有针对性地提升园所教师开展项目式学习的课程能力。活动三，开展名著共读和好书推荐，以阅读名著和好书来赋能研修活动的高质量开展。活动四，开办名师讲堂，搭建多样化成长平台，支持工作室团队对外公开分享经验与成果。活动五，到省内外开展送教、送培以及帮扶活动。活动六，协作跨界交流，组织省内省名师工作室联盟交流活动、跨省市名师工作室联盟交流活动。

（二）工作室管理文化建设

名师工作室的成员均来自不同的学校、幼儿园，在不同的岗位上工作，只有研修学习时才会相聚在一起，是一个松散的学习型组织团队。因此，工作室的管理制度建设尤为重要。工作室必须集体商议制订规章制度，目的是唤醒成员的自觉，因为只有知道自己为何来到这里、将要走向何方，才会有责任担当，才会勇往直前。

案例 8－1

工作室团队岗位职责①

班长：负责协助主持人做好工作室统筹和管理工作，制定工作室制度。

副班长：负责每次活动的通知与考勤，协助班长做好工作室的管理工作。

学习委员：负责做好工作室日常学习活动的组织、传达和作业收集。

课题委员：负责协助主持人做好工作室课题研究过程的管理与资料收集。

宣传委员：负责撰写、监督、审核活动简讯，对外发布信息及宣传。

生活委员：负责安排和组织生活活动，如学习期间大家的餐饮、交通等方面的事务。

组织委员：负责工作室活动的策划、组织。

①《工作室团队岗位职责》《工作室研修学习制度》均来自东莞市胡成艳名园长工作室。

信息技术委员：负责创建工作室公众号，完成每次活动拍照、摄像及相关多媒体技术方面的工作。

经费委员：负责协助主持人做好工作室的经费使用管理与资料收集。

资料委员：负责协助主持人做好工作室资料的整理，协助信息技术委员做好活动的摄像工作。

案例8－2

工作室研修学习制度

1. 每学期初由主持人组织成员及学员制订学期教研总体规划，各成员、学员轮流制订活动相关实施方案并主持活动开展，做到层层落实、责任到人，确保活动顺利有效开展。

2. 为确保研究工作扎实开展，每次研讨活动结束，各成员和学员要共同商定下一次研讨活动的主题内容、承办园、大约开展的时间，并现场公布，以便大家提前做好相关准备。

3. 各成员、学员在每学期结束要对教研工作进行认真总结并上交主持人汇总，将好的经验和做法进行推广，同时找出问题，提出下一阶段的构思。每学期结束后，主持人向市教育局提交工作室的工作总结。

4. 勇于承担任务，本着“合作、分享、共进”的原则，研讨过程中以开放的态度分享经验，充实工作室的资源库，相互学习，共同提高。

5. 及时将教师在教研活动中有价值的经验和方法进行提升和推广，努力做到资源共享。

6. 认真参加研讨活动，勤于思考，大胆表达自己的观点和想法。以包容的态度去听取别人的意见和建议，严禁向外发表或做出有损工作室和各园所声誉的言论或行为。任何在工作室取得的资源，未经提供者允许不得向第三方提供。

7. 各个园所每次活动有专人负责资料整理工作，活动后1个工作日内及时整理并向工作室助理上交活动相关资料，2个工作日内工作室助理向主持人汇报并上交活动相关资料（由每次活动承办园整理文件通知、方案、简讯、照片、研究成果等）。

8. 工作室成员因故不能参加活动，需向主持人请假，2次以上无故不参与活动者，作自动退出工作室处理。

二、名师工作室驱动型运作机制的建立

以学习者为中心的名师工作室研修课程核心是以学习者乐意参与的形式去实现有意义

的学习。然而，名师工作室研修活动“教师主体缺失”的现象仍较为常见，教师学员被动地参与到工作室研修活动中，缺乏学习的内驱动力，难以在研修学习中形成有效的对话研讨。驱动型工作室研修运作机制将激励学习者积极主动参与到工作室的研修活动中，让学习者用想要的学习形式去学习想学习的内容。

（一）研修轮值制

正所谓“事不关己，高高挂起”。在大多数人的眼里，工作室的主持人与学员之间是一种师徒关系，学员的学习行为处于等待与被动的状态，等待着工作室主持人的研修活动安排，被动参与到工作室的研修活动中，学员的主观能动性很难被发挥出来。工作室研修活动参考借鉴联合国安理会理事国的轮值制，由工作室入室学员按月或根据主题轮流负责研修课程的组织主持工作。

工作室课程研修活动是长期而系统的多主题学习研讨活动。研修课程设计团队将研修课程计划分成若干个研修主题任务，工作室入室学员结合自身的实际情况和兴趣特点按月或根据主题来自主领取研修主题任务，轮流担任课程的组织者，负责当月或该主题研修活动的策划与组织。当值的入室学员要承担起课程组织者的责任，牵头组织工作室团队结合研修内容提前制订具体的研修活动方案，整合多方教育资源，组织协调研修活动及各项活动的实施开展。

研修轮值制具有以下几个特点：一是“参与性”，轮值制下每位课程学习者都有机会成为活动的主人，他们不再只是课程的接受者，而是以任务驱动的方式直接参与课程的设计统筹与组织实施，体验研修活动组织管理全过程。二是“周期性”，由于是轮流当值，工作室的学员按照顺序规则都有机会成为当值的课程执行人，并且随着课程实施的不断推进，会形成若干个周期的轮回。三是“互助性”，每一次轮值都会产生出新的当值课程执行人，其他学员将会在当值课程执行人的统筹分工下共同完成研修任务。四是“体验性”，学员学习者在每次研修活动中所承担的课程管理角色都有可能不同，有时是执行人、有时是协助者，有时是单纯的学习者，能体验课程管理中台前幕后多重角色。

工作室研修活动的轮值制有效地激发了学习者的学习原动力，践行着研修课程以学习者为中心的理念，主要体现在以下几方面：

一是轮流当值体现人人参与，改变了以往工作室主持人唱独角戏的局面。在工作室研修活动轮值制下，课程的执行人不再只有工作室主持人，每一位学员学习者都会轮流担任课程的执行人。一个轮值周期以后，每个人必须要担任一次研修活动执行人，深度参与到课程的管理中来，充分体现出学习者才是研修课程的主人。

二是轮流当值尊重学习者意愿，让研修课程实施更贴近学习者的需求。当值的课程执行者将会结合课程内容，组织工作室团队进行课程研修活动的方案制订。这种自下而上式的活动方案制订能真正从学习者的学习需求出发，由学习者自主决定研修地点与形式、授课专家等课程要素，为高质量的研修课程打下坚实的基础。因此，可以说轮值制下的研修活动实现了从以往被安排学习向自己安排学习的转变，更能体现学习者的学习意愿。

三是轮流当值体验多重课程角色，让学习者换位感受研修课程全管理。工作室研修有时会出现课程组织者在台前幕后辛勤忙碌，而台下学员们却埋怨活动组织不周的现象。轮流当值制度让学习者能体验课程实施过程中的多个角色。担任课程执行人时需考虑课程管理的整体性，需要综合协调来自不同学员的多样化学习需求以及生活组织要求，统筹做好研修活动的职责分工，保证各工作小组的有序运作。轮值制的实施有利于工作室团队的相互理解，参与研修活动的人学会换位思考，更能体会到活动组织者的艰辛与不易，更加珍惜研修学习机会，更主动积极地完成研修学习任务，促进工作室研修团队形成“民主、平等、互动、互信”的良好学习生态。

四是轮流当值体现公平公正，有助于形成稳定而高效的研修管理机制。轮值制是公开、公正、透明、人人参与的工作安排方式。工作室可以提前半年或一年集体讨论形成工作室研修课程轮值安排表，让学员及早谋划，主动思考，根据承担的研修主题提前做好相关课程资源的收集，积极与相关主题的课程执行人沟通协作，形成稳定而高效的研修管理机制。

（二）荣誉激励

荣誉是名师成长的催化剂，获得荣誉是名师成长的原动力。要想从内心驱动学员学习者的研修热情，促使他们主动积极地参与研修活动，课程组织者要积极地创造一切可能的条件支持学习者获得荣誉，使学习者学习过程中付出的艰辛得到体现，实现研修学习活动的效益最大化。笔者工作室开展的“项目式探究学习系列课程开发”研修历时两个多月，经历 5 次正式的小组或集体备课，不到一小时的微课程修改打磨不少于 10 次，过程的艰辛可想而知，个别学员由于自信心不足，直接提出退出课程的开发研修。最后，工作室 12 位学员通过专家引领、团队协作、自强努力都高质量完成了课程开发任务，并向全市幼儿园骨干教师公开分享，受到广泛的好评。在漫长的课程开发过程中，让学员们坚持刻苦钻研的，除了自身对专业知识的渴求，还有研修学习之初工作室许下的课程开发任务完成后将为每位学员出具市级公开授课证明的承诺。在课程公开展示后，工作室积极将学员开发的课程推送到镇街幼儿园进行送教帮扶，最大限度地发挥研修成果的示范辐射作用，极大地增强学员研修学习的荣誉感。

（三）需求满足

工作室的学员虽然都是优秀的骨干教师，但由于他们的教龄、专业背景以及成长经历等都不一样，每个学员的成长需求以及所面临的教育教学实际问题都不相同。因此工作室成立之初，入室学员要根据自身的专业发展情况填写《三年成长计划书》（见表 8－1），对个人基本情况进行概述，分析自己的专业优势与不足，并提出未来三年在工作室研修学习期间的总目标和年度分项目标，自下而上地提出个人专业成长需求。工作室研修个性必选课程和专题任选课程将根据个别或共性存在的专业发展不足的问题，有针对性地采取入园指导、专题指导以及同伴互助等形式，满足学员不同的专业成长需求。实践证明，“雪中送炭”的成长支持模式最能触动学习者的内在驱动力。

表 8－1　广东省邓泰初名教师工作室学员三年（2021—2023 年）成长计划书

<table>
<tr><td>姓名</td><td colspan="2"></td><td colspan="2">工作单位</td><td colspan="3"></td></tr>
<tr><td rowspan="4">个人基本情况分析</td><td colspan="2">基本情况概述</td><td colspan="5"></td></tr>
<tr><td colspan="2">优势</td><td colspan="5"></td></tr>
<tr><td colspan="2">不足</td><td colspan="5"></td></tr>
<tr><td colspan="2">教学风格</td><td colspan="5"></td></tr>
<tr><td>三年成长总目标</td><td colspan="7"></td></tr>
<tr><td colspan="2">项目</td><td colspan="2">2021 年</td><td colspan="2">2022 年</td><td>2023 年</td><td>备注</td></tr>
<tr><td colspan="2">1. 发挥示范作用</td><td colspan="2"></td><td colspan="2"></td><td></td><td></td></tr>
<tr><td colspan="2">2. 培养骨干教师</td><td colspan="2"></td><td colspan="2"></td><td></td><td></td></tr>
<tr><td colspan="2">3. 组织开展工作室活动</td><td colspan="2"></td><td colspan="2"></td><td></td><td></td></tr>
<tr><td colspan="2">4. 开展课题研究</td><td colspan="2"></td><td colspan="2"></td><td></td><td></td></tr>
<tr><td colspan="2">5. 为教育发展建言献策</td><td colspan="2"></td><td colspan="2"></td><td></td><td></td></tr>
<tr><td colspan="2">6. 个人学习提升（读书、学历进修等）</td><td colspan="2"></td><td colspan="2"></td><td></td><td></td></tr>
<tr><td colspan="2">7. 个人专业成长（职称晋升、获得荣誉称号）</td><td colspan="2"></td><td colspan="2"></td><td></td><td></td></tr>
<tr><td colspan="2">8. 你希望工作室在个人成长或发展方面为你提供哪些支持</td><td colspan="2"></td><td colspan="2"></td><td></td><td></td></tr>
<tr><td colspan="2">9. 其他方面</td><td colspan="2"></td><td colspan="2"></td><td></td><td></td></tr>
</table>

三、名师工作室的跨界学习

名师工作室的学员学习者都是来自学校、幼儿园的“准名师”，具有较扎实的专业知识和丰富的教育教学实践经验。有时候，优秀教师过于聚焦于自己的专业领域和工作朋友圈，往往会出现专业视野受限于自己习以为常的知识路径和思维模式的现象，缺乏想象力和创造力，影响专业能力往更高层次发展。现实中，很多园长、教师整天奔波于全国各地专业学习培训班开展的研修学习，培训时极容易产生共鸣与感慨，培训结束后却收获甚少。究其原因，是各地的专业培训内容同质化较为严重，甚至培训内容基本相同，难以拓宽学习者的专业视野，难以激起学习者的思维碰撞，也就无法产生新的专业生长点。

（一）跨界学习是什么

基于以上的实践思考，我们提出工作室研修课程要关注跨界学习的观点。在讨论跨界学习之前，我们要了解所谓“跨界”。“跨界”简单来说就是跨越界限，即横向跨越事物间或有形或无形的阻隔。“跨界学习”是指跨界者在边界区域，基于对边界对象的共同实践而产生的一种学习行为，它培养学习者的横向思维。跨界学习能解决教师知识学习同质化的问题，引导教师在相同的问题下跨越自己的专业领域，从多领域、多侧面、多角度去思考，从而突破自身固有知识的局限与枷锁，融汇不同领域、不同专业、不同学科、不同行业、不同文化、不同意识形态的特色与优势，并在分析、判断、筛选、整合的基础上实现多元素交叉，进而产生质变创新。跨界学习最关键的一点是找准跨越区域的“交叉点”，即边界区域。“交叉点”很容易使人突破惯常的思维模式，调动活跃的创新思维，开展交叉创新活动，从而产生 1 +1 >2 的效果。

（二）跨界学习机制

荷兰学者阿克尔曼和巴克尔在继承并发展前人的“跨界学习”理论的基础上提炼出经典的四种跨界学习机制，即识别、协调、反思、转化①（见图 8-1）。这四种学习机制按先后发生的顺序呈现，但在具体的学习实践并不完全按这样顺序发生，因事而异。

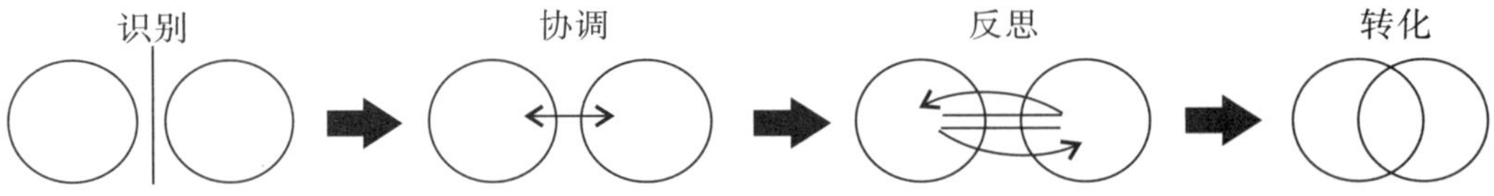

图 8-1　跨界学习理论的四种机制及其发展过程

①金星霖，王琳媛. 跨界学习理论的起源、内涵：教师在企业实践中的学习为例［J］. 职业技术教育. 2021，42（31）：58-64.

识别是跨界学习的第一步。正所谓“知己知彼”，学习者要清楚地认识到自身所处的领域与其他领域的差异性，不同的领域具有其独特性。比如，笔者工作室研究的是“项目式学习”，我们向中小学跨界学习时必须了解“幼儿园项目式学习”与“中小学项目式学习”的差异性。幼儿园的项目式学习面对的是3—6岁的幼儿，他们以具体形象思维为主，这决定了幼儿园项目式学习更加侧重操作体验性。游戏是学前儿童的基本活动形式，幼儿园项目式学习的组织形式必须要与游戏活动相结合起来，把自主、自由、愉悦等游戏精神渗透到项目式学习的探索活动中，不能过于强调系统知识的教授。

协调指通过反复与边界双方的不同组织和参与者进行对话，从而创造合作并逐渐使跨界者将边界双边的实践活动常规化①。协调是跨界学习实践的开始，指跨界者在边界区进行接触与交流，其改变只发生在实践工作层面，并未能达到深层次的跨界融合。笔者工作室通过邀请对中小学项目式学习颇有研究的教研员、一线教师开展专题讲座、面对面研讨，组织工作室学员走进中小学项目式学习的探索现场，在实践中感受项目式学习的实施策略，进一步理解项目式学习对学生可持续发展的内在教育价值，引导工作室学员发现项目式学习在中小学和幼儿园不同教育场域的异同点，帮助学员从大教育观念中多角度理解项目式学习这一教与学的方法。

反思是跨界者透过现象看本质的认知模式发生变化的过程。前文的协调阶段更多的是不同领域之间介绍交流，互相传递信息。而经过协调后，跨界者在跨界边界区域对同一事物在不同领域产生不同的认识与理解，形成反思。反思阶段，跨界者借鉴其他领域的经验做法，然后对自己领域的相同事物建立新的观点，解决自身实践的问题。比如笔者工作室的学员经过一段时间的专家讲解、名师示范以及入园参访后，邀请专家和中小学名师进入幼儿园的教育现场，研讨适宜幼儿阶段学习特点的项目式学习教学模式，形成反思。

转化是跨界学习产生的成果结晶，在边界区域的学习研讨过程中，跨界者产生思维的碰撞，在学习的主题上产生新的观点或者新的实践方式。比如笔者工作室学员跳出学前教育领域去认识与思考项目式学习，结合幼儿的发展特点以及学习特点，发挥项目式学习支持幼儿主动探究的内在价值，在中小学三阶段的项目式学习模式下发展形成幼儿园四阶段的项目式学习实施模式，形成转化。

（三）成人跨界学习模式

工作室研修的学习者教师都是成人，具有较强的自主学习能力，拥有一定的跨界学习

---

①金星霖，王琳媛. 跨界学习理论的起源、内涵：教师在企业实践中的学习为例［J］. 职业技术教育. 2021，42（31）：58－64.

经验和资源。借鉴王晓涵的成人跨界学习模式①（见图 8-2），跨界学习在具体的实施过程中大致可以分为设计跨界方案、进行跨界交叉、实施成果转化三个阶段。

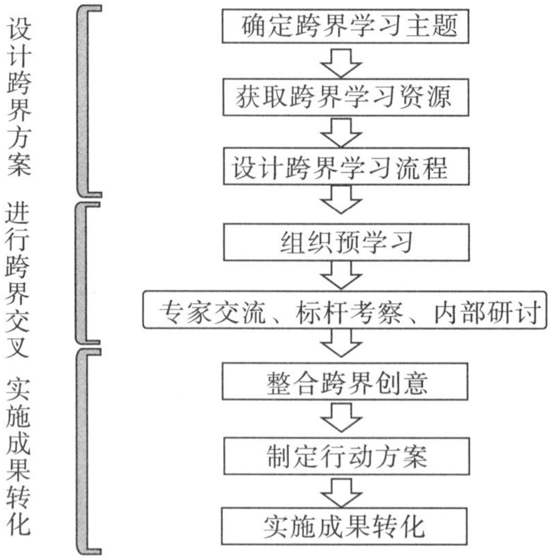

图 8-2　成人跨界学习模式

我们在设计跨界方案阶段要确定跨界学习的主题内容，明确跨界学习的学习目的，避免盲目跨界。学习目的的确定要对标我们在自己领域实践学习主题过程中所遇到的实际问题，以求在跨界学习中找到解决问题的思路或对策。有些名师工作室的研修活动乐于开展跨界活动，但在异常热闹的研修后学员的专业研修收获甚少。究其原因是研修活动只关注跨界带来的新鲜元素，而忽略跨界研修给予学员专业观点的冲击与融合，未能结合学员的实际教学问题，帮助学员在边界区域找到跨界学习的学习目的，有针对性地设计适合学员需求的跨界学习流程。

跨界方案设计后进行跨界交叉是跨界学习的关键环节。首先组织学习者进行预习活动，鼓励学习者通过图书、网络等媒介的信息资源，提前了解所要跨越的领域的基本情况，并产生学习认同感，提升学员的参与积极性。专家交流、标杆考察、内部研讨这三个环节是工作室跨界学习的主要环节，对应跨界学习理论的协调与反思机制。学员在专家的引领下走进边界区域，各自阐述所在领域的主题观点，剖析优势与不足，进行充分的辩论交流，寻找跨界的交叉点。

到了实施成果转化阶段，要实现跨界学习研修目的，形成新的观点，解决教育教学实

---

①王晓涵. 成人跨界学习的内涵、价值及其策略探析［D］. 曲阜：曲阜师范大学，2018.

际问题。跨界交叉中的激烈学习辩论汇聚着不同领域人士的各种观点，能拓宽学习者视野，打开学习者思路，萌发各种各样的新观点与解决问题的新办法。此时，学习者要结合实际情况对新观点和新办法进行分析、判断、对比等，形成能解决自己实际问题的新模式。

（四）工作室跨界学习的实践

教师们的学习途径大多数局限在园本教研或校外专业培训班，甚少接触专业以外的其他领域。名师工作室的研修活动，在强调学员对专业知识深度学习的同时，应超越教师“校（园）本化发展”，创造条件组织学员进行跨界学习。就跨越形式而言，工作室的跨界学习大致有跨地域、跨学段、跨专业、跨行业等形式。就学习内容而言，工作室的跨界学习注重提升学员学习者专业领域之外的知识水平与能力，培养学员学习者横向思维能力，打破传统培训形成的固有逻辑思维，拓展学习者的知识跨度。就学习效果而言，跨界学习适合幼儿园全科教师综合素养的养成，以异质化培训方式，加强知识的共享，实现教师的知识互补，促进教师向横跨多学科、多领域的复合型教师成长。

1. 地域跨界

全国各地的教育工作结合本区域的教育资源创造性地探索了许多富有成效的教育经验，打造出各具特色的名师工作室团队。名师工作室的研修活动并不能只满足于本区域的教育教学交流活动，而是要带领团队“走出去、请进来”，定期与国内教育水平先进地区的名师工作室进行交流互访，共享教育智慧，打开教育视野。

2. 学段跨界

目前我国基础教育分为幼儿园、小学、初中、高中四个学段，每个学段虽然面对着不同年龄的未成年学生，但教育的基本理念和知识体系是一脉相承和连接贯通的。例如，笔者工作室实践探索的幼儿园项目式学习与中小学的项目式学习都离不开项目式学习的理论框架，只是我们所面对的教育对象的年龄特点和学习特点有所不同。中小学项目式学习的实践探索较为成熟，幼儿园则处于起步探索阶段，可供借鉴学习的经验较缺乏。由此，我们重视引导学员学习者主动接触中小学学段的项目式学习优秀案例，邀请中小学项目式学习的优秀教师分享实践案例和经验，带领工作室团队走进中小学项目式学习的教育现场，在跨学段的学习交流中从不同角度去理解项目式学习的内涵，吸取优秀教师的经验做法，支持幼儿园项目式学习的实践探索。

3. 行业跨界

虽说“隔行隔山”，但不同行业对同样的主题也可根据行业特点有所侧重地开展卓有成效的研究。“管理”是每个行业都要面临的研究项目。虽然不同行业部门的人员之间存在较大差异性，但管理的基本理念在工作实践的运用中是融会贯通的。名校长或名园长工作室可以带领团队走进企业、公司进行参观访问，学习企业、公司的管理文化和制度，感受企业公司高效的管理效能，在企业、公司与学校、幼儿园的管理领域的边界区域寻找交叉点，改变校（园）领导的管理思维模式，为学校和幼儿园的管理工作注入新的元素，提升教师工作积极性。

4. 工作室、高校、学校幼儿园的跨界合作

一所幼儿园的教师团队一般有十几或几十人，所拥有的教育资源相对薄弱，难以与高校专家团队形成长期而稳定的合作研究关系。名师工作室是聚集不同学校幼儿园优秀教师的成长共同体，且得到教育行政部门的政策性研究支持，教育资源和研究力量相对单所幼儿园来说绝对是实力雄厚。高校专家研究团队所需要的研究样本并不局限于一所幼儿园的教师团队，他们需要有更多的研究样本以及优秀的骨干教师来参与项目研究。基于以上对幼儿园、名师工作室和高校专家团队的现状分析，名师工作室与高校专家团队及学校幼儿园合作的跨界学习具有超越校本发展的巨大实践价值，其可搭建一线教师与高校专家交流研讨的桥梁，实现理论与实践的深度融合，为培养研究型教师提供广阔的平台。

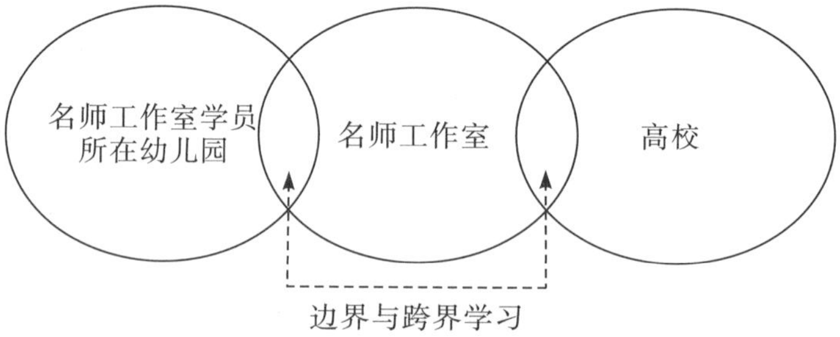

图 8－3　工作室、高校、幼儿园的跨界合作

工作室研修课程的深度合作是工作室、高校、学校幼儿园的跨界合作中最有效的形式。（见图 8－3）笔者工作室在项目式学习专题的研修课程设计阶段，邀请高校专家团队和工作室学员所在的幼儿园参与设计与论证，基于学员学习者对项目式学习认识模糊的问题，遵循“理论学习—工作室研讨—园所实践—反思改进”循环递进的学习策略，设计出为期十期的研修学习课程。高校专家深度参与到项目式学习的理论解读、工作室团队的案例研讨、幼儿园的实践指导全过程，让教师学员们能接受理论专家的跟进式指导，超越园本研修对教师专业发展的限制。

第二节　名师工作室研修课程管理的案例

一、名师工作室研修课程方案案例

笔者工作室坚持“探究式学习”的教育理念，针对当前幼儿园说教灌输式的集体教学和随意放羊、自主游戏活动两种极端的教学形式，将“项目式学习”融入幼儿园的教育教学活动中，致力于探索适合幼儿自主探究的学习方法和支持幼儿深度学习的教学模式。以下的工作室研实施修课程方案从课程背景、现状分析、课程理念、课程目标、课程内容、课程设置、课程实施、课程评价以及课程管理等九个方面阐述工作室团队的研修课程思路。

案例 8-3

广东省邓泰初名教师工作室“项目式学习”研修课程实施方案①

一、研修课程产生背景

（一）教育行政部门的要求

2021 年，广东省教育厅正式认定广东省邓泰初名教师工作室。同年 9 月广东省教育厅、广东省财政厅在《广东省中小学名教师、名校（园）长、名班主任工作室的管理办法》（以下简称《管理办法》）中明确指出，“名教师、名校（园）长、名班主任工作室是在名教师、名校（园）长、名班主任的主导下，以凝练现代教育思想、提升教学质量和办学品质为主旨，以同一学科领域优秀中青年骨干教师、骨干校（园）长、骨干班主任为入室学员，以师带徒为主要培养形式，共同开展基于线上和线下的学科研究、教改探索和教学反思、学校管理实践与研究、班主任工作改革与创新的实体与网络相结合的新型工作室”。据此进一步确定名教师工作室的研修活动以“主持人当师傅，学员为徒弟”的师带徒制为主要形式，开展学科研究、教学探索，打造一批“师德好、业务精、能力强、善创新”的领军教师，带动一批骨干教师群体研修，形成整体推进、共同提升的专业成长良性发展机制。由此可见，名教师工作室是以师带徒为主要形式，以学习为主导，以研究为主体，以工作为主线，以骨干教师为纽带，以提高教育教学、教育研究能力和促进教师专业成长为目的的研修共同体。

①本研修课程实施方案撰稿者为邓泰初。

《管理办法》里从“发挥示范引领作用”“培养骨干教师”“组织开展工作室活动”“开展课题研究”“为教育发展建言献策”等五方面明确“名教师工作室职责”，既指出工作室研修的方向，又提出工作室研修的具体任务与量化指标。例如，工作室每年通过听课磨课、跟岗实践、交流研讨、课题指导、举办读书分享会等方式组织入室学员集中研修不少于15天，可根据工作实际多次进行（不少于2次）；主持人每年面向团队成员开设公开课、研究课或专题报告等不少于5次，对每位入室学员开展听课评课不少于1次。

这些方向、具体任务与量化指标要通过怎样的载体在工作室研修中实现，达到促进学员专业成长、培养一批骨干教师的目的呢?《管理办法》中没有明确指出。

（二）工作室运作的现状

1. 从研修内容和方式看，有“依葫芦画瓢”式的培训。从内容到形式，简单重复、照搬各级教研部门的专业培训，无非是听听报告，听听新课程理念，或者开展几次公开课。名师工作室属于小班化的研修团队，更有利于名师工作室主持人与学员共商培训内容和方式，使研修活动课程化，才能充分发掘工作室研修的优势和潜力。

2. 从研修进程设计看，有“脚踩西瓜皮”式的活动。名师工作室研修主题随意性大，忽略明确的研修目的，缺乏“聚焦”“层进”“拓展”的研修系列。从培养学员的视角思考，研修活动须基于主持人的教育思想，瞄准学员专业发展的突出问题，进行课程化的研修设计，使学员在研修期间真正得到专业发展。

3. 从反思评价看，有“靠数据说话”的偏向。研修反思考核时有点走过场，往往只关注一些数字，例如开展了几次集中研修活动，学员在论文、课题、讲座和荣誉获得等方面有哪些具体的数据。这些考核更多地指向主持人与学员专业成长上的数据，无法对工作室研修活动的目标、内容、过程和自我评价等作出价值性的判断。

基于以上的认识与思考，回归到设置名师工作室培养学员的初衷，名师工作室研修活动课程化迫在眉睫。工作室的研修课程将会以成人学习等理论为基础，围绕主持人的教育思想，在研修目标、研修内容、研修过程和研修效果等方面形成体系，破解以上问题，更有效地促进学员的专业成长。

二、现状分析

（一）课程优势

1. 主持人的教育主张为项目式学习研修课程提供理念基础。工作室主持人邓泰初老师从事幼儿教育二十余年来，坚持“探究学习、游戏成长”的教育理念，以关注幼儿为主体，研究幼儿园主题探究活动；以关注幼儿游戏学习为主体，研究科学情景游戏探究活动。以大岭山等镇街为研究基地，实践应用其教育理念，主编出版《与幼儿一起探究——幼儿园科学探究式主题活动》，指导编写《幼儿园自然教育课程》。

2. 主持人的课题研究成果为项目式学习研修课程提供实践策略。工作室主持人邓泰初老师自2012年策划启动东莞市首批名教师工作室项目起，深度参与工作室项目的顶层设计与行政管理，在工作室管理方面具有丰富的理论与实践经验。同时，还主持市级精品课题《幼儿园名师工作室开展协作教研的实践研究》，全程跟进参与陈楚彬、叶丽怡等省、市幼儿园名师工作室的建设管理，提炼出幼儿园名师工作室“三阶段两因素”协作教研模型，为研修课程的实施探索提供实践策略支撑。

（二）学员分析

1. 学员的情况分析

工作室现有来自东莞、韶关、揭阳三地的入室学员17名，来自北京、四川、广西、广东等地的网络学员138名。自2021年启动以来，工作室团队朝着协作共研、项目探究、互助成长的方向，聚焦探究式项目学习，培养师幼自主探究精神，做一事专一事成一果，为打造专业型研究团队等三大研修理念与目标努力。17名入室学员中3名学员为东莞市或镇名教师工作室主持人，2名学员为东莞市学前教育学科带头人。

2. 学员成长需求分析

（1）儿童观方面：对幼儿主体理解不够透彻，需要进一步转变观念，加强对幼儿学习特点的理解，把幼儿主体观内化为教育行为准则。

（2）教学法方面：难以把握集体教学与自主游戏的度，集体教学过于调控，自主游戏过于放任，需要寻找新的教学法，体现“教师为主导，幼儿为主体”的要求，形成具有个性化的教学风格。

（3）研究法方面：虽然有一定的教育科研经验，但缺乏规范性，难以形成高质量的科研成果，需要学习科学的教育科研方法、总结提炼教学成果的方法、高质量论文的撰写技巧，规范并提升研究能力，成为研究型的实践者。

（4）领导力方面：虽然学员中有园长和教研管理者，但园所的教研管理效能有待提升，需要提升课程的统筹规划能力、教研活动课程化的设计与组织能力、教研资源的整合利用能力等。

3. 可利用的课程教育资源

（1）科学探究课程资源基础较好

工作室入室学员所在幼儿园地区有省一级园2所，市一级园7所，均在研究幼儿科学探究活动方面有较多实践经验。东莞市大岭山镇实验幼儿园承担市幼儿园课程游戏化示范项目科学探究子项目研究工作，并出版《与幼儿一起发现——幼儿园探究式科学主题活动》一书；东莞市东城中心幼儿园承担市幼儿园课程游戏化示范项目幼儿园课程子项目研究工作；东莞市莞城中心幼儿园、莞城第一幼儿园和松山湖艺鸣幼儿园均承担广东省学前教育科学保教示范项目岭南游戏、绘本阅读以及体育游戏子项目研究工作。由此可见，工作室入室学员对科学探究活动有较丰富的经验，并有较强的研究基础。

（2）项目式学习课程仍处于初始探索阶段

工作室研修课程内容是幼儿园项目式学习。项目式学习已广泛应用于中小学教育，幼儿园甚少接触。工作室入室学员所在幼儿园只有东莞市东城中心幼儿园、莞城中心幼儿园和莞城第一幼儿园已实践应用半年，但教师们仍未能较好地理解项目式学习对幼儿学习与发展的价值和意义，项目式学习的实施阶段较模糊。

（三）问题分析

1. 课程理念

工作室主持人从教22年来对幼儿探究学习有较深的实践研究，毕竟工作室的研修课程内容是幼儿园项目式学习和幼儿探究学习的新教学法。学前教育领域对项目式学习的理论与实践研究处于起步阶段，工作室团队对项目式学习内涵和对幼儿学习与发展的独特价值认识不够深刻。

2. 课程实践

工作室研修是在主持人主导下连续开展的成人在职研修活动。学员来自不同幼儿园且专业水平与成长需求各不相同，如何设计符合学员成长需求的研修课程方案？如何解决工作室研修与学员园所工作的矛盾，促使两者之间高度整合？如何让学员感受到工作室研修能有效地赋能园所工作、加速自身的专业化成长？

3. 课程评价

研修课程评价是课程体系最关键的部分。良好的课程评价能成为学员专业成长的驱动器。如何与学员们一起形成过程性评价与成果性评价相结合的研修评价机制，激发学员们研修的内在驱动力？

4. 课程管理

工作室主持人虽然具有较丰富的工作室行政管理以及协作教研经验，但由于首次担任工作室主持人，工作室的团队管理、研修课程设计与实施等实践经验较为缺乏。而学员在园所职务几乎涵盖幼儿园的各个岗位，有园长、副园长、教研员、一线教师等，他们所在的幼儿园公办和民办兼有，园所教师团队的能力参差不齐。如何统筹管理学员及其所在幼儿园的教育资源，调动学员以及所在幼儿园的参训积极性，提升研修课程的效能？

三、研修课程理念

（一）工作室理念

工作室团队协作共研，项目探究，互助成长；聚焦探究式项目学习，培养师幼自主探究精神；做一事专一事成一果，打造专业型研究团队等三大研修理念与目标，尝试运用马赛克方法赋能儿童，基于项目式学习探索幼儿园科学探究新方法，逐渐形成工作室的研修课程体系。

（二）研修课程理念

学习观：快乐体验，赋能工作

发展观：深度学习，钻研专业

课程观：满足需求，松紧有度

（三）研修课程性质

1. 渐进式课程

注重研修内容的理论先行，进而渗透案例分析，最后关注实践性课程研修。

2. 螺旋式课程

课程按照“学习—实践—反思—学习—改进”螺旋向上的研修流程；主研修课程中包含有若干个子研修课程，层层递进，环环相连。

3. 订制式课程

针对工作室不同发展水平、不同发展需求开设专题研修活动。

四、研修课程目标

研修课程目标是指工作室试图通过课程帮助学员在研修内容下专业化发展以及由学员影响其所在幼儿园质量提升所要达到的预期结果。

（一）学员发展目标

1. 明确发展目标。引导学员开展专业发展现状诊断与分析，坚定教育信念，激发专业发展热情，努力成为专家型名教师。

2. 探索教学创新。以项目式学习为学习内容，掌握幼儿探究式学习的新教学法，提升学员对幼儿园项目式学习的理解。

3. 提升研究能力。引领学员开展基于教学反思、指向教学改进的行动研究，助力学员成为研究型实践者。

4. 形成研修成果。开发一套适合幼儿开展的项目式学习行动指导手册，形成一批具有较强实践指导作用的幼儿园项目式学习案例。

（二）幼儿园发展目标

1. 通过学员回园实践，带动园内骨干老师将项目式学习理念与做法融入幼儿园课程建设，促进园所教学模式变革。

2. 通过入室学员组建园内研究团队，深度参与研修课程学习，掌握幼儿探究式学习的新教学法，带动园所教师能力的提升。

五、研修课程内容

（一）基础课程内容：幼儿园项目式学习

1. 项目式学习的定义、幼儿学习者的特点、幼儿园项目式学习的定义

2. 项目式学习的黄金标准

3. 设计学习项目

4. 驱动性问题

5. 持续性探究的实施

6. 马赛克方法支持项目开展

7. 展示项目成果

8. 项目的反思

（二）个性课程内容：幼儿园项目式学习的实践

1. 科学探究类项目式学习

2. 社会文化类项目式学习

3. 艺术美育类项目式学习

4. 工程建构类项目式学习

5. 综合活动类项目式学习

（三）专题课程内容：综合素养发展性课程

1. 课题研究专题研修

2. 科学教育专题研修

3. 成果表达专题研修

4. 信息素养专题研修

六、研修课程设置

根据工作室的研修任务，聚焦学员专业发展的核心素养和关键能力以及个性发展，以幼儿园项目式学习为主要内容，设置“基础课程”“个性课程、专题课程”三个研修类型模块。每个模块设置若干核心课程，根据具体内容、研修对象以及实际情况，设定研修的主题和目标，开展有针对性的研修培训或指导活动。

（一）基础课程（必修课程）

此课程模块主要面向全体入室学员，兼顾全体网络学员。重点从理念学习更新教学观念、案例研讨赋能教育实践等研修路径，帮助学员理解、掌握幼儿项目式学习的基本理念、实施路径与实践策略，加强基于信息技术的跨领域教育教学，提升学员项目式学习的设计与实施能力，形成幼儿园培养幼儿核心素养的新教学法，促进幼儿富有个性的全面发展。

（二）个性课程（必选课程）

此课程模块根据入室学员和骨干网络学员的研究兴趣和园所课程基础，选择项目式学习类型来设计，主要包括科学探究类项目式学习、社会文化类项目式学习、艺术美育类项目式学习、工程建构类项目式学习、综合活动类项目式学习等专题课程，发展学员项目式学习研究特长，引领园所项目式学习的特色发展，使得研修课程更具个性化与园本化。

（三）专题课程（任选课程）

专题课程也就是发展课程，是根据工作室研修的性质和任务，满足学员的不同发展需求设计的研修课程，主要包括人文素养的学习、幼儿园科研课题的方法和研究、游戏活动的支持与指导、教育论文撰写的方法与技巧、教育成果的归纳提炼等专题内容，为学员补偿式的可持续发展成长提供平台与支持，促进在不同发展水平上的学员得到最大程度的提升，提高学员的人文素养和研究能力。

表8－2　研修课程设置

课程模板		课程概述	课程内容
总体要求		1. 渐进式课程：注重研修内容的理论先行，进而渗透案例分析，最后关注实践性课程研修。 2. 螺旋式课程：课程按照“学习—实践—反思—学习—改进”螺旋向上的研修流程，开展主研修课程中包含有若干个子研修课程，层层递进，环环相连。 3. 定制式课程：针对工作室不同发展水平、不同发展需求开设专题开展研修活动。	
基础课程（必修课程）	全体入室学员和网络学员必修。	1. 研修对象：工作室全体入室学员和网络学员。 2. 课程定位：课程的基础部分，主要是幼儿园项目式学习的基本理念、实施路径与实践策略。 3. 研修要求：研修对象必须参加全部研修学习。 4. 研修形式：专家讲座、名著共读、集中研修。	1. 项目式学习 2. 教育类项目式学习 3. 幼儿园项目式学习
个性课程（必选课程）	入室学员和骨干网络学员必须选择子研修内容，相互之间既有相同，也有不同。	1. 研修对象：工作室入室学员和骨干网络学员。 2. 课程定位：课程的核心（实践）部分。各学员围绕幼儿园项目式学习这个教学方法，结合自身兴趣特长以及园所发展方向，选择一至两个子内容作为主要研究内容，开展实践性课程研修。 3. 研修要求：此课程研修以工作室研修＋园本研修相结合为主，着重培养入室学员的实践与指导能力。同时，各入室学员在园所组建由网络学员和骨干教师组成的工作室园本研修团队。 4. 研修形式：入园视导、实践研修、案例研讨。	1. 科学探究类项目式学习 2. 社会文化类项目式学习 3. 艺术美育类项目式学习 4. 工程建构类项目式学习 5. 综合活动类项目式学习
专题课程（任选课程）	入室学员和骨干网络学员可选择自己需要的研修课程，也可以不选。	1. 研修对象：工作室部分有特殊发展需求的入室学员和骨干网络学员。 2. 课程定位：课程的延伸（个别）部分。学员针对自身兴趣特长以及发展水平在个性课程以外选择需改进提升的专题研修内容。 3. 研修要求：此课程研修以入园指导＋园本研修相结合为主，工作室集中研讨为辅，有针对性满足某些学员专业发展的研修需求，促进每个学员能在不同发展水平上得到最大程度的提升。 4. 研修形式：入园指导、实践研修、案例研讨。	1. 课题研究专题研修 2. 科学教育专题研修 3. 成果表达专题研修 4. 信息素养专题研修

七、研修课程实施

以行动研究为主线，以工作室学习研修＋园本实践研修相结合为主，采取能力诊断、主题研修、名著共读、入园研讨、回园实践、名师讲堂等形式实施研修课程，将师徒帮带和团队研讨贯穿全程。

（一）能力诊断

通过入园访谈、活动观摩、问卷调查、个人成长需求撰写等形式，围绕观察与分析幼儿发展能力、《纲要》《指南》理解能力、项目式学习实践能力、信息技术应用能力等方向对学员的教育实践创新能力和幼儿研究与支持能力进行诊断，为课程设置和研修方案制定提供事实依据。

（二）主题研修

由工作室主持人牵头组织主题研修，每年进行不少于10天的系统学习。以项目式学习为主要学习内容，综合运用专题讲座、案例研讨、体验式培训等形式引导学员运用马赛克方法加深对幼儿学习者的理解，借鉴跨界、跨学段项目式学习的经验优化幼儿园项目式学习的理论与实践体系，基于案例的研讨解决学员教育教学中的实际问题，加强融合创新让信息技术赋能项目式学习，引导学员对自身的教学实践进行反思与修正，提升学员项目式学习的理论水平与实践能力，形成具有个人风格的项目式学习实践。

（三）名著共读

每年开展不少于5天的名著共读研修，每天阅读不少于一本书或两篇文章。由工作室主持人或学员根据研修的专题需要推荐相关的好书或好文章，吸收学习专家和老师的理论研究成果与经验做法策略，引导学员加深对专题内容的理解，丰富学员相关专题的理论知识和操作方法，寻找现实问题的解决方案，为有效开展项目式学习实践研究提供理论支持与方法指引。

（四）入园研讨

每年开展不少于10天的入园研讨研修，做到入室学员所在园所全覆盖。根据学员选择的个性课程模块，以研修任务为驱动，凝聚工作室主持人、类型团队、园所团队三位一体的资源力量，深入入室学员所在幼儿园的教育活动现场，实施“分享案例、诊断案例、改进指导”的学习路径，找准学员存在的关键性问题，吸取工作室主持人导师的教育实践精华，指导学员提升项目设计与实施能力，探寻个人教育问题的改进策略和园所项目课程的优化策略，进而影响园所骨干教师的发展。

（五）回园实践

回园实践贯穿主题集中研修以外工作室研修周期的全过程。学员在幼儿园组建实践团队，将主题研修中学到的理论与方法在日常教育实践中予以实践创新，并结合所选择的项目式学习类型开展定期的实践、观摩、研讨，及时整理保留项目式学习的实录、问题与反思等过程性资料。每学期学员园所实践团队必须形成不少于两个的幼儿项目式学习案例，在工作室主持人指导下向工作室进行公开展示，进而达到个人专业成长与园所课程发展双赢的目的。

（六）名师讲堂

名师讲堂是工作室研修成果提炼与展示的重要课程载体，每个入室学员每年至少完成一次名师讲堂任务。工作室主持人引领学员树立研修成果意识，注重研修全过程的深入反思、系统总结、成果梳理。每次研修活动结束须提交研修心得，每个模块课程结束后集中总结、梳理研修经验，形成团队和个人的研修成果，不定期面向工作室或国内幼教同行举办名师讲堂，分享推广研修课程的成果，发挥工作室示范引领作用。此外，还通过发表论文、出版专著、送教下乡、教育帮扶、工作室联合研修等形式提炼、推广、应用研修成果。

八、研修课程评价

工作室研修周期为三年，研修时间跨度较大，坚持过程评价与结果评价相结合、自我评价与他人评价相结合、定性评价与定量评价相结合，共涉及四个层次的评价维度，分别是学员的反应层、学习层、行为层和成果层。

（一）反应层

主要考量工作室团队和学员对培训研修活动的基本态度，从积极参与、按时完成、乐于协作等维度进行评价。积极参与反映在学员参加活动的出勤率、发言的主动性和频率、研修的投入状态等方面。按时完成反映在学员是否按时按要求完成研修任务等。乐于协作反映在学员是否积极参与讨论、能否整合团队资源以及组织研修活动的能力等。

（二）学习层

主要考量工作室团队和学员对培训知识的掌握。学员项目式学习专业素养的评价，包括衡量学员是否了解幼儿园项目式学习的基本理论以及幼儿园教育和幼儿发展的独特价值；衡量学员是否掌握幼儿项目式学习的“四阶段”实施过程和相应的项目管理；衡量学员是否明确在项目式学习中幼儿所需要获得的知识、技能、理解能力和学习态度；衡量学员是否清楚教师在幼儿项目式学习中的角色，以及支持幼儿可持续探究的能力；衡量教师是否能根据《3—6 岁儿童学习与发展指南》客观正确评估幼儿园项目式探究的学习与发展。

（三）行为层

主要考量工作室团队和学员回园实践的教学行为改变，从入园研讨、案例呈现、园所评价等维度进行评价。入园研讨主要深入学员项目式学习开展的教育现场，衡量其是否有效地支持幼儿园项目式学习的开展。案例呈现主要通过学员全面分享展示幼儿园项目式学习案例，来衡量其是否在实践中贯彻项目式学习的教育观和儿童观。园所评价主要从幼儿园园长、老师的评价来衡量学员回园实践的教育学行为改变成效。

（四）成果层

主要考量学员培训后在返岗实践中对幼儿发展的积极影响和对研修成果的提炼，从幼儿发展的积极影响、学员研修成果的积累、园所课程的优化等维度进行评价。幼儿发展的积极影响通过观察评价学员或其园所团队所在班级幼儿的学习与发展促进情况来衡量。学员研修成果的积累主要体现在学员有关项目式学习的案例形成、论文发表、讲堂讲座、专著作品、项目微课、成长故事以及相关项目式学习课程资源等方面。园所课程的优化主要通过园本课程实施的反馈、园长的评价等形式来进行衡量。

九、研修课程管理

（一）明确职责

研修课程需要发挥团队的力量，以工作室主持人为核心驱动，各学员分工合作，明确各自的职责，共同完成研修课程的策划、准备、实施与评价（见表8－3）。

表8－3　广东省邓泰初名教师工作室（2021—2023年）研修课程管理安排表（试行）

岗位	主要职责
班长（1人）	负责协助主持人和助理做好工作室研修课程管理工作。
组织委员（1人）	负责每次研修活动的通知撰写与考勤，协助班长做好研修活动的策划、组织等。
学习委员（1人）	负责做好工作室日常研修活动的组织、传达和作业收集等工作。
宣传委员（2人）	负责撰写、审核研修活动简讯、公众号推文等对外发布信息及宣传文字材料等。
生活委员（1人）	负责组织和协调生活方面的活动，如学习期间专家和学员的餐饮、住宿、交通等。
信息技术执行官（2人）	负责研修课程宣传，运营工作室公众号；每次活动拍照、摄像及网络研修等信息技术支持工作。
经费委员（1人）	负责协助主持人做好工作室的经费使用管理、报销材料归纳等资料收集工作。
资源委员（1人）	负责协助主持人做好研修课程资料（文件、照片、视频等）的整理和存档，协助做好活动的摄像和网络研修工作。

（二）反馈修正

研修课程的实施反馈与完善修正机制是课程有效实施的重要保障。课程审议是研修课程的重要举措。每学期开学前组织工作室研修课程审议会议，主要内容是总结反思上学期的课程实施过程，共同发现研修课程实施过程中的问题，反馈个人专业发展与园所课程优化的阶段需求，及时调整研修目标、研修内容以及研修方式；根据研修总方案，共同制订下学期的研修计划，做好研修活动的人员分工，审议学期的课程计划及重要活动方案。

（三）轮值制度

效仿联合国安理会理事国的轮值制度，工作室的研修活动由入室学员或所在幼儿园轮流承办；面向网络学员开展的网络研修活动则由网络学员各个小组轮流承担组织任务。轮值制度能让每个学员在研修过程具备主人翁的责任意识，让其认识到他们并不只是被动的学习者，而是活动的组织者和驱动者，有效地激发学员参与研修的积极性，又能发挥工作室团队协作精神。

（四）智慧教研

工作室启动伊始刚好遇到持续性的新冠肺炎疫情，集中研修、入园跟岗等传统式的线下研修活动受到前所未有的影响。为了保证研修课程的实施效果，兼顾疫情防控与工作室研修任务的开展，工作室除了将信息技术手段融入幼儿园项目式学习探索，还将其融入研修活动中，创新研修形式，提效研修管理。利用粤教翔云、腾讯会议、钉钉、UNU 等网络平台，随时随地直观形象地组织研修活动，解决研修场地、时间以及疫情防控等问题带来的阻碍。同时，网络平台还可以即时以视频、图片、音频、电子文档等形式将过程性研修资料进行整理存贮。

（五）互补共研

工作室研修课程与园本研修活动存在着相互补充的关系，共同促进教师的专业成长，共同丰富和优化幼儿园课程建设。工作室在研修目标定位、内容选择、专家聘请等方面都应避免与园本研修重复，尽量减少学员的学习负担。因此，工作室充分利用主持人教研员的教育资源，发挥工作室主持人的思想引领作用，注重跨界、跨学科的项目式学习的融合创新，加强园所间骨干教师的协作共研，拓宽学员的视野，做园本研修活动的引路灯与驱动器。

（六）资源管理

工作室助手要统筹做好工作室全过程的文本、音视频、照片以及工作室微信公众号等研修资源的收集与管理工作。

2021 年 10 月

二、名师工作室研修课程内容案例

（一）广东省邓泰初名教师工作室基于幼儿园项目式学习研修课程

根据《广东省邓泰初名教师工作室“项目式学习”研修课程实施方案》的思路，笔者工作室围绕着“基础课程”“个性课程”“专题课程”三大课程模块，遵循着“学习—实践—反思—学习—改进”的循环螺旋向上的研修流程，设计以教师学习者为中心的研修课程内容。

案例 8－4

表 8－4　广东省邓泰初名教师工作室基于幼儿园项目式学习研修课程体系

（2021 年 11 月至 2023 年 2 月）

课程模板	课程安排与实施
基础课程 （必修课程）	**集中专题研修** 2021 年 1. 工作室揭牌仪式暨第 1 次集中研修活动： 杨宁教授“幼儿园 STEAM 教育中基于项目学习的实践路径”　2021. 11. 10 彭莉园长“本土文化视域下的城市自然教育探索”东莞深圳两地联合研修活动 2021. 11. 12 刘翥远老师“PBL 项目式学习的理论与实践”　2021. 11. 13 刘恬副教授“全纳教育，自然主义评估与干预”　2021. 12. 7 叶平枝教授“幼儿园深度学习主题探究课程设计与实施”　2021. 12. 8 张莉教授“幼儿园教师专业化的实践路径”　2021. 12. 13 丁海东教授“基于关键发展性指标的幼儿园区域游戏实践与探索”　2021. 12. 21 2. 第 2 次集中研修活动（与北师大“马赛克方法及中国化探索”研究团队联合教研活动）： 李敏谊副教授“聆听儿童与赋权儿童的方法论——针对瑞吉欧方法与马赛克方法的综合反思”　2021. 12. 8 2022 年 1. 第 1 次集中研修活动： 程学琴老师“打破旧壳发现真谛——安吉游戏的实践与思考”　2022. 4. 14 2. 第 2 次线下集中研修活动： “项目式学习的组织与实施”　2022. 6. 14 3. 第 3 次集中研修活动： 李晖教授“幼儿园课程游戏化背景下教育活动的设计与案例评析”　2022. 6. 29

（续表）

课程模板	课程安排与实施
基础课程 （必修课程）	4. 第4次线下集中研修活动： 微讲座“幼儿园名师工作室研修课程初探”　2022. 9. 28—29 2022年上半年研修活动复盘反思　2022. 9. 28—29 主题研讨“研修课程如何能赋能工作室”　2022. 9. 28—29 微讲座《从文献综述看“何谓幼儿园项目式学习”》　2022. 9. 28—29 主题教研活动：团队文化建设研讨 5. 第5次集中研修活动： 李敏谊副教授“比较学前教育”　2022. 8. 30—12. 31 6. 第6次集中研修活动： 李敏谊副教授“幼儿园师资队伍建设与质量提升——国际经验与中国故事”　2022. 11. 25 2023年 1. 第1次集中研修暨2022年年终总结活动： 项目式学习案例分享　2023. 1. 7 李敏谊副教授点评指导、交流　2023. 1. 7 2. 第2次集中研修：幼儿园教师专业写作培训活动： 学前教育杂志社副主编程洁老师专题讲座“幼儿园教师专业写作之论文撰写”　2023. 2. 15—2. 16 学前教育杂志社资深编辑李原老师专题讲座“幼儿园教师专业写作之案例撰写”　2023. 2. 15—2. 16 3. 第3次集中研修暨走进松山湖艺鸣翠珑湾幼儿园入园指导活动： 工作室2023年度研修课程审议　2023. 2. 22 艺鸣翠珑湾幼儿园项目式学习案例分享及研讨　2023. 2. 22 **穗莞肇三地省名教师工作室联合教研** 广东省邓泰初名工作室承办： 1. 杨宁教授“狩猎采集社会对今天幼儿教育的启示”　2022. 12. 2 2. 张远惠主任“坚持系统思维适应世界变局”　2022. 12. 3 3. 苏鸿副教授“项目式学习：时代内涵与现实追求”　2022. 12. 6 4. 张莉教授“‘看得见’的幼儿园的隐性课程”　2022. 12. 7 5. 刘恬副教授“幼儿评估理念和常见工具”　2022. 12. 8 广东省冯虹名教师工作室承办： 6. 肇庆学院李晖教授《幼儿园教师科研与论文写作》2022. 12. 9 7. 肇庆市实验小学罗俏仪校长《谈谈教师如何开展课题研究》2022. 12. 10 广东省辛小勇名教师工作室： 8. 专题讲座“培养中国人的学前教育”　2022. 11. 20 9. 专题讲座“教师专业发展与教育叙事写作”　2022. 11. 27 10. 莫增煜老师“体育游戏情景在幼儿园体育活动中的运用”　2022. 9. 24 11. 郭桂明老师“幼儿园定向体育活动的开展”　2022. 9. 24

（续表）

课程模板	课程安排与实施
基础课程 （必修课程）	名著共读 1. 第一期共读分享活动：“项目化学习设计：学习素养视角下的国际与本土实践” 2022.5.6 2. 第二期共读分享活动：“小小探索家：幼儿教育中的项目课程教学” 2022.5.27 3. 第三期共读分享活动：“倾听幼儿——马赛克方法” 2022.6.17 （英国伦敦大学、北京师范大学联合主办） 1. 专题活动一：马赛克方法与幼小衔接中的儿童参与 2022.4.13 2. 专题活动二：性别平等——国际计划在中国的探索 2022.5.21 3. 专题活动三：艺术、戏剧与儿童游戏 美国哈佛大学视觉艺术和儿童早期专家 Louisa 博士——艺术、戏剧与儿童游戏 2022.6.5 4. 专题活动四：游戏教学法在学前教育的应用——国际经验与中国方案 李敏谊副教授、北京市海淀区教师进修学校李峰老师“在学前教育中实施项目式学习的国际经验与中国探索”“从赋权儿童到深度学习 2022.7.4” 5. 专题活动五：深度学习的项目式学习 秦思语老师“基于入学准备项目的参与式儿童研究” 2022.7.29 6. 专题活动六：家庭背景下的儿童权利 2022.8.16
个性课程 （必选课程）	入园指导 **支持中国教育工作者赋能儿童落实或持续发展教育的知识交流研讨班活动** 1. 广东省学前教育“新课程”科学保教示范项目研讨聚焦区域游戏，研思共促成长 2021.11.11 2. 走进寮步镇香市幼儿园：“大班区域活动中幼儿深度学习的行动研究——基于马赛克方法”的研讨 2021.12.2 3. 走进南城悦珈幼儿园：项目式学习案例研讨 2022.2.24 4. 走进大岭山镇实验幼儿园：项目式学习案例研讨 2022.2.25 5. 走进南雄市机关幼儿园、始兴县机关幼儿园：项目式学习案例研讨 2022.3.9 6. 走进东城中心幼儿园：项目式学习案例研讨 2022.3.11 7. 走进寮步镇香市幼儿园：项目式学习案例研讨 2022.3.31 8. 走进松山湖艺鸣幼儿园：项目式学习案例研讨 2022.4.1 9. 走进莞城第一幼儿园、莞城中心幼儿园：项目学习案例研讨 2022.4.8 10. 走进莞城中心幼儿园：项目式学习研讨 2022.7 11. 走进莞城第一幼儿园：基于幼儿项目式学习的项目教研 2022.9 12. 走进大岭山镇实验幼儿园：项目式学习案例研讨 2023.2

（续表）

课程模板	课程安排与实施
个性课程 （必选课程）	**课程开发实践研修：**2021.9—2021.11 1. 第一次集体备课：形成幼儿园科学活动新教学法“项目式探究学习”的12个课时系列课程。 2. 第二次小组研讨式集体备课：各小组围绕模块的知识点讨论形成各自的授课专题与提纲。 3. 第三次一对一式集体备课：打开腾讯会议，逐一针对每个授课PPT从参训者学习的角度与授课学员们进行交流与点评。 4. 第四次专家对话式集体备课：邀请培训专家参与，轮流试讲10分钟，开展体验式课例评议研讨。 5. 第五次试讲演练式集体备课：每位授课学员在工作室钉钉群进行预讲，工作室同伴评议。
专题课程 （任选课程）	**课题研究专题** 1. 范国平“幼儿园教研成果论文写作辅导”　2021.12.10 2. 邓泰初“幼儿园科学课程的构建”　2023.2

（二）广东省邓泰初名教师工作室“幼儿园项目式探究学习”专项研修课程表

案例8-4是前文第五章第二节所述笔者工作室开展“项目式探究学习系列课程开发”项目研修案例中研修项目成果的文本呈现。笔者工作室根据授课培训班学员的学习特点，按照项目式学习的知识结构，确定了培训班课程的“概念理解”“实施认知”“案例巩固”等三大模块。我们在“概念理解”模块中坚持研修课程理论为先的理念，从文献和绘本两个视角向培训班学员讲解幼儿园项目式学习的概念。文献视角下的项目式学习为培训班学员呈现不同专家对项目式学习概念的理解，结合绘本故事进一步阐述项目式学习的基本流程。在“实施认知”模块里，我们提取了“黄金标准”“驱动性问题”“探究学习”等项目式学习的三个核心要素来了解幼儿园项目式学习活动的设计与实施，初步构建项目式学习的知识体系。培训课程在“案例巩固”阶段为培训班学员们展示工作室的四个实践案例，帮助学员们将前期的理论学习与实践教学联结起来，加深幼儿园项目式学习这一科学教育新教学法的学习。我们特意在最后一个课时的培训学习中运用对比学习法，以“幼儿园项目式学习与主题教学”为内容对前面11课时的学习进行复盘，引导学员们将新学习的知识经验与主题教学经验进行对比，理解幼儿园项目式学习的价值与意义。

案例 8－5

表 8－5　广东省邓泰初名教师工作室“幼儿园项目式探究学习”研修课程表

（2022 年东莞市幼儿园科学活动组织与指导培训班）

授课时间	授课题目	主讲人	教学目标
第一天	幼儿园科学活动新教学法“项目式探究学习”系列讲座（一） “文献视角下幼儿园项目式学习是什么”	杨树珍	1. 了解运用查阅文献进行学习。 2. 初步理解幼儿园项目式学习的概念。
	幼儿园科学活动新教学法“项目式探究学习”系列讲座（二） “从一本绘本讲起项目式学习是什么”	苏萍	1. 了解绘本案例中幼儿园项目式学习。 2. 理解幼儿园项目式学习的概念。
	幼儿园科学活动新教学法“项目式探究学习”系列讲座（三） “从黄金标准谈幼儿园项目式学习的设计”	曹庚	1. 知道幼儿园项目式学习的黄金标准。 2. 懂得黄金标准在幼儿园项目式学习的运用。
	幼儿园科学活动新教学法“项目式探究学习”系列讲座（四） “如何设计项目式学习概要表”	周敏军	1. 了解幼儿园项目式学习概要表的意义与作用。 2. 掌握幼儿园项目式学习概要表的设计方法。
第二天	幼儿园科学活动新教学法“项目式探究学习”系列讲座（五） “幼儿园项目式学习中探究过程的纪录”	黎欢仪	1. 了解记录在幼儿园项目式学习的重要性。 2. 知道如何做好记录以推进项目式学习的开展。
	幼儿园科学活动新教学法“项目式探究学习”系列讲座（六） “从文献综述中理解项目式学习驱动性问题”	粟童	1. 掌握查阅文献的方法。 2. 初步理解幼儿园项目式学习的驱动性问题。
	幼儿园科学活动新教学法“项目式探究学习”系列讲座（七） “项目式学习的起点：驱动性问题”	邝美轩	1. 了解驱动性问题在项目式学习中意义与价值。 2. 理解幼儿园项目式学习的驱动性问题。
	幼儿园科学活动新教学法“项目式探究学习”系列讲座（八） 幼儿园项目式学习案例：“‘菇’芳不自赏”	余洁	1. 进一步了解幼儿园项目式学习的意义和价值。 2. 进一步了解幼儿园项目式学习的实施流程。 3. 掌握幼儿园项目式学习的实践策略与方法。
第三天	幼儿园科学活动新教学法“项目式探究学习”系列讲座（九） 幼儿园项目式学习案例：“探秘蚕宝宝”	周雨悦	
	幼儿园科学活动新教学法“项目式探究学习”系列讲座（十） 幼儿园项目式学习案例：“自制浇灌器”	黄权锋	
	幼儿园科学活动新教学法“项目式探究学习”系列讲座（十一） 幼儿园项目式学习案例：“你好，大蒜！”	陈园园	
	幼儿园科学活动新教学法“项目式探究学习”系列讲座（十二） “幼儿园项目式学习与主题教学”	叶燕凌	1. 了解幼儿园项目式学习与主题教育活动的异同。 2. 理解幼儿园项目式学习的价值与意义。

第九章

名师工作室研修课程实践案例

2021年，广东省邓泰初学前名教师工作室（2021—2023年）经广东省教育厅评定成立。近三年来，工作室团队始终以“探究式学习”和“游戏学习”为教育理念，以幼儿园项目式学习为教学方法，学习借鉴马赛克研究方法，倾听儿童，致力于幼儿园综合课程的开发与实践。工作室团队研修根据“基础必修课程”“个性必选课程”“专题任选课程”三大模块，遵循“渐进式”“螺旋式”“定制式”的课程理念，紧紧围绕幼儿园项目式学习的研修内容，以项目式学习理念开展协作共研式研修活动，实现教师、幼儿园以及孩子的共同成长。下面，我们以工作室研修课程三大模块为基础，分享工作室部分的研修课程案例。

第一节　名师工作室基础必修课程案例

一、基于“幼儿项目式学习”的工作室名著共读研修课程

理论知识是指导教育实践的基石。广东省邓泰初名教师工作室十分重视学员专业理论知识的研修，注重研修内容的理论先行，渗透案例分析，再关注实践性课程研修，实施渐进式研修课程。在提升工作室学员理念修养方面，我们工作室以名著共读为抓手，通过“定目标、选图书、订方案、抓落实、重参与、多反思”引导教师学员静心阅读、勤于思考、乐于分享、赋能实践，在名著的整本阅读中全面了解理论知识，结合自身的知识与能力实际，努力重构系统的知识经验体系，从而解决学员碎片化获取信息与知识的问题，避免出现“盲人摸象”式的片面认知现象。

（一）名著共读研修方案

案例 9–1

广东省邓泰初名教师工作室2022年上半年读书会研修课程方案①

一、课程的背景

2022年2月中旬，工作室“项目式学习”入园指导教研课程正式启动实施，由于疫情的影响，课程采取了线上和线下相结合的形式开展，先后走进东莞市大岭山镇实验幼儿园、东莞市南城悦珈幼儿园、始兴县机关幼儿园、南雄市机关幼儿园、东莞市东城中心幼儿园、东莞市寮步镇香市幼儿园、东莞市松山湖艺鸣幼儿园、东莞市松山湖艺鸣翠珑湾幼儿园、东莞市莞城第一幼儿园、东莞市莞城中心幼儿园、东莞市机关幼儿园等入室学员所在幼儿园11所，举行教研活动8场，工作室入室学员和网络学员分享项目学习案例共24个，主持人邓泰初对每所幼儿园项目式学习的实施情况进行全面的摸底了解，并与老师们进行案例分析的深度对话。

邓泰初在入园指导教研过程中发现，各幼儿园对项目式学习的研究热情高涨，基本上已开展了半年至两年的项目式学习的实践探索，积累了一些项目式学习的实践案例。虽然工作室在2021年下半年已进行过项目式学习的理论研修活动，但仍存在着以下三个主要问题：

一是对“项目式学习是什么”的理解不够到位。大部分幼儿园未能正确理解项目式学习的概念，个别幼儿园仍然停留在主题探索活动中，甚至有个别幼儿园把项目式学习与科学探究活动等同。

二是对“项目式学习有何价值”的认识不够到位。大部分幼儿园并没有意识到项目式学习对幼儿园课程实施以及幼儿学习的价值所在。

三是对“项目式学习实施路径”的表达模糊不清。从老师案例分享的思路可见，老师们开展项目式学习的实施路径呈现出五花八门的局面，还没有清楚了解项目的计划与启动、项目的实施、项目的成果展示与评价等项目式学习“三步”基本实施路径。

基于以上的问题，特开展2022年上半年读书会系列研修活动。

二、课程的目的

1. 通过研读名著，结合实践理解项目式学习的概念，知道项目式学习黄金标准，解决对“项目式学习是什么”理解不够到位的问题。

2. 通过研读名著，运用对比研究方法，区分出项目式学习与集体教学、区域学习、主题活动等教学方式的异同，理解项目式学习教学方法在幼儿学习与发展中的独特价值，解决对“项目式学习有何价值”认识不够到位的问题。

---

①本研修课程案例设计与撰稿者为邓泰初。

3. 通过研读名著，知道项目式学习的基本实施路径，懂得在教育教学实践中运用实施，解决对“项目式学习实施路径”表达模糊不清的问题。

三、课程的内容

本次读书会研修课程采取由大到小，由浅到深的思路，帮助教师先理解大教育的项目式学习，再了解幼儿园项目式学习课程，再辅以学习马赛克研究方法。主要共读以下三本名著：

1. 项目式学习的基本图书：《项目化学习设计：学习素养视角下的国际与本土实践》（夏雪梅著，教育科学出版社）

2. 幼儿园项目式学习的经典图书：《小小探索家——幼儿教育中的项目课程教学》（［美］赫尔姆、凯兹著，南京师范大学出版社）

3. 儿童研究方法的前沿图书：《倾听幼儿——马赛克方法》（［英］艾莉森·克拉克著，刘宇译，中国轻工业出版社）

四、课程的实施

（一）组织管理

总负责人：叶燕凌

子项目负责人：黎欢仪、杨树珍、周敏军以及其他入室学员。

（二）参加人员

工作室的入室学员以及所在幼儿园的骨干教师、网络学员。

（三）活动模板

1. 园本共读研讨

工作室的入室学员带领所在幼儿园的网络学员和骨干教师开展园本共读研讨。

2. 工作室读书分享

工作室面对入室学员和网络学员分别针对三本名著开展三场读书分享交流会。

（四）活动形式

1. 喜马拉雅讲书

2. 思维导图

3. 阅读笔记

4. UMU 互动平台阅读打卡

5. 读书卡片

6. 撰写心得

7. 其他

以上形式可根据幼儿园以及教师的具体情况进行选择，也可以自主创新共读活动形式，使其更适合教师的阅读水平和阅读现状。

（五）课程安排

表 9－1　读书会研修课程安排表

活动模板	活动时间	参加人员	共读书籍	组织者	活动形式	负责人
园本共读研讨	4 月 26 日前	各入室学员所在幼儿园骨干教师	《项目化学习设计：学习素养视角下的国际与本土实践》	各幼儿园	线上或线下（视情况而定，建议尽量线下开展）	各入室学员
工作室读书分享	4 月 26 日	工作室的学员		工作室		叶燕凌
园本共读研讨	5 月 10 日前	各入室学员所在幼儿园骨干教师	《小小探索家——幼儿教育中的项目课程教学》	各幼儿园		各入室学员
工作室读书分享	5 月 10 日	工作室的学员		工作室		黎欢仪
园本共读研讨	5 月 24 日前	各入室学员所在幼儿园骨干教师	《倾听幼儿——马赛克方法》	各幼儿园		各入室学员
工作室读书分享	5 月 24 日	工作室的学员		工作室		杨树珍
问卷调查	5 月 24 日	参与共读的所有教师		工作室	问卷星	周敏军

五、课程的评价

1. 问卷调查：共读活动后通过问卷调查，了解学员对课程目标的三个问题的学习情况。

2. 各幼儿园和工作室的项目负责人要提前一周（分别是 4 月 19 日、5 月 3 日、5 月 17 日）分别提交幼儿园或工作室读书会活动方案，活动结束后两天内提交活动简讯；活动结束后一周内，参与活动的教师提交研修心得（共三份，字数不限）。

3. 读书会结束后一个月内开展各园项目式学习案例主题分享交流研讨活动，对所展示的案例进行评价，分析共读的学习效果。

（二）名著共读研修通知

案例 9–2

关于开展广东省邓泰初名教师工作室第一、二、三期名著共读集中研修的通知①

广东省邓泰初名教师工作室入室学员和网络学员：

根据广东省教育厅、广东省财政厅关于印发《广东省中小学名教师、名校（园）长、

①本研修课程通知设计与撰稿者为邓泰初。

名班主任工作室的管理办法》的通知（粤教继〔2021〕3号）中有关“工作室每年通过听课磨课、跟岗实践、交流研讨、课题指导、举办读书分享会等方式组织入室学员集中研修不少于15天”的要求，经研究，广东省邓泰初名教师工作室开展第一、二、三期名著共读集中研修。现将有关事项通知如下：

一、活动时间

2022年5—6月自主组织园本共读研讨、工作室共读分享，具体时间安排详见附件。

二、活动地点

1. 园本共读研讨：各学员所在幼儿园

2. 工作室共读分享：广东省邓泰初名教师工作室钉钉群

三、参加人员

广东省邓泰初名教师工作室全体入室学员和网络学员

四、共读名著

1. 项目式学习的图书：《项目化学习设计：学习素养视角下的国际与本土实践》（夏雪梅著，教育科学出版社）

2. 幼儿园项目式学习的图书：《小小探索家——幼儿教育中的项目课程教学》（［美］赫尔姆、凯兹著，南京师范大学出版社）

3. 儿童研究方法的图书：《倾听幼儿——马赛克方法》（［英］艾莉森·克拉克著，刘宇译，中国轻工业出版社）

五、共读主题

第一期共读主题：什么是项目式学习？

第二期共读主题：幼儿园项目式学习如何开展？

第三期共读主题：如何用马赛克方法倾听幼儿？

六、研修形式

1. 园本共读研讨：工作室入室学员和网络学员所在幼儿园提前在园内组织共读或自主阅读。

2. 工作室共读分享：工作室统一在钉钉群组织读书分享，并邀请有关专家进行导读、点评。

七、组织管理

1. 各学员要提前做好共读分享准备，工作室集中共读分享时将会随机邀请学员分享共读收获。

2. 各学员要高度重视共读活动，组织园内教师开展共读，大胆创新共读形式，共同分享适合教师的共读形式。

3. 各学员在组织园本共读时可结合园本特点细化共读的主题，解决一两个实际问题，并注重共读成果的文本化。

4. 各学员要提前安排好工作，按时参加工作室读书分享活动，作考勤登记，不得缺席。

附件：广东省邓泰初名教师工作室第一、二、三期名著共读集中研修安排表（与方案相同，省略）

广东省邓泰初名教师工作室

2022 年 4 月 28 日

（三）名著共读工作室研修实施（部分）

1. 广东省邓泰初名教师工作室第三期读书沙龙活动方案

案例 9-3

广东省邓泰初名教师工作室第三期读书沙龙活动方案①

一、活动缘起

通过第一、二期的项目化学习专业图书共读，教师对于项目式学习的理论与实施途径有了更深入的了解。为进一步推进项目式学习的开展，提高项目式学习评价质量，第三期我们共读了《倾听幼儿——马赛克方法》，为了展示教师们的读书成果，在交流共享中互促共进，工作室开展了本次读书沙龙活动。

二、活动目的

通过读书交流分享，进一步了解马赛克方法的理论框架和研究实例。

三、共读书籍

《倾听幼儿——马赛克方法》

四、活动时间

（略）

五、活动地点

钉钉会议

①本研修课程案例设计与撰稿者为广东省邓泰初名教师工作室入室学员、东莞市东城中心幼儿园杨树珍。

六、参加人员

广东省邓泰初名教师工作室全体成员、入室学员和网络学员

七、邀请专家

北京师范大学李敏谊副教授

八、活动主持人

工作室省级学员、东莞市东城中心幼儿园杨树珍

九、活动过程

1. 19:25—19:30：全体人员进入钉钉群。

2. 19:30—19:35：主持人开场介绍。

3. 19:35—20:15：阅读分享，10 分钟/人。

（1）工作室省级学员、南雄市机关幼儿园陈园园老师分享第一章阅读心得。

（2）工作室市级学员、东莞市寮步镇香市幼儿园周敏军老师分享第二章阅读心得。

（3）工作室省级学员、东莞市机关幼儿园曹庚老师分享第三章阅读心得。

（4）工作室省级学员、始兴县机关幼儿园蔡馥羽老师分享第四章阅读心得。

4. 20:15—21:00：李敏谊副教授专题讲座“如何利用马赛克方法与孩子一起研究”

5. 21:00—21:10：工作室主持人邓泰初老师发言。

6. 21:10—21:15：主持人总结发言，活动结束。

十、活动分工

1. 活动策划、主持人：杨树珍

2. PPT 制作、活动视频录制：杨树珍

3. 活动过程截图：兰华琼（工作室网络学员，东城中心幼儿园骨干教师）

4. 活动记录：张松英（工作室网络学员，东城中心幼儿园骨干教师）

5. 活动简讯撰写：伦惠彦（工作室网络学员，东城中心幼儿园骨干教师）

6. 活动报道发布：黄权锋

7. 活动督导：邓泰初

十一、活动评价

腾讯问卷反馈（见附件二/二维码）

十二、其他要求

请各位工作室学员按时参加读书沙龙活动，因特殊原因不能参加须请假。

广东省邓泰初名教师工作室

2022 年 6 月 16 日

2. 广东省邓泰初名教师工作室第三期读书沙龙活动实录

案例 9–4

聆听儿童，以“马赛克”方法助力项目学习深度发生①

——广东省邓泰初名教师工作室第三期读书沙龙活动

为进一步了解马赛克方法的理论框架和研究实例，帮助教师倾听儿童、理解儿童，推进项目式学习的深度开展，2022 年 6 月 17 日，广东省邓泰初名教师工作室在工作室学员钉钉群开展了第三期读书沙龙活动。活动特邀北京师范大学李敏谊副教授进行线上指导，由工作室省级学员、东莞市东城中心幼儿园杨树珍老师主持，工作室全体入室学员和网络学员约 100 人参加了此次活动。此次共读的图书是由伦敦大学学院教育学院托马斯·科拉姆研究中心高级研究员艾莉森·克拉克撰写、浙江师范大学杭州幼儿师范学院刘宇副教授翻译的《倾听幼儿——马赛克方法》。

本次活动主要分为两部分，一是入室学员代表分享阅读《倾听幼儿——马赛克方法》的心得感悟，二是李敏谊副教授进行专题讲座“如何利用马赛克方法与孩子一起研究”。

一、分享交流　互促共进

来自东莞和韶关两地的 4 位入室学员以导读的模式介绍了各章的主要内容，结合实践分享自己对于书中内容的思考，为大家提供了多样的阅读视角。

（一）南雄市机关幼儿园陈园园

工作室省级学员、南雄市机关幼儿园陈园园老师讲解该书第一章《倾听的框架》，介绍倾听幼儿框架的 6 个特点，并针对其中的“多元性”和“参与性”特点进行详细讲述。结合自身的教育实例，讲述这种倾听方法背后所蕴含的起点——相信儿童是“他们自身生活方面的专家”，是“熟练的交流者”，是“权利的持有者”，是“意义的创造者”。

（二）东莞市寮步镇香市幼儿园周敏军

工作室市级学员、东莞市寮步镇香市幼儿园周敏军老师以思维导图的方式有条理地呈现图书第二章开发马赛克方法的两个阶段：第一阶段是搜集幼儿和成人的看法；第二是把信息碎片拼在一起，以进行对话、反思和解释。其中，第一阶段会出现马赛克方法所使用的各种工具：观察、儿童访谈、儿童拍照和图书制作、幼儿园之旅、地图制作和访谈，可以帮助老师收集幼儿和成人的看法。第二阶段，在把马赛克碎片拼到一起的过程中，与家

---

①本研修课程案例设计与撰稿者为广东省邓泰初名教师工作室网络学员、东莞市东城中心幼儿园伦惠彦，广东省邓泰初名教师工作室入室学员、东莞市东城中心幼儿园杨树珍，邓泰初作部分修改完善。

长、实践者进行讨论，会增进我们对幼儿的了解，帮助减少对幼儿的误会，达到共同建构的效果。

（三）东莞市机关幼儿园曹庚老师

工作室省级学员、东莞市机关幼儿园曹庚老师围绕第三章内容分享“运用马赛克方法调整游戏空间”的心得体会。首先，曹老师通过介绍福禄贝尔等教育学家在“环境对儿童重要性”的主张和马赛克方法凸显的儿童观，说明了儿童参与环境空间改造的必要性。其次，曹老师从使用的主体与对象、工具之间的关系与顺序、工具间的内在逻辑关系等三个方面剖析马赛克方法工具之间的关系。最后，曹老师分享自己对于马赛克方法的创新思考，利用新科技扩展马赛克方法，为其注入了新鲜的血液。

（四）始兴县机关幼儿园蔡馥羽老师

工作室省级学员、始兴县机关幼儿园蔡馥羽老师结合项目式学习案例“幼儿园车道”，分享自己阅读该书后对案例实施的重新认识。蔡老师认为可以运用马赛克方法，扩宽幼儿参与设计车道和表达想法的渠道。蔡老师针对书中个案研究的学习心得，认为年龄越小的幼儿，越需要通过倾听来观察他们的反应，从而判断他们的需要，充分赋权儿童，落实儿童的参与权。

二、专家引领　指明方向

工作室学员代表分享读书心得后，北京师范大学李敏谊副教授逐一对学员的学习心得作点评，勉励大家要好读书、读好书，不断提高学前教育理论水平，做个专业的幼教人。

随后，李教授向学员们作专题讲座“如何利用马赛克方法与孩子一起研究”，通过理论与案例相结合，帮助学员们从研究者和实践者两个不同的角度去理解马赛克研究方法所体现的儿童观和具体实施过程，强调马赛克方法并不是模板，需要研究者和实践者有创造性地使用，以提升幼儿园的课程质量、师幼互动质量，提升儿童的福祉。

李教授带领我们重温瑞吉欧的“儿童的100种语言”，引出有意义地倾听儿童，用多种的方式去聆听、记录儿童的百种语言。倾听不仅仅是用耳朵，而是要用多种感官。倾听是时间的艺术，存在一个时间轴，需要用一段时间去倾听、理解儿童。倾听是有情感的，我们要带着爱和尊重去倾听儿童，不是直接地给儿童的行为作出主观判断。倾听背后还需要有文化支持，需要幼儿园支持老师去聆听儿童，家长和社区则须充分尊重儿童。

我们在使用马赛克方法时，收集到的信息只是一个个马赛克碎片，最核心的是如何“拼”出马赛克，而这种“拼”就是用百种语言表征出儿童的理解，也就是我们作为教师的专业判断。马赛克方法倡导儿童权利，关注儿童声音，倾听儿童的话语。这背后所展现出来的儿童观体现为儿童是他们自身生活方面的专家，儿童是权利的持有者，儿童是熟练的交流者，儿童是意义的创造者、研究者、探索者。儿童是积极的学习者，是研究主体，而不仅仅是研究对象。

马赛克方法强调意义的构建，是多方主体共同完成的，而不是知识的提取。李教授结合她所在研究团队所开展的幼小衔接研究项目，提到马赛克方法是质性研究倡导下的方法论，强调方法多元性的同时更强调方法论的具体执行。作为研究者，要遵循选择原则与知情同意去邀请幼儿参与研究，要熟悉幼儿和观察环境，要搜集幼儿和成人的看法，最后把多种信息拼接起来并进行反思。她们在研究过程中充分吸收马赛克方法的精髓，创新性地拓展开发马赛克系列研究工具集合，例如玩偶讲故事、小学背包、乐高拼搭等。

李教授结合具体案例从研究者和实践者两种角度分享实践反思马赛克方法的价值。研究团队在幼小衔接项目中以研究者身份开展儿童访谈和家长访谈时发现，儿童具有较强的成人权威意识，研究者必须排除儿童对成人权威的干扰，做到平等对话，以确保研究数据的客观性和可靠性。教师作为研究的合作者，收集数据的过程也是共同生成的过程，可以理解为教师主动融入儿童的世界，从儿童的视角出发，将权利还给孩子。从实践者的角度，李教授结合深圳和广州等地具体的实践案例，详细地讲解如何将马赛克方法经过专业改造应用到实践研究中，推动教师在教育实践中看见儿童。

最后，李教授强调要承认儿童具有发言权，要尊重儿童发言权，而关注儿童声音是多方社会建构的过程，同时也要关注儿童的沉默，研究沉默背后的原因，尊重儿童的权利。瑞吉欧方法与马赛克方法的灵魂是：聆听儿童，赋权儿童参与，提升儿童福祉。儿童是自己生活的专家。用百种语言去倾听儿童的声音，允许儿童用百种方法表达自己，只有实现这个可能，才能落实所谓的赋权。

本期读书沙龙活动通过读书与实践的连接，不仅帮助广大教师进一步了解马赛克方法的理论框架，更是利用研究实例为运用马赛克方法开展项目式学习提供了实践层面的指导，促进了幼儿园课程质量的提高。

3. 广东省邓泰初名教师工作室读书沙龙活动园所实施

前文第六章所述名师工作室协作教研的运行模式强调，工作室的研修活动既是个人行为，也是各园所行为。工作室团队成员是各园所派出的种子，除了发展自身的专业之外，还要承担着“蒲公英”种子的使命，把工作室的教研成果传播、应用到园所的教育教学实践中，提高区域学前教育的质量。我们开展的名著共读活动坚持“种子教研”的研修理念，要求入室学员在幼儿园自行组建工作室园本研究小组，提前对即将共读的名著进行预共读研修。

案例 9–5

东莞市东城中心幼儿园项目式小组共读活动方案①

一、活动背景

我园在广东省邓泰初名教师工作室主持人邓泰初老师的支持下，建立了幼儿园项目式学习小组，期待在专家和园长的跟踪指导、组员的交流学习下提升我园教师项目式学习的组织与实施能力。

二、活动目的

1. 通过研读名著，能结合实践理解项目式学习的概念，知道项目式学习黄金标准。

2. 通过研读名著，运用对比研究方法，区分出项目式学习与集体教学、区域学习、主题活动等教学方式的异同。

3. 通过研读名著，知道项目式学习的基本实施路径，懂得在教育教学实践中运用实施。

三、共读书籍

本次读书主要共读三本专业图书，由邓泰初老师推荐书目。

1. 项目式学习的基本图书：《项目化学习设计：学习素养视角下的国际与本土实践》

2. 幼儿园项目式学习的经典图书：《小小探索家——幼儿教育中的项目课程教学》

3. 儿童研究方法的前沿图书：《倾听幼儿——马赛克方法》

四、活动实施

1. 活动负责人：杨树珍

2. 参加人员：（略）

3. 共读安排

【活动一】章节内容讲读

参与人员轮流讲读章节主要内容，结合工作实际谈谈学习感想或提出自己的困惑。每人 5—10 分钟，讲读内容上传喜马拉雅进行分享。

讲读内容：最值得学习的地方，先讲读原文，再分享理解。

【活动二】全书问卷式回顾

负责人以问卷的形式，帮助全体人员回顾该书的核心内容。

【活动三】共读研修心得

每本书共读活动结束后一周内提交共读研修心得，500 字以上。

---

①本研修课程案例设计与撰稿者为广东省邓泰初名教师工作室入室学员、东莞市东城中心幼儿园杨树珍。

表9－2 共读活动安排

活动模板	活动时间	共读书籍	章节	讲读人/负责人	讲读时间
共读启动	4月20日	读书经验分享		略	
共读研讨	4月20—4月26日	《项目化学习设计：学习素养视角下的国际与本土实践》	第一章：学习素养与项目化学习	略	4月22日
			第二章：项目化学习的设计	略	4月23日
			第三章：学科项目化学习设计	略	4月24日
			第四章：跨学科项目化学习设计	略	4月25日
	第一本书共读简讯			略	4月27日
	第一本书共读研修心得（500字以上）			每人	4月30日
	4月27日—5月10日	《小小探索家——幼儿教育中的项目课程教学》	第一章：项目课程与幼儿	略	4月27日
			第二章：开始	略	4月28日
			第三章：发展项目课程	略	4月29日
			第四章：探究	略	4月30日
			第五章：结束项目课程	略	5月6日
			第六章：项目课程的相关议题	略	5月7日
			第七章：“消防车”课程	略	5月8日
			第八章：项目课程教学应用实务	略	5月9日
			问卷式回顾学习	略	5月10日
	第二本书共读简讯			每人	5月11日
	第二本书共读研修心得（500字以上）			略	5月14日
	5月11日—5月24日	《倾听幼儿——马赛克方法》	第一章：倾听的框架	略	5月12日
			第二章：倾听幼儿：开发马赛克方法	略	5月14日
			第三章：游戏空间：调整马赛克方法	略	5月16日
			第四章：个案研究：运用马赛克方法	略	5月18日
			第五章：伦理和方法问题	略	5月20日
			问卷式回顾学习	略	5月24日
	第三本书共读简讯			略	5月25日
	第三本书共读研修心得（500字以上）			每人	5月28日
案例分享	共读结束后一个月		—	待定	待定

4. 共读要求

(1) 各幼儿园园本共读负责人(入室学员)提前一周(分别是4月19日、5月3日、5月17日)提交幼儿园园本共读的活动方案,每本书共读活动结束后两天内提交活动简讯,结束后一周内收集参与共读教师的研修心得(字数不限)。

(2) 读书会结束后一个月内开展各园项目式学习案例主题分享交流研讨,对所展示的案例进行评价分析共读的学习效果。

东莞市东城中心幼儿园项目式学习小组

2022年4月19日

案例9-6

东莞市东城中心幼儿园共读小组第一期共读研修实录①:

东莞市东城中心幼儿园张雪莲园长:我们将会以项目式学习的形式来进行本次的共读(共读图书为上海市教育科学研究院夏雪梅老师的《项目化学习设计:学习素养视角下的国际与本土实践》),今天的研讨主题是幼儿园项目学习方案的设计。图9-1是邓泰初老师预设的项目式学习设计,今天我们作为学生,来讨论这个图,对每个版块提出学习者的观点,与邓老师一起来完善这个项目式学习的规划图。

一、找到要修改的问题

1. 关于启动事件,结论:已经真实发生,可以确定,不再讨论。

2. 关于驱动性问题——"如何设计幼儿园项目式学习方案",这个问题是否是我们当面想解决的真实问题,并且能引发学习者的一系列问题?

毛:读书节奏太快,时间安排太紧,消化不了。

奇:读不懂,读起来很吃力。

燕:读的时候读不进去,有许多不明白的地方。

英:书中关于学科的知识点与幼儿园实际有出入,书中案例以小学知识居多,应如何跟幼儿园教学工作接轨。

讨论结果:其实现在我们感觉读完这本书也不能解决"如何设计幼儿园项目式学习方案"的问题,因为它读起来有些困难。

3. 基于上面的讨论,我们所要解决的真实问题是什么?

讨论结果:老师们的问题在于读不懂这本书,对于原有问题"如何设计幼儿园项目式学习方案"需要更多时间读懂书后再考虑。针对老师们的问题,修改驱动性问题为:如何

①研修实录文字记录来自东莞市东城中心幼儿园兰华琼。

读懂《项目化学习设计：学习素养视角下的国际与本土实践》这本书。

4. 关于这个驱动性问题，我们想探索的问题有哪些？

伦：如何提高读书的积极性？

杨：为什么要读这本书，理论性太强？

袁：如何解决书本内容与已有经验的冲突？

珍：怎么帮助我们理解书中的内容？

二、解决的办法

1. 关于读书的时间：改变阅读时长与频率，让老师有更多的时间理解这本书（见表9－3）。

表9－3　共读研修的阅读时长安排

阅读章节	阅读时长
第一章	一周
第二章	两周
第三章、第四章	两周

2. 关于理解书本的方法：(1) 现场读书交流讨论，借助同伴和交流来理解书的内容。每周四进行一次讨论，结束后由一位老师总结，并在喜马拉雅分享。(2) 提炼一个问题作为作业，大家把答案发到群里，讨论、交流答案。

3. 关于解决阅读中的困惑：针对读书过程中产生的疑问，采用群内提问的方式，同伴共同探讨，请邓泰初老师视情况答疑。

4. 关于调动积极性：制订一个共读奖励方案，幼儿园提供经费，调动大家的积极性。

5. 关于已有经验的冲突：用列表式对比把问题列出来，找到本书与其他图书及教师已有经验之间的差异，这也是一种阅读的成果。

6. 关于理解后的输出：通过喜马拉雅讲读，参考别人上传的音频，学习别人总结一本书的方法。

7. 产品/行动的调整：增加喜马拉雅的完整讲读录音、共读汇报数量。

8. 知识技能的调整：增加共读理论书的方法。

9. 评估增加：每章附一个调查问卷（闭卷回答）。

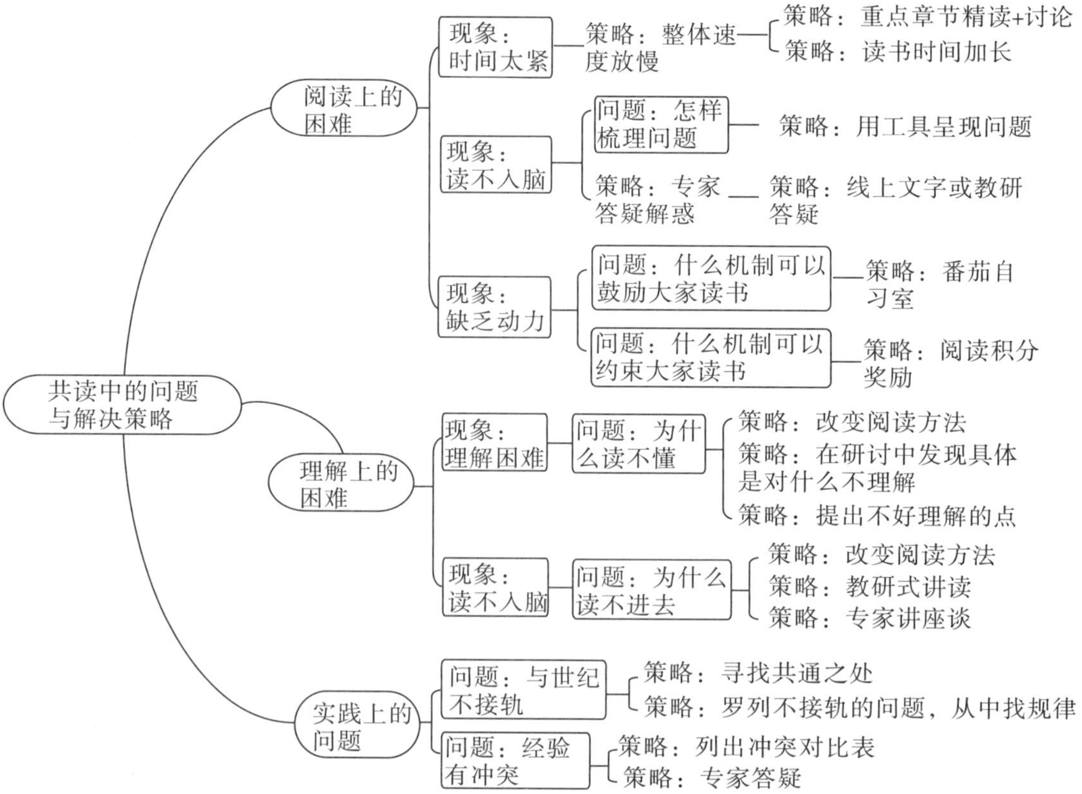

图 9－1　共读中的问题与解决策略图

（四）研修课程评价反思

1．工作室主持人对共读图书选择的反思①

在完成对入园指导活动的回顾反思后，归纳出幼儿园教师开展项目式学习存在的共同问题和困惑。工作室入室学员所在幼儿园接触项目式学习的时间与深度参差不齐，个别幼儿园实施项目已有两三年时间，且接受过较为系统的项目式学习培训，而有些幼儿园则从 2021 年加入工作室起才开始接触项目式学习，半年时间内所参加的相关培训只局限于前一阶段工作室的集中研修，因此各幼儿园教师呈现的项目式学习案例不管是项目学习的流程还是项目实施策略等方面仍有较大的提升空间。具体表现为对“项目式学习是什么”的理解不够到位，对“项目式学习有何价值”的认识不够到位，对“项目式学习实施路径”的表达模糊不清等等。

针对以上问题，在访谈个别学员的基础上，笔者认为：出现这些问题的根源在于教师对项目式学习的基本理念理解不够透彻，不能准确地把握项目式学习对幼儿学习与发展的

---

①共读反思的撰写人为邓泰初。

内在价值，所以在教育实践中会出现断章取义或画马像牛的现象，有些教师仍然停留在主题探究活动，甚至主题教学活动阶段。

前期工作室集中研修时分别邀请了项目式学习领域高校专家、中小学以及幼儿园资深园长和教师，从理念到实践给学员进行讲授，也在工作室研修平台上不定期地推送分享幼儿园项目式学习的案例。但碎片化的知识输入并不能让学员在其知识架构中形成对项目式学习整体的概念，最终只能出现似懂非懂的局面。

为了解决以上的问题，作为工作室主持人，笔者结合教师的学习特点和成长路径，决定策划实施工作室的名著共读活动，旨在通过共读经典的项目式学习专著，帮助学员们将项目式学习的碎片化知识重新拼凑起来，构建完整的项目式学习知识体系。

项目式学习并不是新鲜的事物，国内外有很多相关的专著。名著共读的想法出来了，该如何为学员们选择共读的图书呢？

（1）对标问题形成共读的目标

曾听北京市海淀区进修学校数学教研员张鹤老师讲过："通过所谓的'模型'快速解决问题，放弃了思考问题、研究问题的过程，那就完全背离了数学课堂教学的本质。"幼儿园教师偏爱教学模式和教学策略，甚至是可迁移的教学方法的学习，能短时间内改善、提升我们的教育实践，但可能会出现照葫芦画瓢的局面，难以实现教育质量的提升。梳理当前学员们普遍存在的问题，按照理念—模式—理念的思路，形成以下三方面的共读目标。

①通过研读名著，能结合实践理解项目式学习的概念，知道项目式学习黄金标准，解决对"项目式学习是什么"理解不够到位的问题。

②通过研读名著，运用对比研究方法，区分出项目式学习与集体教学、区域学习、主题活动等教学方式的异同，理解项目式学习教学方法在幼儿学习与发展中的独特价值，解决对"项目式学习有何价值"认识不够到位的问题。

③通过研读名著，知道项目式学习的基本实施路径，懂得如何在教育教学实践中运用实施，解决对"项目式学习实施路径"表达模糊不清的问题。

（2）如何让学员理解"项目式学习的本质是什么"

第一期共读主题：什么是项目式学习？

选用图书：《项目化学习设计：学习素养视角下的国际与本土实践》（夏雪梅著，教育科学出版社）

项目式学习早在20世纪中叶就在国外流行，20世纪90年代进入中国，21世纪初开始在我国中小学校尝试开展实施，形成很多中国化的实践模式，但幼儿园阶段尚未深入实践研究。选择什么图书能帮助学员们理解项目式学习的概念以及内涵呢？应该选择国外的书、国内的书还是幼儿园的书？最为经典且被广泛认同的是巴克教育研究所出版的《PBL项目学习手册》。考虑到国外专著的表达形式与中国的有所不同，且幼儿园教师偏好阅读实践类型图书，我们选择上海市教育科学院夏雪梅老师的《项目化学习设计：学习素养视角下的国际与本土实践》，让学员们跳出学前教育领域，看大教育背景下的项目式学习如何在中国本土实践，理解项目式学习的本质，知道为什么要在学校、幼儿园开展项目式学习。

（3）如何让学员理解“幼儿园项目式学习及其实施路径”

第二期共读主题：幼儿园项目式学习如何开展？

选用图书：《小小探索家——幼儿教育中的项目课程教学》（［美］赫尔姆、凯兹著，南京师范大学出版社）

通过第一期共读活动，学员们站在大教育的视域下明确项目式学习的内涵，了解项目式学习在中小学实践的六个要素。中小学教育与幼儿园教育仍存在着较大的差异，项目式学习在中小学的实践经验并不能完全照搬到幼儿园，毕竟幼儿的学习具有较强的具体形象特点以及游戏性，幼儿的认知体系和社会经验仍较为缺乏，并不能像中小学生那样完全主导项目式学习的开展。在这一共读阶段，我们要把学员们从大教育天空中拉回到幼儿园教育场景，研读如何在幼儿园开展项目式学习，发现项目式学习对幼儿学习与发展的价值，了解幼儿项目式学习的基本流程及实施策略。在当当网等图书网站搜索“幼儿园项目式学习”，发现国内基本上没有专门的图书，因此我们把选择的目光投到国外的图书。考虑到幼儿园教师的阅读特点，我们选用了书中结构较为清晰，符合国人阅读思维的《小小探索家——幼儿教育中的项目课程教学》，帮助学员们从大教育的项目式学习迁移以到幼儿为对象的项目式学习。

《小小探索家——幼儿教育中的项目课程教学》分为项目课程与幼儿、项目开始、项目发展、项目探究、项目结束、消防车课程、项目课程教学应用实务等共七个章节，较符合中国阅读者，特别是幼儿园教师的阅读习惯。该书从对比分析当前集体教学、区域活动、主题教学与项目学习的异同谈起，讨论项目式学习与幼儿之间的关系，结合若干个案例阐述项目教学的开始、发展、探究和结束四个环节，然后以“消防车”项目为教学案例进行巩固学习，最后分享项目教学管理中常用的问题以及工具表。

（4）如何让学员更有效地倾听儿童、理解儿童，有效实施项目

第三期共读主题：马赛克方法如何倾听儿童？

选用图书：《倾听幼儿——马赛克方法》（［英］艾莉森·克拉克著，刘宇译，中国轻工业出版社）

二期共读活动之后，学员们基本理解幼儿园项目式学习的内涵、实施流程以及策略。

从前期的调研所知，学员们开展项目式学习时仍停留在以往的主题探究活动阶段，在不同程度上存在着教师主导意识偏重的现象，倾听孩子声音的形式过于单一，缺乏工具性，主要是靠教师观察收集信息，再主观理解孩子的兴趣和需求。项目式学习在于顺应孩子的兴趣点，提供支持，帮助孩子推进项目的开展。教师是否真正找到孩子的兴趣点以及真实地了解到孩子内心的想法成为项目实施的关键。这一共读阶段要引导学员们走近儿童，倾听儿童，进而理解儿童，从实操层面实现项目式学习的教育价值与发展理念。基于以上的思考，在北京师范大学李敏谊副教授的推荐下，我们选用《倾听幼儿——马赛克方法》一书，希望能通过书中的分析，树立教师倾听儿童的教育观，为教师理解儿童提供操作性强的方法。

《倾听幼儿——马赛克方法》一书用丰富的实践案例，带领我们深入了解马赛克方法，学会如何有效整合多元方法，聆听儿童的一百种语言，描绘儿童世界的完整图景。马赛克方法是缘起于欧洲的一种儿童研究方法，它将儿童视为他们自身生活的专家、熟练的交流者、权利的持有者和意义的创造者，从儿童交流模式的多元化特点出发，综合运用观察、儿童拍照、图书制作、幼儿园之旅、魔毯、角色扮演、访谈等多种方式来聆听“儿童的一百种语言”，以更全面地描绘儿童及其生活世界的完整图景，并将其作为优化儿童发展与教育环境的出发点。

经历了前一阶段集中研修时项目式学习理念的混沌与迷茫，再到案例实践后的朦胧与纠结，名著共读活动是基于问题导向的理论学习再回笼，是工作室研修课程第二阶段的新起点。期待学员们能在大教育背景下理解项目式学习的本质，再回到幼儿园情境中理解幼儿园项目式学习及其实施路径，并掌握马赛克研究方法，有效地倾听儿童、理解儿童，确保理念能落实到项目实施中。

2. 工作室主持人对共读中倾听教师的反思

工作室名著共读期间，笔者受工作室导师、北京师范大学李敏谊教授邀请，参加由北京师范大学教育学部和伦敦大学学院教育学院联合举办的、旨在于推动国际对话以及讲好中国故事的“支持中国教育工作者赋能儿童，落实可持续发展教育的知识交流系列研讨班”。通过与马赛克方法创始人艾莉森·克拉克等国内外专家和实践者互动对话，笔者开始接触马赛克方法这一倾听儿童的工具，认识到马赛克方法所体现的儿童观和价值观。身为工作室主持人，在马赛克方法面前，我思考着，工作室所开展的研修活动有真正倾听我的“孩子”——教师学员吗?

下面是笔者作为工作室主持人，基于马赛克倾听方法，对工作室名著共读研修活动中有关倾听教师的反思①。

案例 9-7

倾听教师，优化工作室共读方案
——马赛克方法在教师的成长（教研活动）中的运用

一、背景

我主持省名师工作室，研究方法是幼儿项目式学习。学员都来自一线的幼儿园园长和优秀教师，约 15 人。为了让学员们理解大教育项目式学习的理念价值以及实施模式，我选取了《项目化学习设计：学习素养视角下的国际与本土实践》作为共读图书，组织工作室共读分享活动。

二、发生了什么

我预设的共读目标是理解并懂得项目式学习基本流程的设计，知道驱动性问题的要素，并掌握选择、提炼驱动性问题的方法。大多数学员们都在自主阅读一周后反映此书理念性太强，读不下去，阅读意愿逐渐减退。我思考着，如何调整共读方案，让教师在愉悦的阅读氛围下学习呢?

三、该案例如何与当月工作坊主题相关

面对着教师共读的困境，我思考着，学员如同教师班级的儿童，能否将马赛克方法运用在教师的学习与发展?

马赛克方法认为“倾听包含听到、解释、构建意义的积极行为”。

首先是“听到”。

倾听工具一：问卷星无记名调查。为了消除教师对所谓权威专家的畏惧，真正地听到教师共读的想法，我利用问卷星调查工具开展调查，结果显示，有 80% 的教师“最喜欢的共读方式”是“思维导图”和“喜马拉雅讲书”，没有人选择“撰写读书心得”；在“最想了解项目式学习的内容”的问题上，有 75% 的教师选择“方案设计”“实施流程”等，只有 10% 选择“为什么要做项目学习”“教育观”“儿童观”。

倾听工具二：圆桌会议。在读书的整体感觉上，老师们是这样说的：

毛：读书节奏太快，时间安排太紧，消化不了。

奇：读不懂，读起来很吃力。

燕：读的时候读不进去，有许多不明白的地方。

英：书中关于学科的知识点与幼儿园实际有出入，书中案例以小学知识居多，应如何跟幼儿园教学工作接轨。

---

①反思的撰写人为邓泰初。

在读书的驱动性任务上，老师们是这样提议的：

伦：如何提高读书的积极性？

杨：为什么要读这本书？理论性太强。

袁：如何解决书本内容与已有经验的冲突？

珍：怎么帮助我们理解其中的内容？

倾听工具三：问题卡片。制作小卡片，以“我想要的共读方式”为话题，依次将自己的想法记录在同一张小卡片上，从第一位教师漂流到最后一位教师，由最后一位教师进行总结归纳。想法有“设置积分机制，鼓励发言思考，奖励奖品”，“最好有专家导读”，“结合自身的案例进行读书”等。

其次是“解释”。

从以上工具收集到教师的想法可以看出，教师想要的与我构想的之间存在着较大的差异。作为一名教研员和工作室主持人，我预设的目标基于我发现的问题，却忽略了教师的读书能力与特点。首先，教师们平时阅读专著较少，阅读有难度，因此，共读时要调整共读目标，不能只关注项目式学习的内容本身。其次，教师阅读积极性不高，源自阅读驱动不够，可以从工作任务、奖品奖励等形式入手。最后，书中内容理论性较强，且大多涉及中小学，幼儿园教师难以理解，可以结合幼儿园的案例辅助阅读。

最后是“构建意义的积极行为”，及时调整共读阅读目标与形式。

1. 掌握读好专业书的方法。

2. 了解项目式学习的教育价值。

3. 知道大教育项目式学习的基本实施框架。

四、哪些尝试是有效（或无效）的？为什么？

使用上述的三种倾听工具获得的信息比较接近教师心中所想，其中两种倾听工具起到了很好的效果。

一是无记名调查。看到教师们说看不懂时，我第一时间在共读群里询问教师原因，但没人回答。我心想，他们不是说看不懂书吗？为什么没人说出原因呢？通过个别访谈了解到大部分人是不敢说。因此，采取无记名的问卷星调查，既方便又能消除教师们对权威的畏惧，能大胆地发表意见。

二是卡片漂流。刚开始采取教师自各提交意见的形式，难以发现有价值的意见。采取卡片漂流后，收集的意见相对集中且能层层完善。原因在于，后面的教师可以在前面教师意见的基础上进行思考与完善。

五、在这个案例中出现了哪些困难和挑战？

一是问卷调查时问题的呈现方式和指向性仍需进一步改善，做到使教师看到问题就有表达想法的意愿。

二是倾听教师的想法，形成马赛克方块后如何将教师的想法与实践进行综合分析，最终形成共读的最优方案。

二、基于“幼儿项目式学习”的工作室案例审议研修课程

“学习金字塔”理论认为，“教别人”“实践”“讨论”“演示”“倾听”“阅读”“听讲”这六种学习方式的学习效果在两周后将逐渐减弱，其中“教别人”可以记住90%，而“听讲”则只可以保留5%。因此，我们在设计研修课程时要按照“学习—实践—反思—学习—改进”螺旋向上的研修流程，既关注学习者的理论和实践知识的建构，又注重指导学习者将知识与经验回园实践，结合实际情况进行迁移与应用，解决个人或园所的具体问题。

以下是广东省邓泰初名教师工作室的一次系列研修活动及回园实施情况：

（一）广东省邓泰初名教师工作室2022年第二次线下集中系列研修活动方案①

案例9–8

第一阶段研修：工作室研修课程审议

一、研修时间：（略）

二、研修地点：（略）

三、研修目标：

1. 了解并知道工作室研修课程的内涵与意义。

2. 初步学会设计工作室研修课程。

四、研修内容：名师工作室研修课程

五、研修对象：工作室入室学员及网络学员，部分市名师工作室主持人（邓泰初指导团队），约30人。

六、研修工具：问卷星、“鱼缸式”研讨

七、研修组织和主持人：（略）

①研修方案的设计者为邓泰初，撰稿人为邓泰初及广东省邓泰初名教师工作室入室学员、东莞市南城悦珈幼儿园余洁，广东省邓泰初名教师工作室入室学员、东莞市寮步镇香市幼儿园周敏军，广东省邓泰初名教师工作室入室学员、东莞市莞城第一幼儿园叶燕凌。

八、研修过程：

（一）引入——话题研讨（30 分钟）

1. 问卷星收集问题答案信息（10 分钟）

问题一：为什么要申报名师工作室？

问题二：为什么要加入名师工作室？

问题三：你想在名师工作室获得什么？

问题四：你希望名师工作室如何开展活动？

（由活动主持人提前制作问卷星二维码投放在主页 PPT 中供参会人员扫码填写。）

问题五：名师工作室是个什么组织？

2. “鱼缸式”研讨：邀请市名师工作室主持人和学员代表在中间进行讨论（20 分钟）

（由活动主持人现场邀请自愿参加研讨人员约 6—8 人进行讨论。）

（二）知识——微讲座（30 分钟）

“基于学习者的名师工作室研修课程初探”主讲人：邓泰初

（由活动主持人协助配合 PPT 提前调试、现场播放。）

（三）实践——上半年工作总结回顾（40 分钟）

主要研修活动回顾：入园指导、读书分享、线上线下集中研修　主讲人：邓泰初

省平台管理　主讲人：粟童

（由活动主持人协助配合 PPT 提前调试、现场播放。）

（四）理解——小组主题研讨（30 分钟）

研讨主题：研修课程如何赋能工作室？

1. 分主持人组、学员组、主持人 + 学员组三个组，研讨“研修课程如何能赋能工作室”。

2. 三个小组分享呈现研讨成果，每组 5 分钟。

（三个小组现场推选本组组长组织讨论，组长最后代表本小组分享呈现研讨成果。）

（五）建构——研讨启发未来（30 分钟）

现场邀请 2—3 位工作室主持人分享参加本次活动带来的启发，以及对自己工作室未来发展思路的思考。

（其余学员为书面发言分享。）

（六）总结——小结复盘（20 分钟）

1. 工作室主持人点评。

2. 活动主持人总结。

（七）合影留念

九、预期研修成果：

（一）成果形式

问卷星后台数据反馈汇总表、小组研讨成果（思维导图、表格及文字材料）、研修记录。

（二）成果内容

1. 学员对工作室研修课程的内涵与意义的理解。

2. 学员能够初步设计工作室研修课程。

3. 学员对工作室上半年工作成果的回顾，增进对工作室的情感，明晰未来成长方向。

第二阶段研修主题：项目式学习案例分析（学习建构）研修方案

一、研修时间：（略）

二、研修地点：（略）

三、研修目标：

1. 通过案例分析，初步懂得提炼项目式学习驱动性问题。

2. 通过案例学习，了解项目式学习的教育价值和儿童观。

四、研修内容：项目式学习案例

五、研修对象：每园工作室入室学员1人和骨干网络学员2人，共30人。

六、研修工具：K－W－L表格、“世界咖啡”研讨法

七、研修组织和主持人：工作室学员、寮步镇香市幼儿园周敏军

八、研修过程：

（一）热身讨论（15分钟）

讨论话题：关于PBL（问题驱动教学法），你已经知道什么？你还想了解什么？写在K－W－L表格的“K”和“W”栏。（“世界咖啡”研讨法）

（二）话题探索（50分钟）

1. 微讲座：“从文献综述看‘何谓幼儿园项目式学习’”（20分钟）

综合幼儿园“项目式学习”“PBL”等主题文献，综述“幼儿园项目式”学习概念。

（请苏萍、黄权锋、周雨悦、杨树珍准备PPT发言，届时随机邀请两位学员代表口头发言分享，每人10分钟，其余为书面发言分享。）

2. 微讲座：“从文献综述看‘项目式学习的驱动问题’”（30分钟）

结合文献案例，了解各文献案例中“项目式学习的驱动问题”类型、缘起背景、问题递进过程与层次、驱动问题对项目整体的推动作用等，研讨“项目式学习的驱动问题”的产生与推动进程。

（请叶燕凌、余洁、邝美轩、周敏军、曹庚准备PPT发言，届时随机邀请两位学员代表口头发言分享，每人10分钟，其余为书面发言分享。）

3. 讨论分享：理论层面你有什么收获？写在K－W－L表格的“L”栏。

（三）案例分析（65分钟）

深圳三幼“鸟”的项目评析：

1. 回顾案例“鸟”（10分钟）

2. 分三个维度分组讨论（30分钟）

一组：分析项目式学习的开展：结合项目式学习“七大黄金标准”，梳理案例脉络，分析案例特点。（思维导图）

二组：分析案例的驱动问题：寻找项目的驱动问题，分析驱动问题网络结构，并解析驱动问题的产生背景与项目推动作用。（表格或思维图）

三组：分析案例的孩子与教师（儿童观）：找出案例中反映教师教育观念的关键细节，分析教师观念（教育观、儿童观）对项目式学习的促进作用。（分享）

3. 小组分享（15分钟）

（1）各小组进行分享，并呈现研讨成果。

（2）反思讨论：案例研讨环节，我的实践收获是什么？写在K－W－L表格的“L”栏。

（四）活动总结（10分钟）

1. 工作室主持人点评。

2. 活动主持人总结。

九、研修成果：

（一）成果形式

学员K－W－L表格、小组研讨成果（思维导图、表格及文字材料）、研修记录。

（二）成果内容

（1）学员对幼儿园项目式学习理论的理解。

（2）学员对项目式学习中驱动性问题的理解以及其在项目式学习的价值。

第三阶段研修主题：项目式学习案例研磨（应用迁移）研修方案

一、研修时间：（略）

二、研修地点：（略）

三、研修目标：

1. 区别项目式学习与主题教育。

2. 进一步理解项目式学习的教育价值。

3. 学会设计项目式学习的基本流程。

四、研修内容：项目式学习的设计。

五、研修对象：每园工作室入室学员 1 人和骨干网络学员 2 人，共 30 人。

六、研修工具：头脑风暴法、线上调查问卷、教研记录表及统计表。

七、教研准备：

（一）经验准备类

提前寻找一些关于科学探究类、社会文化类、艺术美育类、工程建构类、综合活动类的幼儿园项目式学习案例和一些理论文献。

（二）教研文具类材料

大白纸、大头笔每组两支、水彩笔每组各一盒。

八、研修组织和主持人：工作室骨干网络学员、东莞市莞城第一幼儿园罗方玲

九、研修过程：

（一）问卷调查汇总（5 分钟）

在线填写问卷：你们幼儿园现时实施教学活动实行的方式是？（问卷调查汇总法）

A 主题教学；B 项目式学习；C 既有主题活动也有项目式学习。

（二）教研活动（头脑风暴法）（70 分钟）

1. 抛出问题，引发思维碰撞（3 分钟）

讨论话题一：项目式学习与主题教育有什么异同？

讨论话题二：如何设计幼儿园学习项目？

2. 分组研讨，阐明具体策略（20 分钟）

将组员随机分成 4 组（2 分钟），进行问题讨论（10 分钟），各组分享汇集的成果（8 分钟）。

3. 梳理小结，汇总问题观点（10 分钟）

（1）主持人引领以同一纬度罗列策略的表述方式。

（2）汇总提炼共同的成果。

（三）专家点评，助力总结提升（10 分钟）

1. 工作室主持人点评。

2. 活动主持人总结。

十、分组讲座各类型项目工作坊研讨工作计划

（一）将组员随机分成 5 组（2 分钟）

（二）小组研讨

综合幼儿园“项目式学习”“PBL”等主题文献，综述“各类型项目式学习实施步骤”（20 分钟）。

1. 科学探究类项目式学习。

2. 社会文化类项目式学习。

3. 艺术美育类项目式学习。

4. 工程建构类项目式学习。

5. 综合活动类项目式学习。

（三）小组分享（20 分钟）

各小组进行分享，并呈现研讨成果。

（四）活动总结（10 分钟）

1. 工作室主持人点评。

2. 活动主持人总结。

十一、研修成果

1. 成果形式

小组研讨成果、研修记录。

2. 成果内容

（1）项目式学习与主题教育活动的异同。

（2）设计幼儿园学习项目的步骤。

（二）广东省邓泰初名教师工作室 2022 年第二次线下集中系列研修活动实录①

案例 9-9

第一阶段研修：工作室研修课程审议教研实录

一、引入——话题研讨

（一）调查问卷分析

针对上一轮东莞市名师工作室主持人、学员进行问卷调查反映的问题与建议：

1. 受疫情影响，工作室研修活动、外出学习机会骤减。这也将是工作室新一轮所需要面临的问题。

2. 学员们普遍更偏向实践性的内容与活动。

3. 学员们希望有更多入园跟岗学习的机会，同时希望主持人能更多开展入园指导活动。

（二）"鱼缸式"研讨：工作室如何开展研修活动？

问题一：（问工作室学员）您为什么要加入名师工作室？

---

①实录撰写人为广东省邓泰初名教师工作室入室学员、东莞市大岭山镇实验幼儿园邝美轩，邓泰初作适当修改完善。

学员1：站在个人角度，希望获得能力提升和个人成长；站在幼儿园角度，希望带动幼儿园其他老师共同成长；同时，也希望通过参与工作室活动，运用习得的知识让幼儿园的孩子得到更好的发展。

学员2：第一，对主持人能力的认可，加入工作室能实现自己专业能力的提升；第二，工作室能促进同行间的交流，拓宽视野，让问题在思维碰撞中解惑。

学员3：对班级工作、幼儿园工作以及幼儿发展都有一定的帮助。

主持人：刚才学员们分别从幼儿园发展、教师专业发展和幼儿发展的角度分享了加入工作室的原因。同时，也提到跟随工作室主持人的专业追求、教育主张，还认可加入工作室能积累更广的人脉和促进与优秀同行的交流。

问题二：（问工作室主持人）您如何实现学员的成长愿景？

李军英：

1. 提出主持人教育主张，确定工作室研修方向。
2. 提供个性化服务，拟定学员培养方案。
3. 满足阶段性成长需求，增加额外辅助服务。

杨占兴：

1. 明确工作室的研究方向，以课题研究为载体引领。
2. 采取“以老带新”方法，发挥学员的特长。
3. 提前预设工作室成果，明确需要达到的目标。
4. 采取“竞赛激励”机制，加强内驱力。

问题三：（问工作室主持人）工作室的课程是如何制定的？

李军英：理论课程与实践课程相结合，互相补充，同时注重工作室之间的协同与交流，促进共同成长。

杨占兴：依据课题主线，明确研究方向，明晰研究任务，在研究中学习与进步。

问题四：（问工作室学员）这样的课程，您感觉如何？

学员：

1. 理论与实践相结合，充分满足专业学习需求，非常期待。
2. 偏向互动性强、学期氛围轻松的活动。
3. 希望研修课程具有互动性与实践性，并提供更多的个性化服务，如入园诊断与指导。

二、知识——微讲座

主持人邓泰初老师开展“幼儿园名师工作室研修课程的初践与思考”专题微讲座，围绕以下几个方面进行分享：

1. 工作室研修课程是什么？工作室研修课程是把教师作为专业学习的主体，通过实践、研究、反思和互动等方式让教师继续接受专业学习，以发展教师专业素养的非学历短期课程。工作室研修课程反映了“教研活动课程化”的理念。

2. 为什么要提出“研修课程”？针对当前工作室研修活动主题不明确、缺乏活动目标与系统设计的问题，倡导工作室主持人基于课程视角，从目标、内容、实施、评价四方面设计工作室研修课程。

3. 研究基础：名师工作室协作教研。工作室研修课程是在“名师工作室协作教研”课题研究的基础上提出的，代表性课题成果是“幼儿园名师工作室‘三阶段两要素’协作教研模型”。

4. 工作室研修课程的一些做法。建议工作室研修课程设计涵盖课程四要素，并规划课程版块。以“广东省邓泰初名教师工作室基于幼儿项目式学习研修课程体系”为例，其将课程划分为基础课程（必修课程）、个性课程（必选课程）、专题课程（任选课程）。已开展的课程探索有“名著共读活动”“集中研修活动”等。

三、实践——上半年工作总结回顾

工作室助理粟童老师结合研修课程的理念对工作室研修活动作梳理总结：2021—2022学年，广东省邓泰初名教师工作室共开展各类活动30项（次），其中线上和线下集中研修活动19次、跟岗研修和入园指导8次、名著共读活动3次。

四、理解——小组主题研讨

分组讨论：研修课程如何赋能工作室？

1. 一组代表：本学期工作室以“幼儿绘本阅读教学形式多元化的实践研究”为主线。一是基础课程（必修课程）分理论课程和实践课程两部分，内容为：（1）如何选择适合幼儿阅读的绘本。（2）开展幼儿绘本阅读教学的实施路径与策略。实践课程包括示范课和研讨课。二是个性课程（必选课程），包括入园诊断和成果汇报。三是专题课程（任选课程），主要以案例研讨为主。

2. 二组代表：工作室以课题“区域游戏中教师的观察与指导策略研究”为载体。研究目标是了解各年龄段幼儿区域游戏的特点；教师掌握区域游戏观察的方法；提高教师观察与指导能力。基础课程（必修课程）：观察理论的学习；个性课程（必选课程）：实践研究；专题课程（任选课程）：案例研讨、经验（成果）分享。

3. 三组代表：工作室研讨方向为“室内自主游戏”。第一阶段（理论）：了解自主游戏并知道如何开展室内自主游戏。第二阶段（实践）：学员开展室内自主游戏实践、基于问题反思改进。第三阶段（成果）：典型案例打造。

4. 四组代表：工作室课题为“生活化劳动实践研究”，从目标，内容（生活活动、教育活动、游戏活动、家园互动活动)，实施（必修、选修、专题)，评价四个方面阐述。

五、总结——小结复盘

主持人老师总结，参与人员评价反馈。

第二阶段研修主题：项目式学习案例分析（学习建构）教研实录

一、知识——微讲座

（一）热身讨论

结合K－W－L表格，梳理已有经验：关于PBL，已经知道什么？还想了解什么？写在K－W－L表格的“K”和“W”栏。

（二）微讲座：“从文献综述看‘何谓幼儿园项目式学习’”

1．学员苏萍老师通过梳理文献，解释“什么是幼儿园项目式学习”。随后借助幼儿园绘本制作项目“E is for Earthworm”阐述了项目式学习的特点与意义，让大家更直观地理解项目式学习。其主要观点如下：

（1）项目式学习是一种以儿童为中心的探究形式，通过一段时间内对真实的、引人入胜的、复杂的问题或者话题、挑战进行研究，形成产品，并从中获得关键知识和技能。

（2）项目式学习概念的共同点包括：以幼儿为中心、真实的情境、持续的探究。

（3）项目式学习显著特征：具有挑战性的问题、持续性的研究、真实性、学生话语权和选择权、反思、评论和修正、公开产品。

（4）项目式学习的意义：发展批判性思维、沟通表达能力、团队协作能力等。

2．学员杨树珍老师通过文献综述，对幼儿园项目化学习进行概念辨析，并指出相对中小学，幼儿园的项目化学习形式更为丰富、操作更加明确，是基于幼儿获得而建构的园本课程。杨老师结合园本项目化学习案例“螺旋花园”作进一步阐释与论证。其主要观点如下：

（1）相较于中小学项目化学习，幼儿园项目化学习具有生活化、微型化倾向，因此，其类型基本上以“微项目化学习”为主。

（2）基于幼儿自身的认知现状与幼儿园课程特点，幼儿园项目化学习的核心知识并非“学科核心素养”，而是对幼儿实施体、智、德、美诸方面全面发展的教育，可以概括为：“提炼一个好问题”“培养一项好习惯”“营造一种好氛围”“创设一个好情境”“形成一个好成果”。

（3）自我理解的“幼儿园项目式学习”：教师基于幼儿兴趣，围绕真实的问题设计持续的体验和探究活动，幼儿在驱动性问题引领下，动手动脑、合作探究，综合运用已有的生活、学习经验以及新习得方法（跨学科的知识和技能）解决问题，提升学习品质，最终将学习的过程和成果进行展示和交流。

（三）微讲座：“从文献综述看‘项目式学习的驱动问题’”

1. 针对此话题，学员邝美轩老师作了有关“项目式学习的引擎——驱动性问题”的分享。邝老师围绕“项目式学习与驱动性问题”“驱动性问题设计的基本原则”“驱动性问题设计的三种常见导向”“驱动性问题设计的方法”四方面进行文献梳理与综述。其主要观点如下：

（1）项目式学习中的“两环”——“项目环”和“驱动性问题环”是项目式学习设计的关键。“驱动性问题环”作为项目式学习的“内核环”，承载着驱动整个项目式学习运转的功能。

（2）项目式学习中驱动性问题的设计应考虑高质量驱动性问题的主要特征，包括激发兴趣性、可探究性、包容性、情境真实性、探究持续性、伦理性。

（3）项目的驱动性问题分为常见的三类：哲学/争议导向、产品导向与角色导向。

（4）教师鼓励学生提出驱动性问题时，需要创设一个充满鼓励氛围的学习环境，引领学生进入真实的问题情境，激发学生的好奇心。同时，可以使用 K-W-L（K-W-H）表格，帮助学生将他们已有知识经验、想法或疑问转变成想要探究的驱动性问题。

2. 学员周敏军老师围绕话题，结合文献在驱动性问题的定义、驱动性问题的作用、如何设计驱动性问题等方面作了相关综述。随后，周老师通过梳理文献中的案例，展示了不同案例的问题网络系统，帮助大家深入理解项目式学习中的驱动问题。其主要观点如下：

（1）驱动性问题就是将比较抽象、深奥的本质问题转化为特定年龄段的学生感兴趣的问题。本质问题比较抽象，而驱动性问题则嵌入了学生更感兴趣的情境。

（2）驱动性问题的作用：通过问题引发学生对概念的思考和探索；一个大的驱动性问题下应有各层级方向一致的子问题系统，使整个项目活动保持持续性和一致性；另外，问题具有情境和代入感，使项目更有“黏性”。

（3）如何设计驱动性问题：将具体内容问题提升为更本质的问题；将本质的问题和学生经验建立联系；将事实性问题转化为概念性问题；从学生那里获得驱动性问题的雏形；运用存在“冲突”“争论”的问题。

3. 学员曹庚老师在文献综述的基础上，分享园本项目式学习案例“彩虹天台”。曹老师从项目调查、讨论、设计、筹备、实施、成果展示各阶段详细讲述项目开展的全过程，充分展示了幼儿园项目化学习的园本实践。

二、理解——案例分析

1. 回顾案例“鸟”

2. 分三个维度分组讨论

一组：分析项目式学习的开展。结合项目式学习“七大黄金标准”，梳理案例脉络，分析案例特点。

二组：分析案例的驱动问题。寻找项目的驱动问题，分析驱动问题网络结构，并解析驱动问题的产生背景与项目推动作用。

三组：分析案例中的孩子与教师（儿童观）。找出案例中反映教师教育观念的关键细节，分析教师观念（教育观、儿童观）对项目式学习的促进作用。

3. 小组分享

（1）一组代表：“鸟”的案例中，活动丰富且很好地结合了马赛克方法，包含真实性、持续探究还有幼儿发言权，也有部分的修正。但结合“七大黄金标准”来看，它并没有提出一个清晰的、总的驱动性问题，因此也缺少最终的成果展示。项目是比较松散的，它的结构不完全符合项目式学习的标准。

（2）二组代表：案例把一整个项目的问题框架网络图较为清晰地梳理出来，并分析了教师如何去引导孩子们去解决问题，得出了一些学习的经验。

（3）三组代表：案例体现出的儿童观就是以儿童为中心，这个总观念又分为倾听儿童、追随儿童、支持儿童。同时，值得学习的是，案例采取了各种马赛克方法去倾听儿童的想法。

三、总结——小结复盘

1. 文献综述呈现的效果超出预期，我们需要“站在巨人的肩膀上面看世界”，实现理论知识在不同阶段的螺旋上升。（同时提醒所有教师，可通过东莞市教育局的网站，使用微课掌上通账号进入知网查询资料。）

2. 针对活动的设计思路：一是文献综述（“理论在先”），在原有的基础上增加新的话题——驱动性问题。二是案例分析，结合前面文献综述者提供的信息对案例进行思考，不要把这两个环节割裂，文献综述跟案例分析是相通的。三是分组，带着问题与思考去看案例，加强针对性与效率。

3. 三个建议

（1）不管文献综述还是案例分享，在陈述完别人的观点后，要做一个简要的个人归纳，去总结提炼。

（2）把查到的概念就着自己的思考和关键点全部列举出来，内化为个人的知识，并以表格的形式呈现出来。

（3）做好每一次活动的评价反馈，撰写心得。

第三阶段研修主题：项目式学习案例研磨（应用迁移）教研实录

一、问卷调查汇总

你们幼儿园现在实施教学活动的方式（问卷调查汇总法）：

A 主题教育；B 项目式学习；C 既有主题教育也有项目式学习。

二、研讨——头脑风暴

（一）抛出问题，引发思维碰撞

话题：项目式学习与主题教育有什么异同？

（二）分组研讨，阐明具体策略

学员们通过对比“主题教育”与“项目式学习”的概念、特点、实施与评价等各个维度，逐一梳理两种教学方式的异同（见表9－4）。

1. 一组代表

表9－4　项目式学习与主题教育的对比

分类	项目式学习	主题教育
概念	都有一个主题；持续学习	
	探究的深度；纵向基于孩子兴趣；解决真实问题	横向；预设好的内容
组织形式	同属探究活动	
	有驱动性问题；有成果展示；有方向性、随时可变、生成性强	主题网络图；教师主导、指定内容
时间	解决驱动性问题，展示成果后结束	可以无限延长
评价方式	都注重过程和结果评价	
	多主体、多维度、过程和成果评价	教师评价、倾向于知识和技能的评价
内容	都是真实的	可以有不真实的情境
教师角色	支持者	主导者

2. 二组代表

（1）相同：

围绕一个主题开展，促进儿童情感态度、能力、知识技能的发展；

都符合《纲要》《指南》的要求；

都是教师起支架作用。

（2）不同：

项目式学习是围绕驱动问题，持续探究；主题教育只有一个话题，将学科有关知识点进行汇总，属于整合型，话题来源孩子的生活。

主题教育形式与内容缺乏生成性，活动情境缺乏真实性，评价方面缺乏多元性。反之，项目式学习基于兴趣开展，是动态的生成；基于真实的情境，旨在解决问题；基于核心素养的多元评价，有成果展示；知识属于迁移型，有黄金标准。

3. 三组代表

（1）相同：

①都以孩子为学习的主体；

②探究形式都包括集体、分组和个人；

③目标相同。

（2）不同：

①主题教育是预设的，项目式学习是生成的；

②项目式学习是持续探究的，两者时间跨度不同；

③项目式学习的主体指向“多学科”，各学科间是割裂的；

④主题教育由教师主导，项目式学习以儿童为中心；

⑤主题教育同一时间做同一件事，项目式学习会进行分组，不同组可同时进行；

⑥主题教育作品主要在教师里展示，项目式学习传播度更广；

⑦项目式学习是真实存在的，主题教育不一定。

（三）梳理小结，汇总问题观点

表 9－5　项目式学习与主题教育的异同

序号	异	同
1	项目式学习：探究往深度、纵向开展，基于孩子兴趣，解决真实问题、驱动性问题，有成果展示，生成性强，时间节点明确，评价多主体、多维度。 主题教育：围绕主题内容发散式学习、持续探究、随意性大。	都有一个主题，持续学习，真实。 同属探究活动、注重过程与结果的评价。
2	项目式学习：围绕驱动性问题开展，解决真实问题；有生活中的问题；有成果生成展示、黄金标准。 主题教育：教师预设内容，属于整合型；缺乏真实性和评价的多元性。	目标一致，促进发展，符合要求。
3	项目式学习：作品展示的形式多样、识别度高。 主题教育：是预设的，形式较为单一。	以孩子的学习为主；探究的形式、目标一致。

三、实践——设计体验

围绕“如何制作一杯受欢迎的柠檬茶”这一驱动性问题，现场设计与实施项目。

1. “忆茶”小组经过项目设计与实施，以“个性化定制”为亮点，呈现了一杯杯有回忆、有故事的柠檬茶，承诺可以满足每一位消费者的个性化设计需求。

2. “老邓柠檬茶”组注重品牌代言与宣传，在邀请工作室主持人代言的同时，在柠檬茶的外包装设计、宣传广告方面别出心裁，独具匠心。

3. “属于你的柠檬茶”小组针对不同客户群体的口味需求，以科学、严谨的态度潜心钻研产品的研制与开发，力求为每一位消费者定制一杯“属于你的柠檬茶”。

四、总结——小结复盘

关于汇报：

1. 要树立正确的汇报观念，要突出汇报的亮点。如第一小组，可以突出修正的过程；第二小组特色是实验型，在分享的时候就应突出这部分亮点。

2. 不应将项目简单地看作静态的工作，它是动态的学习过程。同理，汇报不是陈列“做了什么事情”，而是更偏向于分享“发现问题—解决问题”的过程。如第一小组遇到什么问题，进行了怎样的调整修正；第二小组在实验过程中遇到失败，发现了什么问题，又是怎样解决的。

3. 设置限时汇报，是希望大家带着压力，更注重提炼观点，学习在短的时间内清晰地表达。

（三）研修后回园实施迁移案例

“教别人”在学习金字塔里是最有效的学习方式。笔者工作室秉承着“蒲公英”种子式的教研理念，每次工作室研修后都要求学习者回园开展“影子”式园本教研，将研修期间的所思所获带回所在幼儿园，学员既能通过“教别人”的形式复盘研修内容，又能将工作室的新思想、新理念传播给其他教师。

案例 9-10

东莞市东城中心幼儿园项目式学习中的认知策略

——“制作柠檬茶”体验式教研案例①

一、教研目的

1. 教师能依据项目式学习的七大黄金标准对本组项目实施情况进行反思和评价，结

①案例撰写人为广东省邓泰初名教师工作室学员、东莞市东城中心幼儿园杨树珍。

合具体情境回顾、分析项目中发生的深度学习和运用的认知策略。

2. 通过体验式教研，提高教师对项目式学习的组织与实施能力，进一步掌握项目式学习的实施路径。

二、活动过程

（一）开始部分（3 分钟）

趣味分组——寻找新朋友。

（二）热身部分（15 分钟）

1. 引发思考（5 分钟）：头脑风暴——一个好的项目式学习是怎样的？

2. 经验回顾（10 分钟）：文献学习——项目式学习实施路径、高阶认知策略。

（三）高潮部分（70 分钟）

1. 体验学习（40 分钟）：项目设计与实施——制作一杯受欢迎的柠檬茶。

2. 交流反思（30 分钟）：项目的亮点和收获——围绕项目实施结合黄金标准思考，分析项目中的认知策略和深度学习。

（四）总结部分（27 分钟）

1. 经验提升（10 分钟）：项目中的认知策略和深度学习。

2. 总结激励（5 分钟）：教研价值与意义。

3. 教研反馈（2 分钟）：教师扫码填写感想与收获。

4. 答疑解惑（10 分钟）：自愿参与，园长、教研员、主持人与教师多方交流。

三、教研实录

（一）环节一：开始部分（3 分钟）

趣味分组：每个老师抽取 1 张小纸条，模仿纸条上的动物做出相应动作，寻找相同的伙伴，形成新组合——大象组、长颈鹿组、老鹰组。

*效果：意想不到的分组方式和组员，打破了常规的分组模式，有利于打破思维定式、增强互动。老师们也觉得比较刺激，小游戏调动了大家的参与性和兴趣。

（二）环节二：热身部分（15 分钟）

1. 引发思考（5 分钟）：头脑风暴——一个好的项目式学习是怎样的？

（1）主持人提出问题 1：一个好的项目式学习是怎样的？请每位教师提炼一个关键词。

老师们积极思考，表达自己的观点：

表 9－6　“一个好的项目式学习是怎样的”关键词

教师	观点
小兰老师	孩子们很喜欢的、积极参与的
毛毛老师	有深度学习
琪琪老师	一步步逐渐深入探究的
潘潘老师	持续性探究的
小连老师	是发现问题、解决问题的过程
小宝老师	有运用高阶认知策略的
雨燕老师	是来源于真实生活的

（2）主持人提出问题 2：一个好的项目式学习应该具有以上特点，那你们觉得自己目前正在开展的项目具有这些特点吗？（老师们偷偷笑了）

（3）主持人提出问题 3：想要做好一个项目，我们应该做些什么呢？（引入下一话题）

＊效果：主持人通过三个问题，追问式地引发老师们的思考，激发老师们学习的积极性。老师们积极发言，也正视了自己在项目组织中的不足。

2. 经验回顾（10 分钟）

文献学习——项目式学习实施路径、高阶与低阶认知策略、黄金标准。

主持人带领老师们回顾前期培训和教研中学习的相关内容，唤醒大家的经验。

（1）回顾项目式学习的实施路径和黄金标准（参考文献）。

表 9－7　项目式学习的实施路径和黄金标准

项目式学习的实施路径	计划与启动—项目的展开—项目的展览与反思
项目式学习的黄金标准	具有挑战性的问题、持续性的探究、真实性 儿童的发言权和选择权、反思、评判与修正、公开展示

（2）回顾项目式学习中的高阶认知策略（参考文献）。

表9－8　项目式学习的高阶认知策略

高阶认知策略	解释	心理机制	步骤
解决问题	明确结构不良问题的目标与克服障碍的过程。	①我想实现什么？ ②在实现目标的过程中是否有限制或障碍？ ③克服限制或障碍的解决揖施有哪些？ ④我将尝试哪一种解决措施？ ⑤我的尝试成功与否？我是否应该会试另一种解决措施？	①明确目标。 ②分析障碍和可利用资源。 ③通过尝试来寻找最优的问题解决路径。
创见	回答“怎样才能在某个情境中创造出新东西”的重要问题。	①我想做什么或我想做好什么？ ②我想为自己的创见提出什么样的标准？ ③我形成初步创见的最佳办法是什么？ ④我如何改进自己的初步创见？ ⑤我的创见是否符合提出的标准？	①明确为什么要创见，要解决怎样的问题，要用在怎样的情境，明确解决问题的标准。 ②了解背景知识，前人是如何解决的。 ③创造新的作品，多次尝试、修订与完善。
决策	提出或运用标准，并借助推理，从几种方案中做出选择。	①我正想决定什么？ ②我的选择方案是什么？ ③做出决定的重要标准是什么？ ④每项标准的重要性如何？ ⑤每个可选方案符合标准的程度如何？ ⑥哪一个方案最符合标准？ ⑦对决定的感觉如何？需要调整相关标准再试一次吗？	①头脑风暴出所有可能的解决方案。 ②讨论并且完善一系列的评价标准。 ③对每个评价标准赋予一定的权重。 ④形成决策矩阵。 ⑤根据标准来做出决策。
实验	对所观察的现象提出解释并进行检验的过程。	①我观察到了什么？ ②我怎样才能解释它？ ③依据我的解释，我能预测到什么？ ④我如何检测预测？ ⑤实验中发生了什么？它是我预测的东西吗？我是否要作出不同的解释？	①呈现有关核心概念。 ②描述研究的目的。 ③描述研究的假设。 ④列出实验材料、工具。 ⑤列出实验步骤与过程。 ⑥讨论观察到的现象。 ⑦解释实验的过程。 ⑧总结结果。 ⑨提出实验不足与设想。

（续表）

高阶认知策略	解释	心理机制	步骤
调研	明确并解决有争议或相矛盾的问题，消除模糊观点，收集和澄清有用信息，组织信息并呈现。	①我想解释什么事件或观点？ ②人们已经知道什么？ ③人们在理解这观点或事件时有什么模糊之处？ ④我有什么建议可以消除这些模糊之处？ ⑤我如何对自己的建议做出辩解？	①知道收集哪些方面的信息，到哪里收集信息。 ②甄别不同信息的价值。 ③讨论、设想相关场景并发展其适切性。
系统分析	分析系统的各个部分相互之间的交互作用。	①系统由哪些部分组成？ ②哪些事物与这个系统相联系，但不是该系统的组成部分？ ③系统的各个部分如何相互影响？ ④如果系统的某个部分停止或发生改变，将会发生什么事情？	①辨识系统中的各个部分，发现它们之间的关系。 ②明确各个部分之间关系的性质以及一方随另一方变动的关系。

＊效果：温故而知新，学过不代表记住了。通过回顾实施路径、黄金标准和两种认知策略，老师们重温了之前学习过的重要知识点，也为后面的教研环节打好经验基础，为后面亲身体验项目做好铺垫。

（三）环节三：高潮部分（70 分钟）

1. 体验学习（40 分钟）：项目设计与实施——制作一杯受欢迎的柠檬茶。

（1）主持人邀请各组老师围绕驱动性问题“如何制作一杯受欢迎的柠檬茶”现场设计并实施项目。

借助问题引导老师们思考：怎样才是受欢迎的柠檬茶？它因为什么受欢迎？前期需要做什么铺垫工作？计划后如何分工？探究中发现的问题怎么解决？使用了什么方法和策略？要如何展示作品？谁来分享？

（2）老师们进行项目设计与实施

各组从计划与启动、项目的展开、项目成果展示等三个阶段开始体验，主持人密切留意各组的实施情况，挖掘各组的问题与亮点。

＊效果：平常老师们组织孩子进行项目式学习时，普遍是以指导者、引导者的身份参与。而这次教研中，教师是以学习者的身份亲身参与到项目的设计和实施中，小组成员一起商量、制定计划、讨论分工、制作柠檬茶，在调查和品尝中不断改进、展示成果、收获快乐，是一次特别的学习。大家都非常开心，非常积极地投入其中。

2. 交流反思（30 分钟）：项目的亮点和收获。

（1）小组研讨：各组完成项目展示后，回顾、讨论实施过程中的亮点和存在的问题，围绕项目实施结合黄金标准思考、分析项目中的认知策略和深度学习，并记录下来。

（2）代表分享：各组代表从项目实施情况（含使用的策略）、基于黄金标准的反思、亮点等方面进行了分享交流，还针对存在的问题进行了自省。

表 9－9　各组分享的内容

组别	项目实施情况（策略）	基于黄金标准的思考	亮点
大象组	①市场调查 ②调查统计 ③请教专家 ④查阅资料（信息收集） ⑤比较分析	①修正迭代 （第一杯—第二杯—第三杯） ②选择权和发言权 ③真实性 ④持续性探究 ⑤成果展示	①外观设计 ②有名字
老鹰组	①团体讨论 ②调查 ③查找资源 ④同伴学习 ⑤请教专家 ⑥分工合作	①迭代 ②持续性探究 ③发言权 ④反思（精确用量） ⑤成果展示	①品牌 ②包装 ③赠品
长颈鹿组	①市场调研 ②现场调查 ③实验对比 ④信息收集（请教专家） ⑤解决问题	①真实 ②反思和改进 ③持续性探究 ④选择权和发言权 ⑤成果展示	①价格 ②促销与积分 ③秘方（加 4 块冰）

＊效果：通过亲身的体验，老师们对于项目的实施路径有了更清晰的认识。在小组讨论时，大家纷纷说出自己的真实感受，反馈自己在项目中开始有意识地想运用一些高阶认知策略，却发现其实比较难以操作，因为需要充足的时间、充足的材料，而且不能急于求成。

（四）环节四：总结部分（17 分钟）

1. 经验提升（10 分钟）

主持人结合各组的分享内容和观察到的情况进行提炼。

大家在做项目的过程中能够有意识地运用一些认知策略，比如信息收集、信息组织、比较、分类、分析等。而各组分享中提到的市场调查、现场调查、请教专家、查找资源等，其实属于信息的收集和组织，是获取和整合知识的阶段，是低阶认知策略。

如何在这个基础上提升，让学习者的学习更高阶、更深入？我们需要对收集的信息进行加工与处理，扩展和精炼知识，比如对这些信息进行分析、比较、分类、抽象、推理、提供支持。刚才有些组做了这些尝试，比如市场调查后的统计分析，现场调查后的分类统计、几次柠檬茶配方的比较分析等。

再高一层次，就是我们所说的能促进深度学习的高阶认知策略。高阶认知策略中的问题解决、创见、决策、实验，各组在项目实施中有所涉及，比如在多次迭代柠檬茶时，大家能发现问题、尝试解决、不断调整，最后制作出较为合适的柠檬茶。如何运用高阶认知策略，需要老师们打破固有的思维，大胆去尝试，并给他们提供充足的时间、空间、材料，发展学习者的审辩式思维。

2. 总结激励（5 分钟）

主持人：同样是做一个项目，为什么有些项目化学习让人觉得深刻又有趣，而有些项目化学习却让人觉得粗糙又表浅呢？这和项目化学习过程中的认知深度有关。相信经过今天的教研，你们对于认知策略有了进一步的认识，期待大家在班级组织与实施项目式学习时，会思考活动中幼儿的学习是否有高阶认知策略，怎样的活动能体现幼儿的高阶学习。

＊效果：通过主持人的提炼和总结，结合具体的小情境，比较三个层次的认知策略，帮助大家一起梳理学习。

3. 教研反馈（2 分钟）：教师扫码填写感想与收获

表 9－10　教研反馈

角色	反馈
教师	·自己亲身实践参与，像小朋友一样去思考探究，在亲身体验中感受项目式学习，很有意义。 ·项目式学习就正如制作出的这杯柠檬茶，全员朝着同一个目标，不断地修正、前进，最终产生成果。回归孩子的项目式学习，老师要充分给予孩子学习的机会，允许试错，最终产出成果。 ·玩中学，学中探究，通过探究一步步深入项目的发展，能更加亲身体验项目式学习的趣味及其开展的方式。 ·很有趣、很好玩的教研，对项目式学习有了更深入的了解和认识！ ·在活动中体验了项目式学习中孩子的角色和感受，反复实验的过程很快乐。
园长	这次的教研很有意义，大家的参与性非常高，在教研中有所学习、有所进步。高阶认知策略是一个比较难的知识点，后面还需要继续加强学习。今天由于时间的限制，提供的资源并不能满足学习者的真正需求，我们后续可以尝试结合幼儿园生活中真正的问题去让老师们实施完成一个项目，这样更具真实性。
主持人	这次教研对于组织者而言，其实难度蛮高的，因为并不能够按部就班地提前预设。教研充满了不确定性，我需要充分地观察老师的活动，挖掘各组的亮点和问题，并且结合具体情境和认知策略来提炼总结，很考验主持者。自我感觉还没有分析透，有待进一步学习。

4. 答疑解惑（10 分钟）：自愿参与，园长、教研员、主持人与教师多方交流。

第二节　工作室个性必选课程案例

工作室研修的对象是具有个人教学主张和丰富教学经验的成人学习者，他们的能力水平各有差异，有待解决的教育教学问题也各不相同，因此，工作室学员不同的成长需求决定了工作室研修活动必然是具有个性化的。因此，广东省邓泰初名教师工作室在基础课程的基础上实施个性化的订制式课程，针对工作室不同发展水平、不同发展需求开设专题、开展研修活动，带领工作室团队走进学员所在幼儿园，感受学员成长的文化氛围；走进学员所在的教育场域，在真实的教育现场观摩观察、分析评价、研讨碰撞，帮助学员解决教育教学的实际问题，寻找学员专业成长的新增长点。

一、基于“幼儿项目式学习”的工作室入园指导研修案例（部分）

“入园指导”是工作室个性必选课程的重要内容。2022 年上半年，工作室主持人带领着工作室团队逐一走进入室学员所在幼儿园，聆听学员以及其园本研究团队的项目学习案例，共 8 场次。由于疫情原因，入园指导以线下入园与腾讯会议线上指导两种形式相结合开展。以下将为大家介绍“走进寮步镇香市幼儿园”广东省邓泰初名教师工作室项目式学习入园指导活动的情况。

（一）“走进寮步镇香市幼儿园”广东省邓泰初名教师工作室项目式学习入园指导活动研修方案①

案例 9－11

“走进寮步镇香市幼儿园”入园指导活动研修方案

一、活动时间：（略）

二、活动地点：（略）

①方案的撰写人为广东省邓泰初名教师工作室学员、东莞市寮步镇香市幼儿园周敏军，邓泰初指导撰写。

三、活动形式：线上研讨（腾讯会议）

四、主持人：（略）

五、参加人员：

指导老师：广东省名教师工作室主持人邓泰初

参加学员：东莞市寮步镇香市幼儿园全体教师

六、活动目标：

1. 深化认识项目式学习的特征与基本环节。

2. 进一步掌握项目式学习中的教师引导与支持策略。

七、解决关键问题：

把握“教师预设引导”与“幼儿兴趣引发”双轨策略，动态生成项目式学习课程。

八、活动流程：

（一）案例分享

表9－11　活动案例

内容	名称	分享人
让儿童成为主人	倾听儿童 ——项目式游戏案例1“萌萌快递站”	教师代表 练燕玲
	PBL驱动下马赛克方法的初步实践 ——项目式游戏案例2“香悦小市场”	网络学员 刘佩君
让学习深度发生	从问题走向深度学习 ——项目式游戏案例3“光影之旅”	网络学员 赵春如
	STEM项目的深度学习 ——STEM活动案例4“走进走出动物园”	市级学员 周敏军

（二）主持人点评

工作室主持人邓泰初对以上案例进行分析与指导

项目式学习专题研讨

话题一：对比集体教学、主题活动、探究活动等教学方法，谈谈项目式学习是什么？

分享代表：大班级部廖章容老师（网络学员）

话题二：结合分享的案例找找他们的驱动性问题是什么，这些问题如何驱动项目的推进？

分享代表：中班级部赵静雯老师（市级教学能手）（案例1+案例2）

分享代表：小班级部满俭老师（市级教学能手）（案例3+案例4）

附件：案例二维码（略）

广东省邓泰初名教师工作室

2022年3月

（二）“走进寮步镇香市幼儿园”广东省邓泰初名教师工作室项目式学习入园指导活动研修评价反思

工作室入室学员、寮步镇香市幼儿园周敏军： 活动中，我与三名教师代表分享了“萌萌快递站”“香悦小市场”“影子恐龙”“走进走出动物园”4个案例。案例中，有关注倾听幼儿、运用马赛克方法的初步实践，有幼儿深度学习的支持，案例均在幼儿游戏活动中发生，于是我提出了“项目式游戏”。当时感觉这种提法比较符合4个案例的性质定位，但邓老师与我们交流后，我才惊觉“项目式游戏”的提法确实有点突兀。一是经过文献检索，当前尚未有研究者在正式发表的成果提出“项目式游戏”的概念，即便有相关的研究，也仅仅是在游戏中开展项目式学习，其学习的特点与流程仍然符合项目式学习特征。二是对照“项目式学习”的七大黄金法则，园所分享的案例并没有完备地体现“项目式学习”的实施法则。纵然在园本的劳动教育中，我们有“养蚕”“种土豆”等主题的项目式学习实践，而我们却没有将其梳理成为“项目式学习”，其根本原因仍然是对“项目式学习”的理解不够深刻或者理解上有偏颇，再加上实践不足，实则是囫囵吞枣式的输出，貌似打着“擦边球”，其实尚未真正入门，需要日后更深入地对“项目式学习”进行系统性的了解与研究。

寮步镇香市幼儿园李晓霞： 通过了这次的线上教研活动，对于项目式学习，我有了更清晰的了解：（1）项目式学习以孩子为中心，幼儿通过自己去收集信息、获取知识、探讨方案，在边做边学的过程中解决具有现实意义的问题。项目式活动是一个持续的、多形式的学习，孩子在参与过程中能够保持热情和兴趣。（2）教师的角色是观察者、支持者，而不是知识的灌输者。我们要逐步放手，把学习的主动权交给孩子；教师不评价孩子作品的好与坏，而是更关注在整个项目活动中孩子学习能力的提升。（3）项目式学习是让孩子通过沟通表达、团队协作来解决问题，学会反思实践，还能够激发孩子合作能力、倾听能力、抗挫能力等良好学习能力的提升。在项目式学习背景下，幼儿是积极愉悦的、善于表达的、乐于合作的、主动思考的。

寮步镇香市幼儿园陈香君：广东省邓泰初名师工作室项目式学习线上教研指导的最后环节中，邓老师对各个案例的梳理和指导，让我对项目式学习的含义有了进一步的了解。我也在思考我们幼儿园一直在做的是游戏案例，游戏案例一般由幼儿自主游戏，大多是以幼儿兴趣爱好而生成的活动，跟项目式学习还是有点差别。项目式学习是作为一个项目来开展，项目式学习是在一定的时间内，针对某种问题，通过选择、规划，提出一个项目构思，再经过探究、操作、制作、实验、分析、展示等学习和实践环节，最终指向问题解决的学习过程。简单地说，就是把学生的学习以“项目”的形式置于一个解决实际问题的过程中。我觉得项目式学习更加系统，希望在接下来能进一步地了解项目式学习的精髓，把它融入教学中。

二、工作室研究基地园入园指导研修案例

东莞市大岭山镇实验幼儿园是工作室主持人的实践研究基地，深度参与幼儿园科学探究课程的开发与实践。实践研究基地园目前有工作室入室学员2名，网络学员5名，结合工作室幼儿园项目式学习的研究内容已形成幼儿园研究小组。东莞市大岭山镇实验幼儿园在工作室主持人的引领下常态化开展幼儿园项目式学习的实践探索，为幼儿园科学探究课程注入新的教育理念与实践案例。以下为大家介绍两个东莞市大岭山镇实验幼儿园的研修案例。

案例9-12

东莞市大岭山镇实验幼儿园科学探究类项目式学习现场研修方案①

为深化我园的课程改革，转变教师教与学的方式，促进幼儿学习与发展，使其成为心智自由的终身学习者，我园特邀请广东省邓泰初名教师工作室开展入园指导活动，具体活动方案如下：

一、研修时间：（略）

二、研修地点：东莞市大岭山镇实验幼儿园

三、研修目标：

1. 通过现场观摩研讨，梳理优化项目式学习案例活动的实施过程。
2. 通过案例互动研讨，打磨形成基于马赛克方法的优秀项目式学习案例。

四、研修内容：项目式学习案例

①案例撰写人为广东省邓泰初名教师工作室学员、东莞市大岭镇实验幼儿园黎欢仪。

五、研修对象：大岭山镇实验幼儿园项目式小组成员

六、研修过程：

（一）思维碰撞（15 分钟）

1. 抛出问题，引发思维碰撞

讨论话题一：项目式学习与主题教育有什么异同？

讨论话题二：如何开展幼儿园项目式学习的实施？

（二）跟踪式视导（60 分钟）

1. 现场观摩（30 分钟）

把视角投向项目式教学中的真实时刻，通过现场观摩，探究真实情景中的问题，解决教师在项目式学习实践中的真正困惑。

2. 诊断式研讨（30 分钟）

支持教师学会观察、分析、反思，进而再提出适宜的优化方案，帮助教师逐渐转变课程观念、提高项目实施能力。

（三）案例分析（65 分钟）

1. 项目案例中期汇报（30 分钟）

（1）何建老师项目式学习案例：“小小搬运工”。

（2）黄彪老师项目式学习案例：“我的小学书包”。

2. 分维度研讨（35 分钟）

从案例细节问题、教师支持策略、马赛克方法运用、项目学习成果等多个角度进行研讨剖析。

（四）活动总结（10 分钟）

东莞市大岭山镇实验幼儿园

2022 年 5 月 20 日

案例 9－13

东莞市大岭山镇实验幼儿园科学探究类项目式学习现场研修实录

一、思维碰撞

抛出问题，引发思维碰撞，同时回顾之前的理论学习。

（一）讨论话题

项目式学习与主题教育有什么异同？

教师 1：两者都强调儿童的兴趣和经验，都主张课程要生活化，要以完整的学习促进整体的发展。

教师2：项目式教学与主题活动教学的根本区别在于贯彻“课程以儿童为中心、为儿童的学习和发展服务”思想的彻底性上，项目活动更加强调“教”与“学”是一个互动的大过程，体现了教学相长。

教师3：主题教育是围绕一个中心内容（即主题）来组织的教育教学活动，预设性更强，项目式学习围绕驱动性问题展开系列探索。

教师4：项目式学习与其他类型教学较大的区别在于，项目式学习最终要形成公开的成果，在多样的群体中进行交流。

（二）讨论话题

如何开展幼儿园项目式学习的实施？

教师1：需要大致的项目实施节点规划，如项目故事板、项目里程碑等。

教师2：进行项目实施进程管理，可按项目式学习中的探索历程来分解，也可以采用问题链分解的方式，将学习支架嵌入每一个子问题中。

教师3：搭建解决学习难题的学习支架，创造自主、合作的探究环境，提升幼儿解决问题的能力。

二、跟踪式视导

（一）现场观摩

把视角投向项目式教学中的真实时刻，现场观摩项目实施过程中的小组分工阶段，探究真实情景中的问题。

设计组：根据前期讨论对第一版的模型进行调整改进。

测量组：测量1楼到2楼围栏的高度，以购买所需材料。

（二）诊断式研讨

支持教师学会观察、分析、反思，进而再提出适宜的优化方案，帮助教师逐渐转变课程观念，提高项目实施能力。

1. 观察幼儿第一次建模时出现的方位问题是否得到改进？

2. 比起投票的方式，如何能更好地引导幼儿思考模型设计的可行性？如有幼儿设计从走廊墙壁的圆形孔中拉饭菜上来，可引导幼儿通过实地考察、实际操作来验证结果。

3. 反思教师是否太快将用绳子测量1楼到2楼围栏高度的方法抛出？

4. 关于绳子长度数值的统计，教师对个别小组成员提出分段式测量，这环节是否可以面向全班开展，让项目其他幼儿也能认识测量的方法。

三、案例分析

（一）项目案例中期汇报

1. 何建老师项目式学习案例：“小小搬运工”。

2. 黄彪老师项目式学习案例:“我的小学书包”。

(二)分维度研讨

1. 关于教师的支持

在“小小搬运工”中,何建老师提出,希望幼儿能在教师的引导下自己发现滑轮如何使用及调整,可是却难以达成。教师在“幼儿在前,教师在后”的理念下过度担心教师的介入指导。但在这个问题涉及的知识内容超出幼儿认知水平,幼儿难以自行习得时,我们可以通过集体活动或者采访专家等方式“授”于幼儿,这也是教师的支持之一。

2. 思考如何有效使用马赛克方法

案例中提到,参观小学时使用了儿童拍照的马赛克研究方法。但拍照前有无引导呢?幼儿是否是基于某个问题或想法而开始拍照的?拍完的照片之后要和幼儿一起进行解读和意义的构建,真正发挥马赛克研究方法的有效性,避免落入形式。

3. 思考如何让成果更有价值

在“我的小学书包”中,除了外形的创造性设计,还可以挖掘书包的内涵。包括小学书包的分隔比较多,放置的物品种类也与幼儿园的书包大不相同,这里可以引申到幼小衔接指向的四大准备,做相应的联结。如何结合幼小衔接制作出更能适应小学的书包,这样形成的项目成果会更丰富且深刻。

成果需指向对核心知识的深度理解,同时包含对怎么做出来的说明。成果要体现创造性,要对自己和他人有影响。

四、活动总结

幼儿园李园长首先肯定此次研修活动的形式多样,符合一线教师的学习特点,既有互动性强的头脑风暴与分组研讨,又有现场感特强的案例现场观摩与案例分析。其次在活动内容上贴近教师们近期实施项目式教学过程中所遇到的实际问题,有助于解决实际问题。通过今天多形式的研讨,教师们会在不同程度上找到解决自己问题的方法。最后是活动组织真正体现了教师为中心。不论从研修方案的设计,还是整个研修过程的组织,都是从教师的问题出发,关注教师的研讨互动,解决教师实际问题。

案例 9-14

东莞市大岭山镇实验幼儿园项目式学习专项研修案例①

为进一步加深对项目式学习的认识,明晰项目式学习的概念与实施阶段步骤,推进幼儿园项目式学习的实践与探索,特邀请广东省邓泰初名教师工作室开展入园指导活动,具

①案例撰写人为广东省邓泰初名教师工作室学员、东莞市大岭镇实验幼儿园邝美轩。

体活动方案如下：

一、活动背景

我园聚焦关注幼儿的兴趣和个性特点，培养幼儿的好奇心和科学素养，构建科学探究特色课程。在开展科学主题探究式活动的同时，尝试融合项目式学习载体，促进幼儿自主探究与深度学习。但在将理念落实于教学行为，将课程文本转化为课程实施时，教师会有理解上的偏差，项目式学习也经常与主题式教学相混淆，存在“科学体例中典型案例如何提炼”“项目式学习应该怎么开展”“项目活动怎么实现层层递进”“幼儿提出了这么多问题，如何选择”等实践问题。

二、活动预期目标

通过不同类型案例的分享，梳理区分探究活动与项目式学习的异同，形成典型的项目式学习案例。

三、活动安排

（一）活动时间

（略）

（二）活动地点

东莞市大岭山镇实验幼儿园

（三）活动对象

广东省邓泰初名教师工作室主持人、助理、学员；东莞市大岭山镇实验幼儿园骨干教师

（四）活动议程

表9－12　活动议程

活动版块		活动内容	分享人
教研活动	科学探究案例及项目化学习活动分享	如何用马赛克方法促进幼儿的科学探究 ——以科学探究活动“萌鸭小队奇遇记”为例	林丹媛
		以马赛克方法支持幼儿项目式学习 ——以项目式活动“皮影戏”为例	何建
		马赛克方法在科学探究活动中的运用 ——以科学探究活动“幼儿园的树”为例	刘艳红
学员指导		主持人指导工作室学员研究方向	邓泰初

（五）活动准备

1. 请各骨干教师思考如下问题：

（1）科学探究（特别是我们幼儿园现在正在做的科学探究）与项目式学习两者的相同点和不同点。

（2）有理有据地提出科学探究与项目式学习的关键词（也就是核心），一定要有理有据，而不是单靠主观经验总结。

2. 请各骨干教师提前查阅一下项目式学习和科学探究的相关文献，了解核心概念，在这个基础上再作对比分析。

东莞市大岭山镇实验幼儿园

2022 年 2 月 20 日

案例 9 – 15

东莞市大岭山镇实验幼儿园科学探究类项目式学习现场研修实录①

一、教研活动设计

本次活动以“案例分析式教研”和“头脑风暴式研讨”为主，通过科学探究实践中案例的提炼，基于问题的研究，促进教师个体课程意识力、设计力和实施力的提升。所以在理念引导的同时，我们需要跟进教师的思维培育，结合案例开展研讨，共享互进策略。由此，我们将教研主题定为“科学探究与项目式学习的实践研讨”，围绕“案例分享中活动线索的递进”和“科学探究与项目式学习的异同”两个主题，教研组通过四个步骤，将本次的教研活动逐步深入推进。具体步骤包括：

步骤 1：案例分析，聚焦实践问题；

步骤 2：观察分析，思考优化对策；

步骤 3：直面点击，深化话题探讨；

步骤 4：总结提炼，呈现教研小结。

二、教研活动实施

（一）教研前准备

主持人提前通知教研主题，并发布问题清单，让参与教研的教师带着思考，查阅文献与专业著作，做好教研前知识经验储备，预热教研氛围。

①实录撰写人为广东省邓泰初名教师工作室学员、东莞市大岭镇实验幼儿园邝美轩。

（二）教研过程

1. 活动导入

主持人：上一次，我们对科学探究体例进行优化调整，并作了课程案例分享。当时，我们提出分享案例需要有更高度的提炼与更精确的表达。今天，我们将再次针对案例进行分析研讨，聚焦大家在科学探究与项目式学习实践过程中产生的疑惑与问题。

2. 开展研讨

本次教研共分享三个案例，包括科学探究案例“萌鸭小队奇遇记”、项目式学习案例“皮影戏”与“幼儿园的树”，结合四步骤循环研讨（见图 9 –2），对每个案例进行剖析并提出优化方案。

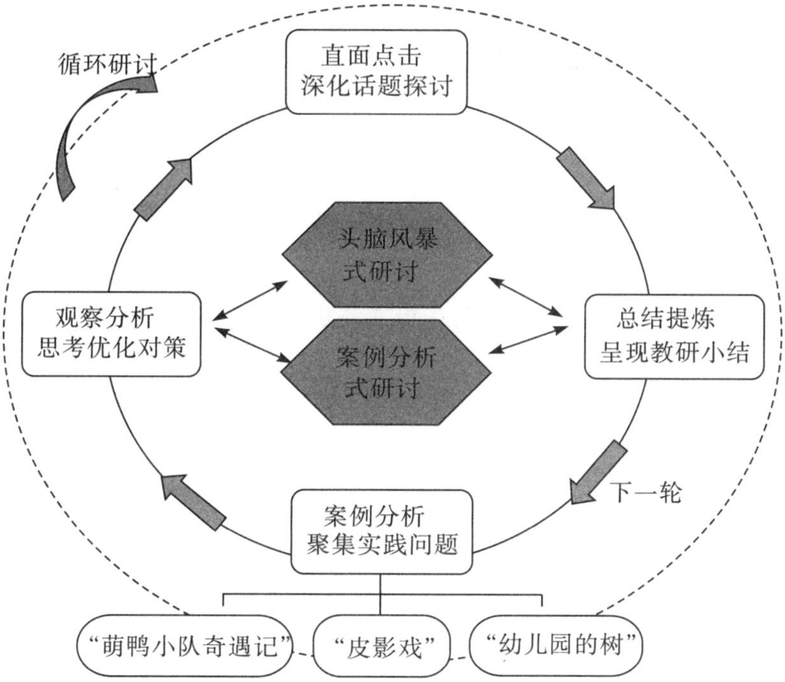

图 9 –2　四步骤循环研讨

案例一

教师分享案例“萌鸭小队奇遇记”。主持人提出问题：你们听了这个案例觉得整个活动清晰吗？线索间的关联性体现在哪里？是如何实现线索间的层层推进的？

（1）观察分析，思考对策

帅：线索根据鸭子的生长规律，从“蛋—鸭子”展开。

丹：根据活动的开展，从寻找鸭蛋，鸭子里有什么，然后想办法制造“黑夜”观察鸭蛋里有什么，还有中途鸭子不见了的突发事件……

主持人："寻""疑""观""听""猜""玩"等动词是行为提炼，以此作为线索，容易出现脉络不清晰、活动混淆的情况。既然前面提到是"基于问题导向"，那是基于什么"问题"呢？线索应以活动名称或大的驱动问题来命名，而不是用行动来推动。

（2）直面点击，深入探讨

在教研活动中，结合信息技术，同步图片或视频，链接资料，便于教师发言，产生共鸣。同时在全园微信群同步更新教研资料与进程，让参与现场交流互动的教师也能直面热点话题。

主持人：基于问题导向，线索1应该是一个大问题，然后下面可以有若干个小问题，线索2也是一个大问题，大问题也体现出推进脉络。（调整优化）

线索一：鸭蛋和鸡蛋一样吗？

①鸭蛋宝宝藏在哪里？（寻找，对比。）

②哪个才是鸭蛋？（发现鸭蛋的特征。）

线索二：鸭蛋里有什么？

①鸭蛋里有小鸭子吗？（怎么看？用灯光照。）

②为什么有的鸭蛋里有黑点，有的没有？（通过马赛克方法问农民伯伯、资料查询等，知道种蛋。）

线索三：怎么孵化小鸭子？（贴上相关标志，验证种蛋与非种蛋的孵化区别。）

…………

再按这样的逻辑，不断推进。

（3）总结提炼，呈现小结

甘：是否可以分成两个部分来做，前面一个是鸭蛋宝宝，后面一部分是鸭子。

主持人：可以的，我们刚开始做项目不需要太长时间，两周左右即可。这个项目其实到孵出鸭子为止也可以独立成为一个完整的活动。

睿：一个探究活动会生出很多的活动，例如这个萌鸭活动中，有延伸到光影等的一些"节外生枝"的活动，这也丰富幼儿各领域的经验，但是老师也要学会做筛选。

主持人小结：

在具体实施过程中，可能会生成（延伸）很多活动，但是在提炼案例时，应根据线索选择典型的、可以推进项目的活动，适当取舍，做减法，进而突出重点。

我们科学探究基于问题导向，线索可以设置为一个大问题，然后下面可以有若干个小问题，第二个线索也设置一个大问题，通过大问题体现出活动或项目的推进脉络。

案例二

教师分享案例"皮影戏"。主持人提出问题：你们觉得这个项目有哪些做得比较好的地方，还有哪里可以改进？

（1）观察分析，思考对策

建：这个项目是从主题活动中衍生出来的，由于幼儿对“我爱中国”中的皮影戏很感兴趣，所以追随孩子开展了该项目。成果在公众号、家长群有展示宣传，但是在园内宣传稍欠，可以加强在园内的推广。另外，家长的反馈与评价比较少。

主持人：这是一个比较典型的项目式学习案例，大家知道项目式学习和前一个科学探究的相同和不同吗？

安：项目式学习有比较明确的阶段。

霞：科学探究更集中在科学领域，但项目式学习范围更广，像“皮影戏”就更偏向于人文。

赖：两种方式都提倡幼儿自主，项目式学习更突出一个成果展示。

主持人：项目式学习的四个步骤：发现问题—制定方案—启动项目—成果展示。它跟我们上一个科学探究有一个比较明显的不同是，PBL 强调最后的成果，如我们皮影戏的展演，而鸭子的孵化则不用特定成果。

主持人：另外，大家要学会区分工作汇报和案例分享，思考如何在分享的时候基于幼儿立场，呈现幼儿在活动中的过程发现、趣味故事与成长所获，而不是单单阐述发生了什么事情，完成了什么事情。

（2）直面点击，深入探讨

结合信息技术同步图片或视频，同时分享他人优秀项目案例，引发思考：如何在项目活动中突出亮点，制造“闪光点”？如“我的宝贝”项目结合了马赛克方法和深度学习，我们的“皮影戏”项目是否也能和中华传统文化的传承融合，突出亮点？

（3）总结提炼，呈现小结

主持人小结：

表 9－13 区分工作汇报和案例分享

	工作汇报	案例分享
视角	以教师为主体，从教师角度出发	幼儿立场，以孩子的角度出发
内容	主要汇报做了哪些工作	分享幼儿故事，包括幼儿的行为表现、对话等推进项目的言行和关键问题

案例三

教师分享案例“幼儿园的树”。主持人提出问题：你们觉得这个项目的成果这样展示合理吗？

（1）观察分析，思考对策

红：关于树的测量结果图和树的统计图这些，考虑到是幼儿通过实践得出的，所以把这些也列为成果。

仪：当然这些更偏向过程性材料，不算真正意义上的项目式学习的产品成果。

主持人：我们可以结合马赛克方法，如幼儿园之旅，然后形成“幼儿园树的分布图”（植物地图），以此为成果。同时，树木宣传牌（视频）这些具有一定影响力的也算是成果。此外，老师在讲述的时候也需注意应基于幼儿立场，以幼儿为主体分享故事。

（2）直面点击，深入探讨

结合信息技术同步图片或视频，同时链接工具书中关于树的相似项目案例，思考此案例在分享时是否可以对体例的其他部分做减法，直接分享关于树的数量、分布的探究案例。

（3）总结提炼，呈现小结

主持人：项目成果的展示方式有很多种，如发布幼儿绘制的地图（植物地图），在幼儿园的公共区域“布展”，在园长同意后给幼儿园的树挂上标签等等，通过成果对周围人产生影响。

3. 教研总结

进一步思考幼儿园科学探究活动与项目式学习的相同点和不同点。

在梳理活动线索时，需要适当做减法，更要注重提炼。

思考分享的形式，注意观念的转换，突出以幼儿为主体，以幼儿为对象，讲好幼儿的故事，在分享的同时体现儿童观。

梳理案例时，注意寻找、提炼案例的亮点，呈现出与其他案例的不同之处。

（三）教研跟踪落实

在现场教研结束后，主持人与教师们共建线上学习研讨群，进一步指导教师的项目开展工作，直接参与典型案例的打造过程，给予专业引领。

第三节　名师工作室专题任选课程案例

一、“项目式学习”专题研讨研修课程案例

（一）研修情况

2022 年 7 月 4 日，广东省邓泰初名教师工作室参加由李敏谊副教授主持的第五期研修班。本期主题为“在学前教育中实施项目式学习的国际经验与中国探索”，探讨内容为“如何通过游戏教学法促进儿童参与”。经认真学习与讨论交流，学员及时记录研修收获与思考，大家基于不同的思考视角与论点，形成一片片“马赛克”，最终汇成本次学习的“学员研修图景”。

（二）课程复盘

我们眼中的项目式学习

在研讨班培训中，Sara（萨拉）老师提出：PBL 是一种教学方法，学生在一段持续的时间内积极构建自己的知识体系，与他们的同龄人合作完成一个公共产品，回答一个驱动性问题或解决一个具有挑战性的问题。经介绍，每个学员都有他的独到见解。

主持人邓泰初：项目式学习，驱动性问题走向公共产品

项目式学习的概念中，关键词是问题、回答（持续探究）、产品。这应该是任何对象、任何场景、任何领域的项目式学习的标配，也是支撑我们开展项目式学习的线性行动路径。

然而什么是有意义的项目式学习呢？孩子在项目学习中参与社会治理，从小培养他们的社会责任感。但这种参与社会治理并不是照本宣科，按成人的套路操作，而是融入孩子真正能接触到、有能力参与的社会场景，例如幼儿园的小社会、幼儿园所在的社区、幼儿生活能接触到的社会环境等。

学员黎欢仪：教与学的问题，也是预设和生成的问题

原来教的痕迹体现在课程设计当中，儿童在课程实施过程中学，如花园项目集成层分为“有意的集成—并行的集成—自发的集成”。我认为在“有意”中，我们要先思考“为

什么要学”的问题，考量项目中每个具体活动所承载的发展目标、对儿童经验的拓展点和发展的挑战点。在“并行”时，将充分倾听儿童、理解儿童作为项目实行的脉络线索，即思考“怎么学”的问题。在设计或预设项目主线时，可以预设实施过程中可能出现的问题，为项目实施过程“生成”更有价值的活动做充分准备。

网络学员黄美玲：项目式学习综合性强，具有各学科交叉性和综合能力的运用特点

一是项目式学习与生活联系密切，其以问题为导向，通过讨论、查资料等方式，让孩子获得解决问题的方法和答案，使学习更具有针对性和实用性。二是项目式学习综合性强，具有各学科交叉和综合能力运用的特点，目标的定制除了技能目标，也要考虑核心素养目标。三是项目式学习要求教师的知识水平要有深度和广度，教师的实践能力要强，知道如何让孩子将所学内容与现实生活联系起来。

网络学员叶丽怡：项目不一定是主题

从兴趣出发，通过项目把内容和技能联系起来，让幼儿主动积极地去学习，项目不一定是主题，但项目是由一条主线来的，把现在的知识与过去的知识联系起来，不断产生驱动性问题，让幼儿去解决、反思、反馈，产生共享的产品。

项目式学习中的孩子

在做的过程中，Sara 老师反复强调：孩子可以做什么？他们能做得比我们期望的更多，以我们没有想到的方式。

主持人邓泰初：我们要相信，幼儿并不是因小而不行

项目式学习并不需要教会孩子太多知识，而是在项目探究场景中培养孩子的能力，帮助孩子掌握技能与知识。孩子是天生的科学家，只要我们创设实地调查、工具观察、头脑风暴、动手操作等机会给孩子，他们就能按照自己的科学研究方法去发现世界。

学员邝美轩：积极构建自己的知识

项目化学习促进学习者大脑的发展，实现知识、能力与态度的整合，让学习者在新情境中运用所学解决问题，创造出新意义与新知识。所以，孩子是在项目式学习持续探究的过程中获得知识和技能，而我们不应在项目启动之前过分铺垫准备。

学员余洁：沉默本身其实就是一种表达

如何与儿童一起创造驱动性问题？真正的驱动问题是基于对学科和跨学科核心概念深度理解之后产生的关键问题。“沉默的个体”是怎么被倾听到的？沉默本身其实就是一种表达……

项目式学习中的教师

项目式学习既要强调幼儿的主体性，又要注重教师的主导性，那么教师在项目式学习的位置在哪里？

学员黄权锋：学习从来就是自主建构的过程

主动学习，以主线形式开展，学生按照自身发展水平，整合知识、持续探索是项目式学习的魅力，教师能做的就是提供不同机会，比如实地考察、携手社区等，让他们不断地进行实验，去回答每一个问题，就会产生更多的可能性和不确定性。

学员周雨悦：PBL 中的研究需要把握三点

PBL 涉及很多研究，孩子太小，不能自己做研究。因此研究的定义我们需要把握以下三个点，一是仔细的或认真的搜索。二是认真的调查或检查，尤指为发现和解释事实而进行的调查或试验。三是收集关于某一特定主题的信息。

学员曹庚：我们教孩子不是让他成为我们，而是要让他们超越我们

教师可以为幼儿把握学习的方向，但我们应该为幼儿到达终点的过程和抵达的方式“留白”，对他们而言，只有自己经历过“九九八十一难”获得的知识、经验和技能等，才会更富有价值。

项目式学习的中国方案

李教授向国外专家介绍中国幼儿园的情况，中国幼儿园开展项目式学习要有中国方案。

主持人邓泰初：幼儿发生项目式学习的状态

驱动问题在项目学习行动路径中占据极其重要的位置，但孩子所提出的问题是五花八门、奇思妙想的。婧怡老师团队提出的鼓励、分类、判断、提炼等四步提炼问题法解答了老师们关于驱动问题产生的困扰。探究过程中灵活地运用马赛克方法，让老师们口中的“看见儿童”真正地落实到行动中，实现教育过程的多主体作用。

网络学员赖美：塑造中国儿童可持续发展教育品质

通过项目式学习的方式，塑造中国儿童可持续发展教育品质，以跨学科、多领域、全方位的形式，帮助孩子获得与形成可持续发展所需要的知识、技能、价值观以及生活方式，真正让孩子参与到环境、经济、社会和文化的可持续发展教育中。

网络学员匡亦婧：找到适合自己园所的项目式学习路径

小中班的小朋友参与项目式学习难度很高，是否可以采用更加灵活的探究式学习框架，为孩子后续开展项目式学习在能力或素养上做一些铺垫？等到大班的时候，再来进行项目学习，可能会更容易一些。

从赋权儿童到深度学习

中国幼儿园开展项目式学习要有中国方案，但同时李教授也提出中国幼儿园开展项目式学习最常出现三大问题：“儿童不见了”“教师不见了”“学习过程不见了”。

网络学员赖美：拥有科学的儿童观

幼教研究者有一份对儿童教育孜孜不倦的追随与热爱，但赋权儿童并不是单纯把权力交给儿童，而是需要一线幼教工作者拥有科学的儿童观，尊重、认同和读懂儿童，给予儿童探究世界的空间。

学员周雨悦：促进核心素养发展

在学前教育领域，深度学习意味着支持幼儿成为主动学习者，支持幼儿对核心领域关键经验进行高阶思维的加工，创设多维度的教与学互动关系，创新教学法，以促进核心素养发展。

网络学员何建：尝试让幼儿围绕具有挑战性的学习主题

我们可以尝试让幼儿围绕具有挑战性的学习主题，用所学的知识和习得的经验解决现实生活中的真实问题，实现知识和经验的主动构建和迁移，这是全身心的积极参与，是体验成功、获得发展的、有意义的、主动学习的过程。

此次培训，老师们与几位专家积极互动，争相表达着自己的收获和理解，我也通过这次国内外的学习交流，了解到了国内外项目式学习的不同点和共通点，进一步加深了我对项目式学习的了解与认知，就如李峰老师所说的一样："当你越专业，你才越愉悦!"

二、"玩的教育学"专题研讨研修课程学员研修案例

（一）研修情况

2022 年 6 月 22 日，广东省邓泰初名教师工作室参加由英国伦敦大学学院教育研究所教师和早期教育中心、北京师范大学教育学部儿童发展与家庭教育研究院联合主办的"支持中国教育工作者赋能儿童，落实可持续发展的知识交流研讨班"之"游戏教学法（Play-based pedagogy/pedagogy of play）在学前教育中的应用——国际经验与中国方案"研讨交流。经认真学习与讨论交流，学员及时记录研修收获与思考，大家基于不同的思考视角与论点，形成一片片"马赛克"，最终汇成本次学习的"学员研修图景"。

（二）课程复盘

我们眼中的"玩的教育学"

"一千个读者眼中有一千个哈姆雷特"，经过 Benjamin Mardell（本杰明·马戴尔）以及刘奕欣老师的介绍，每位学员心中已经有一个他所理解的"Palyful Learning"（玩的教育学）。

主持人邓泰初：原来玩是一门学问

今天还是第一次把“玩”提到专业层面去讨论，原来玩是一门学问。我想首先应该有“教的教育学”和“学的教育学”，然后“学的教育学”中有“玩的教育学”。从北京团队分享的案例中听到“好玩”“会玩”“慧玩”等词语，案例是中国比较典型的游戏样式，很容易理解。慢下来，给予孩子探索、表达的机会，一切皆有可能。以前我们幼儿园也做过很多次造纸探索，但孩子们没有像北京孩子那样，居然还能想出造橘子味的纸、带花的纸等，他们那应该是慢下来的结果。

学员余洁：玩耍和游戏是学习的核心资源

首先，学习的体验不一定意味着“严肃”或“枯燥”，也可以是“好玩”和“有趣的”。孩子们在玩耍的时候相当专注、放松并且乐于接受挑战，他们会去尝试不同的、有意思的可能性，积极探索他们所处的环境和自然社会。

其次，玩中学允许冒险、犯错的发生。无论儿童还是成人，如果想学到什么东西，都必须经历冒险。

学员周敏军：“玩的教育学”——虽然第一次听，但好像已经认识了很久

“玩的教育学”这个概念我是第一次听，但竟然超级认同，有点相见恨晚的感觉。可能一直受“课程游戏化”“游戏课程化”的理念和导向影响，“玩”的种子已经在许久之前根植于心。这一次的交流，正如一道温暖的阳光，唤醒了种子内在的力量，终于破土，惊喜地看到了专业的新视角。那种 interesting and exciting（有趣且令人兴奋）的感觉确实在翻滚流动，感觉自己更有精神、更有活力、更有动力了。一句话，蠢蠢欲动。

张雪莲园长：玩是这样无痕地成了学

“游戏教学法”给我很大启发，玩是这样无痕地成了学。首先要从关系出发，在孩子与老师的关系是平等、信任、对话的前提下，老师才能真的看见孩子。看见了孩子才允许有更多可能性，让孩子对活动（即使是老师发起的）感兴趣，并投入参与。学就发生在玩到好玩之间。

“Palyful Learning”中的孩子

如果说“好玩是孩子的天性”，那“玩的教育学”是为孩子天性而诞生的教育学。

网络学员吴庆燕：儿童爱玩、好玩的天性

我认为在教育活动中应该充分利用儿童对游戏的偏爱本能，满足儿童爱玩、好玩的天性，以游戏的形式和方式开展相应的教育活动。儿童教育家陈鹤琴指出：“小孩子玩，很少空着玩的，必须有许多东西来帮助他，才能玩得起来，才能满足玩的欲望。”如玩丢手绢至少需要一条手绢或者一个物体充当“手绢”的功能，孩子才能玩起来。在教育活动中适当地加入相应的玩具或道具，使活动增加游戏的成分，才能激发儿童的兴趣和积极性。

网络学员赖美：儿童是一个积极主动有探究精神和能力的学习者

在游戏中重新认识儿童，我的观念从“儿童是一个等待教育的器皿”转变为“儿童是一个积极主动有探究精神和能力的学习者”。

主持人邓泰初：思考同伴关系对学习的影响

在孩子的发展过程中，同伴的作用至关重要。最近看到甘露园长的公众号中的一张亲密关系图，更让我感觉到孩子与同伴的互动交往其实对学习与发展影响极大，远超过成人的教育。下次我们将关注“同伴教育学”，同样的教育环境或情景中，观察在一个孩子、一小一大、两小、三小、多小、多小一大等不同人员组织下，孩子的学习会发生哪些不一样的效果。

“Palyful Learning”中的教师

将教师置于“Palyful Learning”的过程中，教师的观念、教师的专业学习、教师的过程性支持等方面会产生怎样的新视角?

主持人邓泰初：游戏化教学是一种教学形式

北京小学教师提到的问题很现实：小学有教学进度，有课堂时长等冲突，怎么可以慢下来呢？这就要求教师理解游戏化教学的内涵，保持孩子的好奇心，激发孩子的兴趣，让兴趣贯穿活动过程。在课堂中善用提问的技巧，让课堂好玩起来，同样的答案，不同的提问会出现不一样的效果。

网络学员赖美：用游戏精神重塑教育观

从“教师是知识的掌握者，要把知识教给孩子”转变为“教师是童年的守护者，要向儿童学习，陪伴和支持儿童成长”，改变教育者的儿童观和教育观是第一步。

助理粟童：教师要把游戏的权利还给孩子，管理者把课程的权利还给教师

游戏是幼儿的基本权利，是幼儿生活和学习的特有方式。教师要把游戏的权利还给孩子，管理者要把课程的权利还给老师，从而实现“真游戏”的革命。我们作为一线老师，要把游戏精神根植于心，不断探索践行，回归“真游戏”，要敢于放手游戏，细致观察儿童，用心发现儿童，发扬游戏中爱、冒险、喜悦、投入与反思的精神。

网络学员赖美：树立幼儿园课程意识

从游戏切入，树立幼儿园课程意识，从“按照教材、注重集体教学、强调规范统一”转变为“关注幼儿、关注生活、关注游戏、关注经验，追随儿童发展需要规划和生成保育教育活动，整合游戏化课程”。

主持人邓泰初：提供“可视化学习或者看得见的支架式教育”

波士顿马拉松案例给我们开展项目式学习提供了具体可行的参考借鉴。案例注重基于孩子兴趣的好玩推进有效教学，教师在重要事项列表支架下支持孩子的学习，很形象很具体，这就是经典的项目式学习，特别是最后的孩子分享与教师反思这些内容值得重温细品。

学员余洁：教师本身也至关重要

对于“玩中学”，我认为教师本身也至关重要，要让自己的教学理念好玩起来，我们必须调整策略，讨论、探索，还要将玩中学教学法嵌入不同的文化情境当中，多做尝试，这样我们就会进步更快，在教学当中找到更多的可能性，然后观察可以把什么新的想法带入到教学当中。

学员周敏军：教师需要具备专业与玩心

首先，我认为“玩的教育学”不是简单的“玩中学”，而是“玩”和“学”连接以后变成一种有趣的学习，这是一种自由的、自然的、师生都全情投入的过程。“玩的教育学”考验的是教师专业水平。就像“冰山理论”，教师在与孩子的互动过程中所呈现的支持行为（这里指专业的支持行为）只是冰山一角，其背后隐藏着教师深厚的专业修为，这种修为细细地渗透在孩子的周围，包括环境创设、人际氛围、家庭合作、园务管理、园所文化等等。于我自己，我并不肯定现在就能做到，我只相信“只要做，总有一天会做到”，我比的是时间。

其次，在“玩的教育学”中，我看到了“玩心”，尤其对老师而言。具备“玩心”的教师，能感受孩子的感受，即刻理解孩子的想法，认同孩子的行为，甚至与孩子产生一样的兴致，有“玩心”的教师是跟孩子“一伙的”。其实世界是很有趣的，儿童正活在当下，儿童正在享受其中的有趣。而有“玩心”的老师也是一样的，如果一位老师“玩心”很重，教研会变得很好玩、读书会变得很好玩、工作会变得很好玩，一切都很有意思。在“玩”的有趣感受中专注、感受、提升、创造，这种心理状态，不就“玩的教育学”的核心和意义吗？

学员黄权锋：教师的角色会影响幼儿参与游戏的质量

Benjamin Mardell 认为，教师要参与游戏之中，尽情地玩，享受过程，同时有积极的环境支持。教师要做好时间规划以及有质量的记录，要有专门的时间段进行反思，时间安排上要精准，要做好时间规划。记录要适量，不宜太多，记录要有目的，能反映孩子的不同方面，从经验法则来看，卡片记录很好的记录方式。

游戏中教师的行为是教师良性支持的体现，教师充当的角色会影响到幼儿参与游戏的质量。教师要通过记录、思考以提高分析儿童的能力，提供积极的支持。教师在参与玩和关注儿童发展的同时作出正确的决策。

网络学员林丹媛：教师需要不断改进和反思

学习分享中，我们进一步了解到游戏教学法在促进儿童参与方面的价值与重要性。在学习新的游戏经验中，我们需要结合幼儿的年龄特点与实际基础，合理优化已有的教学方法，让幼儿在游戏教学中真正获益。同时也要注重提升幼儿游戏教学的真实性，发挥幼儿参与的积极性与主动性，达到教师预期的目标。作为一线教师，我们还要注重游戏教学中内容的可靠性，确保自身设计的游戏内容处在幼儿的认知范畴当中，培养幼儿的创新思维能力。

网络学员黎欢仪：慢下来，追随儿童的节奏

教师应尊重儿童的成长节奏，让他们形成自己的内心秩序。但成人往往很容易打乱儿童的节奏，因为直奔结果，让儿童失去了尝试的机会。其实儿童的“慢”并不代表停滞不前，他们一直在前行，只是需要时间积蓄能量，打好基础。我们等一等，他们会给我们惊喜。比如儿童在游戏中遇到问题时，成人尽可能退位观察，儿童有足够的实践相互协商并作出调整，要相信儿童有能力自主解决游戏中的问题。在退位的过程中，不要忘记关注儿童解决问题的过程，捕捉关键事件，用手机拍摄记录，将照片或视频提供给儿童，让他们自己对比观看和表达自己的想法，强化体验，走向高阶发展。慢得退，退得观，观得察，察得推，推得乐，乐有所获。

学员余洁：在游戏和学校之间找到一种平衡

今天的学习中提到的玩中学，与学校传统教学之间是相悖的，那么我们需要在游戏和学校之间找到的一种平衡，虽然不容易但并非不能做到。我们在设计课程的时候，要考虑怎样把孩子们的游戏还有玩耍融入进去，进一步讨论如何在游戏和学校之间找到一个平衡点，解决双方之间的悖论。

“玩的教育学”的中国方案

网络学员何健：结合自己教学情况，汲取优秀的经验

社会文化基础不一样的外国也非常重视游戏教学，那么教学基础上的共同点如何把控并进行学习？在我理解看来在相同的年龄段，尤其在幼儿园阶段，幼儿的心智发展程度基本一样，而且学习的兴趣以玩为主，从玩中学习，因此教师要明确自己的定位，最主要的责任是妥善地指导、设计各种游戏活动。

幼儿教育重在结合时代发展并创新，在不同国度和文化中，幼儿的发展规律也有相同之处，教师应结合自己教学情况，汲取优秀的经验，提升自己，为幼儿成长学习创造良好的环境和机会。

助理粟童：传统游戏体现出的实践智慧与中国特色

我国学前教育改革不断深入，传统游戏体现出的实践智慧与中国特色，也正在获得世界的关注和认同。希望以后有机会能在国际舞台上展示广东民间游戏带给幼儿的快乐和文化价值，展示广东民间游戏的无穷魅力。

纵然每位学员所思所想的角度不尽相同，但正是不同视角的组合拼接了全体学员对“玩的教育学”的理解图景。学中思，思中行，学、思、行结合才是抵达彼岸的桥梁。下一步，回归实践，验证所思、所想、所获。

三、参加北师大教育集团北师大（银川幼儿园）专题研讨研修课程案例

（一）研修情况

2022 年 6 月 11 日，广东省邓泰初名教师工作室学员参加北师大教育集团关于项目式学习线上专题研讨会，工作室全体学员认真学习，深受启发，同时促进了相关的思考。

（二）课程复盘

园本教研引领：做以学为基础，学在做中延伸

北师大银川幼儿园注重学习引领，在开展马赛克方法结合项目式学习实践前，园所以扎实的教研引领教师深入理解马赛克方法、区分项目式学习与主题学习的异同、探索项目式学习对幼儿深度学习的促进作用、学习项目式学习“三阶段五特征”的探究路径等，为教师开展项目式学习实践铺垫理论支架、操作支架与方法支架，让全体教师具备专业的观念与技能。

学员周敏军：我的启发是“不打无准备的仗”。在开展项目式实践前，银川幼儿园全体老师开展了深入的理论与实践学习，通过系统、有层次的教研，区分了主题活动与项目式学习，认识了项目式学习方式对幼儿深度学习的促进作用，了解了项目式学习的特点与组织方式。因此，开展项目实践之时，教师应对项目式学习已经有一定的理解和把握，使案例的组织规范完整。

我从园所的分享中也看见了自身园本的不足并得到了启发：一是要继续加强理论与实践的深研；二是要量力而行，结合教师本身的专业水平引领教师开展项目，一步步引领教师熟悉项目式学习，不断优化教育实践。

学员杨树珍：从“问题导向确定主题”到“深度对话、实践导向的研修活动设计”，我觉得北京师范大学教育集团银川幼儿园给我带来了很多思考。立足校本研修，需要关注

教师的情感需求，理解教师的真实困境，建立团队的共同信念感，允许教师有自己的成长节奏，从行政和制度上支持教师发展，才能唤醒教师自主成长之力，有效助推教师成长，助推幼儿深度学习，促进幼儿园课程建设。

主持人邓泰初：一是研究的顶层设计广度与深度兼备。幼儿园虽然只开办三年，但课程管理者从研究内核、研究组织、研究实践以及研究文化四方面系统规划并推进幼儿园课程研究，确保理念先进、方法科学、措施得力、效果显著。二是“理论＋案例”循环，推进研修活动深度开展。幼儿园抓住教师研修的重点与难点，重点是案例的深度解剖与对比分析，让老师们能结合一线的教育教学实践，直面具体问题思考、改进项目式学习实践，真正做到深耕细作。难点是解决老师的理念问题，通过儿童形象的解读和循环式理念学习，推动项目式学习中深度学习的发生。

共同成长路径：关于项目式学习价值的思考

项目式学习以解决实际问题为目的，是学习者通过主动的、批判性的学习和吸收新经验，再通过迁移经验、解决问题，形成项目成果的过程。项目式学习本身符合深度学习的特征，对师幼成长均有重要意义。

学员邝美轩：项目式学习指向的是儿童成为学习的主人，儿童是问题的识别者、参与者和解决者。换言之，项目式学习是针对学习者自身的发展而言的。案例中，大家以开始阶段、综合发展阶段、高潮阶段三阶段来开展项目式学习。高潮阶段的“变革性”意味着学习者的学习不仅促进自身的发展，它还将影响幼儿园、家庭、社区甚至是社会的发展。这就需要我们从激发幼儿的兴趣和动机、创设真实的学习情境、建立合作平等的学习共同体、关注幼儿深度学习的整体性等路径有效引导和支持幼儿的深度学习，让“儿童具有主动发起权与决定权”的观念真正落地。

学员黄权锋：尽管项目式学习是对传统教学的一种补充，可是它展现了新的优势，带给幼儿自主性，在真实情境中解决问题，能复盘，有互相协作，有物化成果等，带给幼儿全新的认知体验并让其发展高阶思维，任何一点都足以令我们教学活动产生改变和创新，达到教学相长的效果。

学员黎欢仪：我们园所的老师提出“可以直接从制定一个主题或设计一个驱动问题开始吗?”的问题，我想教师需要在一次次课程实施过程中以儿童视角（运用马赛克方法）去思考，从儿童的兴趣点、发展需求、活动感受等方面进行理性的课程反思，并及时对课程作出调整，才能找到项目式学习的价值。

学员周雨悦：四位老师的项目式案例分析都非常深入，从提出问题、计划到行动，再到展示，过程中始终以幼儿为主体，老师作为引导者充分尊重幼儿的想法和思考，注重孩子的发言权及选择权，注重对项目过程中各环节的反思。孩子是与生俱来的探索家，我们身边也有许多“小小探索家”。开展项目课程是一段充满惊喜与挑战的旅程，我们要尊重幼儿的兴趣，倾听幼儿的声音，跟着幼儿的脚步一起探索与发现。

变与不变：关于幼儿园开展项目式学习的思考

项目式学习有着一般的规范式模式，如项目阶段分为“启动与计划、组织与实施、成果与评价”，项目过程中要求遵循 PBL 的七大黄金标准。在中小学，项目式学习是深化课标内容、促进学生综合素养的有效路径，中小学生基本能适应项目式学习的标准流程。然而，在幼儿园阶段，“标准化”的模型与幼儿的年龄特点、学习方式与兴趣并不完全匹配，教师如何实施“项目式学习”的既定模式，同时也能关注生成性的教育契机与幼儿突发的兴趣？在银川幼儿园的分享中，学员们看到了银川幼儿园也存在着同样的思考，并探索了项目式学习中应该处理的四组关系并探索相关的平衡方式。

基于幼儿园开展项目式学习的路径，学员也有自身的思考

学员周敏军：从项目式学习的特点来看，“禹除相柳”更符合项目式学习的特点。然而，其余的每个案例都以持续的探究引领孩子开展深度学习。我以为幼儿园阶段幼儿的兴趣与经验生发带来了更多的不确定性与生成性，不用严格拘束于项目式学习的模式与特点，以项目式思维开展项目活动，在遇见问题、思考问题、解决问题的过程中师幼可获得成长足矣。

学员邝美轩：马老师在分享中提到，她认为开展项目式教学需要框架的支持。但鉴于每个项目有各自的特点和特色，不同类型的项目也难以严格按照“五特征”或者“诊断问题、实地考察”这样的路径去开展。因此，她在项目的开展过程中对路径进行了灵活的调整。我认为这也解决了很多一线教师的疑问。我们可以参考模板，但更多的是以项目式思维开展活动，以求促进幼儿探究能力的发展，培养幼儿科学探究思维的萌芽和学习品质的发展。

主持人邓泰初：（1）“禹除相柳”的案例给初学者教师一个较好的项目式学习简易行动路径的样板，项目虽小，但较完整地呈现出项目式学习的基本路径，体现到每个环节实施过程中项目式学习对孩子发展的价值。教师善于发现孩子的项目需求，在通过讨论分组、分组行动、集体展示尊重孩子的个别兴趣的同时，还应培养孩子团队协作能力，从而推进孩子的学习走向深处。特别欣赏的是教师的反思，利用项目式学习的黄金标准来评价项目实施的效果，结合《指南》中语言领域中的发展指标来判断孩子的发展水平，既考虑到项目式学习的价值，又符合幼儿的发展需要。（2）“树”的案例较好地将马赛克方法运用到项目式学习中，实现多主体在项目学习的共同推进。个人觉得项目中“树皮是不是木”“树皮为什么有弹性”“一棵树苗怎样变成大树”等问题有点超出孩子已有的经验，这些真的是孩子感兴趣的问题吗？项目的推进逻辑有点混乱，问题之间没有太多的关联性。最后的“护树行动”挺好的，顺应孩子发现的问题，在探索尝试中给小树搭建支架。建议老师可以针对“护树行动”的多条线索来实施项目，最后共同完成护树的任务。

专业引领视角：关于教授指导的启发

基于“学思行”结合的视角，在学习与实践过程中，专业的引领是成长的助推器。本次研讨中，李敏谊老师从专业视角的点评与指导，给予了学员深刻的印象，对本园实施项目式学习启发颇多。

学员余洁：（1）PBL 是一种教学法，想要运用好它，我们要多阅读专业书籍，多研读经典案例，要理解核心概念。（2）幼儿园的项目式学习设计与实施要从儿童的兴趣出发，经由儿童与教师共同商讨而“动态生成”。儿童可以从富有变化的活动组织中自由选择、自由创造，但同时需要考虑项目价值、儿童发展需求、资源的可获得性等。（3）驱动性问题在项目式学习中是很关键的。同时在整个项目中应强调、突显儿童的主体身份，这也是儿童观的体现。（4）项目的推进中，教师的专业决策能力很重要，要思考厘清核心领域教学知识（PCK）。（5）一个好的项目式学习案例的诞生，一定是全园共同努力的结果，行政人员骨干教师一定要给予一线教师支持与帮助。

学员周敏军：马赛克方法运用在项目式学习中多倾向于倾听幼儿的声音，如若结合家长群体的声音、园本教师的声音、社会人员的声音，项目是否会更加的丰富？

第四节　幼儿园易园同岗体验式协作教研指南

一、易园同岗体验式协作教研制度

（一） 幼儿园协作制度

1. 协作教研由召集人统筹管理，协作小组组长负责日常管理，协作幼儿园自愿加入协作小组，并服从协作小组的安排与管理。协作小组组员的退出需向召集人和组长提出申请，退出后不得利用和对外宣传协作组的任何资源。

2. 服从组长的管理，认真遵守纪律，研讨不迟到，不早退；不得随意请假，确有事需请假时，必须提前告知组长，得到允许后方可。

3. 勇于承担任务，不得借故推诿。本着“合作、分享、共进”的原则，研讨过程中以开放的态度分享经验，充实协作组的资源库，相互学习，共同提高。

4. 幼儿园之间互相信任，团结友爱，互相帮助，共同营造良好的研讨氛围，促进交流，共享资源。协作教研主要以网络研讨和见面研讨相结合的方式展开。网络研讨由组长统筹，实行组员轮流主持制，一个月至少一次；见面研讨则根据教研内容的需要，由组长组织各幼儿园协商，频率和地点自行确定。每学期至少组织一次协作组之间的经验交流分享活动，鼓励组与组之间的组员们利用交流平台交流、协作、分享，共同提高。

5. 各幼儿园要做好宣传工作，鼓励参与教研的老师认真参加研讨活动，勤于思考，大胆表达自己的观点和想法。以包容的态度去听取别人的意见和建议，严禁向外发表或做出有损协作研究组和组员声誉的言论或行为。

6. 每次研讨活动由组长负责统筹组织工作，安排专人负责会议的记录以及资料的收集，及时交由组长存档。

（二）教师易园体验协作制度

1. 教师要树立积极的学习观念，珍惜来之不易的学习机会，主动排除学习过程中的困难，积极投入到教研活动中。

2. 教师自愿参加易园同岗体验协作教研，签订并严格遵守《保密协议》每一项细则，保障幼儿园利益以及协作团队研究成果的专利性。

3. 异园执教的教师必须严格遵守易园的规章制度，听从易园相关负责人的指引，按照协作教研方案开展协作教研活动。

4. 原驻执教教师要热情协助异园执教教师尽快适应幼儿园以及班级的常规工作，为异园执教的教师提供一定的帮助和支持。

二、易园同岗体验式协作教研流程指引

根据第六章第五节的易园同岗体验式协作教研模式所示，我们工作室结合教研实践经验，梳理出易园同岗体验式协作教研以下的流程指引。

（一）协作团队的组建

1. 实施流程

（1）教研活动召集人根据幼儿园的教学质量、师资状况等遵循同质促进、异质互补的原则，选取若干有意向参与易园同岗体验的幼儿园作为易园的对象。

（2）根据易园对象的双向需要，将易园对象组成协作小组。

（3）讨论建立小组协作教研制度。

（4）协作小组的幼儿园根据需要在大、中、小班各年龄段分别选取若干名教师作为易园同岗体验式协作教研的研究员。

2. 重点与难点

协作小组的组合注重日后协作教研的开放性和可持续性。

3. 提醒与建议

（1）协作小组幼儿园的组合最好是教学水平相当或具有一定的办园特色，让易园执教教师在不同的幼儿园有学习点，激发协作教研的原动力。

（2）协作小组的组合应在自发的状态下完成。园长之间最好能具有一定的感情基础或默契度，有利于日后协作教研的开放性与可持续性。

（二）教研内容的产生

1. 实施流程

（1）协作小组的幼儿园根据本园的教研计划或实际情况列举若干个教研内容作为候选。

（2）协作小组结合幼儿园急需解决的教学问题，通过充分的讨论确定共同感兴趣且具有一定研究价值的教研内容。

（3）根据教研内容和幼儿园的实际情况确定协作教研的时间跨度。

（4）协作小组经过充分讨论后形成协作教研的工作方案。

2. 重点与难点

兼顾协作小组各幼儿园的研究现状，统筹整合出共同感兴趣且能促进每所幼儿园持续发展的研究主题。

3. 提醒与建议

（1）教研内容的选择应做到细而有研究价值。避免教研内容的涉及面过广，出现研究过程蜻蜓点水的现象。

（2）教研内容尽量在幼儿园园本教研的计划中产生，不提倡另立项目，增加幼儿园的教研压力。

4. 相关的支持

教研内容的产生可以采取网络会议的形式。

（三）园本教研研讨

1. 实施流程

（1）结合本幼儿园的现状对教研内容主题进行深入分析，并全面查阅文献资料进行学习。

（2）总结幼儿园在此方面的有效经验做法。

（3）剖析幼儿园在此方面存在的问题或困惑。

（4）确定本园参与此次协作教研的主要任务或者是需要解决的问题。

2. 重点与难点

（1）针对教研内容通过集中讨论、查阅文献等形式进行深入的研讨，为下一阶段的协作教研打下坚实的基础。

（2）根据本园存在的问题，确定本园的教研任务，明确本园协作教研的任务和方向。

3. 提醒与建议

（1）幼儿园要重视园本教研研讨环节。协作教研注重共同分享、共同提高，在得到别人的帮助的同时一定要总结自己的经验做法，开放地进行分享推广。如果幼儿园现状的研究资料较少，可广泛查阅文献，了解国内外的研究现状，提炼总结一些文本上的经验做法。

（2）确定好本园参与此次协作教研的主要任务或者是需要解决的问题后，可以用研究进展表、任务责任落实表等形式将主要任务进行分解，并责任到人，让研究任务在某个研究时段落实到某位研究人员身上，保证研究的有效性。

（四）易园体验准备

1. 实施流程

（1）制订安排表。制订易园同岗体验协作教研的人员安排表，确定参加人员易园的时间和园所。

（2）人员初认识。组织参与易园体验研究员的会议，明确教研的主题和意义，根据安排表相互认识易园的园领导和教研人员，初步了解易园园所的基本情况和教研现状。

（3）协作现场初认识。组织易园体验研究员到易园园所进行参观，并与计划交换的班级工作人员和小朋友相互认识。

（4）园情和班情初认识。接受易园协作教研的园所要把幼儿园的基本情况、相关的管理制度以及交换班级的教学计划、幼儿情况提前与异园执教者沟通。异园执教者在易园体验时的教学任务可由异园执教者与原驻教师自行沟通决定。

2. 重点与难点

（1）异园执教者要根据易园的日常管理和教学安排，协调好协作教研时的教学工作。

（2）对于存在着一定距离的幼儿园，要充分考虑到异园执教者的交通和食宿问题，解决他们的后顾之忧，保证他们安心投入到学习研究中。

3. 提醒与建议

（1）提前创建 QQ 群、微信群等，让教师们通过现代通信手段提前相互认识和沟通，了解幼儿园和班级幼儿的基本情况。

（2）异园执教教师可能会因长时间离开家庭而影响学习的热情，可根据幼儿园的距离和研究内容来合理地确定研究的时间跨度。

4. 相关的支持

根据协作教研的时间长短，幼儿园要相应为异园执教者提供必要的食宿便利，保证协作教研的顺利进行。

（五）易园同岗体验

※实践体验（引领式协作教研）

1. 实施流程

（1）异园执教教师熟悉班级的教育教学工作，配合原驻执教教师开展班级日常工作。

（2）原驻执教教师主动向异园执教教师介绍班级情况，帮助异园执教教师尽快熟悉班级和幼儿。

（3）异园执教教师和原驻执教教师根据研究内容和任务，有目的、有针对性的实践体验，正常开展班级教育教学活动。

2. 重点与难点

（1）异园执教教师要尽快地熟悉班级情况，以最短的时间进入教师的角色，正常组织开展教育活动。

（2）异园执教教师充当普通带班教师角色的同时，也是带着研究任务的研究者，因此要在保证完成日常教育工作的基础上完成研究任务。

3. 提醒与建议

（1）异园执教教师一定要在保证教学安全的前提下开展协作教研。

（2）开展协作教研要尽可能减少对幼儿园日常教育教学正常秩序的干扰。

4. 相关的支持

在实践体验过程中，异园执教教师和原驻执教教师之间可能会形成师徒帮带的引领式协作教研，帮助年轻教师快速成长，也考验着具有丰富经验的教师的能力。

※小组协作教研

1. 实施流程

（1）组织班级班主任或学科研究小组教师与异园执教教师开展小范围的交流研讨活动。

（2）原驻幼儿园的教师根据教研内容简要地介绍幼儿园的基本情况、班级在具体开展涉及教研内容的实践中的经验做法以及存在的问题。

（3）异园执教教师根据前段时间的实践体验，对原驻幼儿园在教研内容方面的做法进行交流互动，谈谈自己的收获以及疑惑。

（4）原驻幼儿园的教师与异园执教教师交流研讨。

2. 重点与难点

教研的主持人要根据教研的任务把握好教研的方向和深度。

3. 提醒与建议

此次研讨只是初步的交流，目的是让原驻幼儿园的教师与异园执教教师在实践体验的基础上进一步了解各自幼儿园在教研内容方面的情况，为接下来的园内协作教研做好铺垫。

※园内协作教研

1. 实施流程

（1）由业务副园长或幼儿园项目负责人作为主持人，组织协作教研前期园本教研的教师和异园执教教师开展园内协作教研。

（2）主持人介绍园内协作教研的目的，围绕教研内容，异园执教教师分别分享他们幼儿园在园本教研时的教育经验和学习成果。（分享式协作教研）

（3）异园执教教师组成小团队，以旁观者的视角针对教研主题去描述体验易园执教时的过程，在描述过程中可以质疑或提问，并适当提出可行性建议和意见。参与教研的其他老师可以解答疑问，并一起研讨两位异园执教者提出的建议的可行性。

（4）异园执教教师和原驻幼儿园的教师针对教研主题分别提出驻点幼儿园实践中所需解决的问题或困惑。可参考诊断式协作教研的形式，异园执教教师结合前期在驻点幼儿园的实践体验的问题，有针对性地将自身幼儿园和自身的经验做法迁移到驻点幼儿园里，提出供驻点幼儿园参考借鉴的解决方案。原驻幼儿园的教师可及时与异园执教教师进行深层次的交流研讨，对解决方案进行实践性认证和完善，力求共同找到解决问题的初步可行性方案。同样，原驻幼儿园教师也按上述程序帮助异园执教教师，针对他们所提出的他园在教研内容方面所遇到的问题和困惑，力求共同找到解决问题的初步可行性方案。

2. 重点与难点

主持人带着教研任务，充分调动教师的积极性，引导他们主动输出自己的经验做法，积极为他人解决问题和困惑。

3. 提醒与建议

（1）由于异园执教教师已在原驻幼儿园实践体验过一段时间，对原驻幼儿园的教育教学有一定的深入认识，因此在迁移本园经验做法时要注意结合原驻幼儿园的实际情况，提出较为可行的解决方案。

（2）主持人在组织活动时要时刻清楚教研活动的目的和任务，引导教师们主动整合经验做法，积极大胆为他人提出有建设性的建议，达到协作教研共同获益、共同成长的目的。

4. 相关的支持

教研过程可以综合运用多种协作教研形式，如分享式协作教研、诊断式协作教研等等。

（六）调整教育行为

1. 实施流程

（1）异园执教教师带着在他园协作教研的成果回到原幼儿园。幼儿园组织参加园本教研和协作教研研讨的教师对在园内协作教研和异园执教教师从他园带回来的初步解决方案进行整合性分析研讨，整理提炼出适合本幼儿园发展的解决方案（初稿）。

（2）参与协作教研的教师将解决方案（初稿）由研讨的平台转移回到班级教育教学中，在实践中进行实证检验。

（3）在实证检验中根据教育行为的实施情况，可适当调整解决方案的细则，完善实施策略，提高教育教学水平与质量。

2. 重点与难点

分析整合园内协作教研和异园执教教师从他园带回来的初步解决方案，提炼形成适合幼儿园发展的解决方案，并在实践验证中完善修订。

3. 提醒与建议

此环节是幼儿园协作教研形成成果的关键环节。要重视组织分析整合研讨会，及时帮助教师们消化协作教研初级成果，提高教研的实效性。注重从众多的意见和建议中提炼出适合幼儿园实际情况的实施策略。

4. 相关的支持

异园执教教师从本园到另外一所幼儿园，由于园所之间的文化和办园经验存在差异，体验期间除了研讨主题内容外，还会收获大量值得学习借鉴的信息。回园后进行园内研讨时，项目负责人要注意把握研究主题，帮助异园执教教师有重点地进行提炼，防止在本环节把重点分散到多个方面。

（七）大团队协作教研

1．实施流程

（1）异园体验的交流。异园执教老师以旁观者的视角分享他在易园体验过程中的收获，最后驻点幼儿园的项目负责人补充介绍该园教研主题的经验做法。

（2）回园实施的交流。异园执教老师回到幼儿园把新解决方案实践两周后的实践成果进行分享，如果仍有问题或产生新问题，也可提出来让大团队协作教师进行研讨，最后驻点幼儿园的项目负责人补充说明成果的落实情况及效果。

（3）提炼教研的成果。协作大团队总结此次协作教研后的收获，讨论提炼出教研主题的一般性经验做法，供日后推广。

2．重点与难点

各幼儿园的园长和教师要以开放的研究态度，主动地分享自己的教研心得经验，大胆地向伙伴们提出想法和建议。

3．提醒与建议

邀请专家。

4．相关的支持

可参照分享式协作教研的操作模式。

（八）分享推广教研成果

1．实施流程

教研成果的分享推广可根据教研内容以及幼儿园的实际情况选择性采用现场展示、文本推广、讲座分享等形式进行。

2．提醒与建议

此环节可根据协作教研的任务要求来决定是否进行。至于小课题的协作教研，可以考虑省略或在 QQ 群、微信中随机进行。

参考文献

［1］钟启泉. 课程论［M］. 北京：教育科学出版社，2020.

［2］张华. 课程与教学论［M］. 上海：上海教育出版社，2022.

［3］拉尔夫·泰勒. 课程与教学的基本原理［M］. 罗康，张阅，译，北京：中国轻工业出版社，2021.

［4］朱慕菊. 走进新课程与课程实施者对话［M］. 北京：北京师范大学出版社，2002.

［5］罗树庚. 教师如何快速成长：专业发展必备的六大素养［M］. 上海：华东师范大学出版社，2020.

［6］傅道春. 教师的成长与发展［M］. 北京：教育科学出版社，2002.

［7］约翰·D·布兰思福特，等. 人是如何学习的：大脑、心理、经验及学校［M］. 程可拉，孙亚玲，王旭卿，译. 上海：华东师范大学出版社，2013.

［9］艾兴. 成人教育的课程理论［M］. 北京：人民出版社，2014.

［10］教育部师范教育司. 教师专业化的理论与实践［M］. 北京：人民教育出版社，2022.

［11］张扬，张建中，陆少明，柯慧. 有规矩　成方圆：区域推进以校为本教研制度建设［M］. 上海：华东师范大学出版社，2021.

［12］胡庆芳，陈向青，徐谊，等. 校本教研制度创新［M］. 上海：教育科学出版社，2007.

［13］朱安妮塔·布朗，戴维·伊萨克. 世界咖啡：创造集体智慧的汇谈方法［M］. 汤素素，金沙浪，译，北京：电子工业出版社，2015.

［14］苏西·博斯，简·克劳斯. PBL 项目制学习［M］. 来赟，译. 北京：中国纺织出版社，2020.

［15］汤姆·马卡姆. PBL 项目学习：项目设计及辅导指南［M］. 董艳，译. 北京：光明日报出版社，2015.

［16］约翰·拉尔默，约翰·梅根多勒，苏西·博思. PLB 项目学习黄金标准［M］. 胡静，张昱华，彭红玲，译，北京：光明日报出版社，2019.

［17］夏雪梅. 项目式学习设计：学习素养视角下的国际与本土实践［M］. 北京：教育科学出版社，2021.